sous la direction de Céline Thérien

Nouvelles réalistes

Zola • Maupassant

Notes, questionnaires et synthèses
adaptés par **Éléonore ANTONIADÈS,**
professeure au Cégep Marie-Victorin

établis par **Gertrude BING,**
professeure certifiée de Lettres classiques
au lycée Jean-Moulin de Torcy (77)

Direction de l'édition
Isabelle Marquis

Direction de la production
Danielle Latendresse

Direction de la coordination
Rodolphe Courcy

Charge de projet et révision linguistique
Nicole Lapierre-Vincent

Correction d'épreuves
Marie Théorêt

Conception et réalisation graphique
Girafe & Associés

Illustration de la couverture
Olivier Lasser

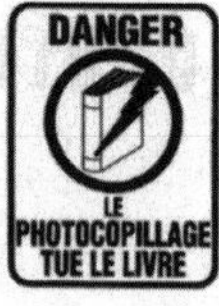

Les Éditions CEC inc. remercient le gouvernement du Québec de l'aide financière accordée à l'édition de cet ouvrage par l'entremise du Programme de crédit d'impôt pour l'édition de livres, administré par la SODEC.

9001, boul. Louis-H.-La Fontaine
Anjou (Québec) H1J 2C5

Dépôt légal : 2010
Bibliothèque et Archives nationales du Québec
Bibliothèque et Archives Canada

ISBN 978-2-7617-2965-9

Imprimé au Canada
1 2 3 4 5 14 13 12 11 10

Imprimé sur papier contenant 100 % de fibres recyclées postconsommation.

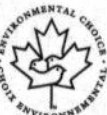
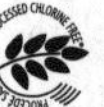

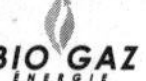

Édition originale Bibliolycée : *Nouvelles naturalistes des Soirées de Médan*

Sommaire

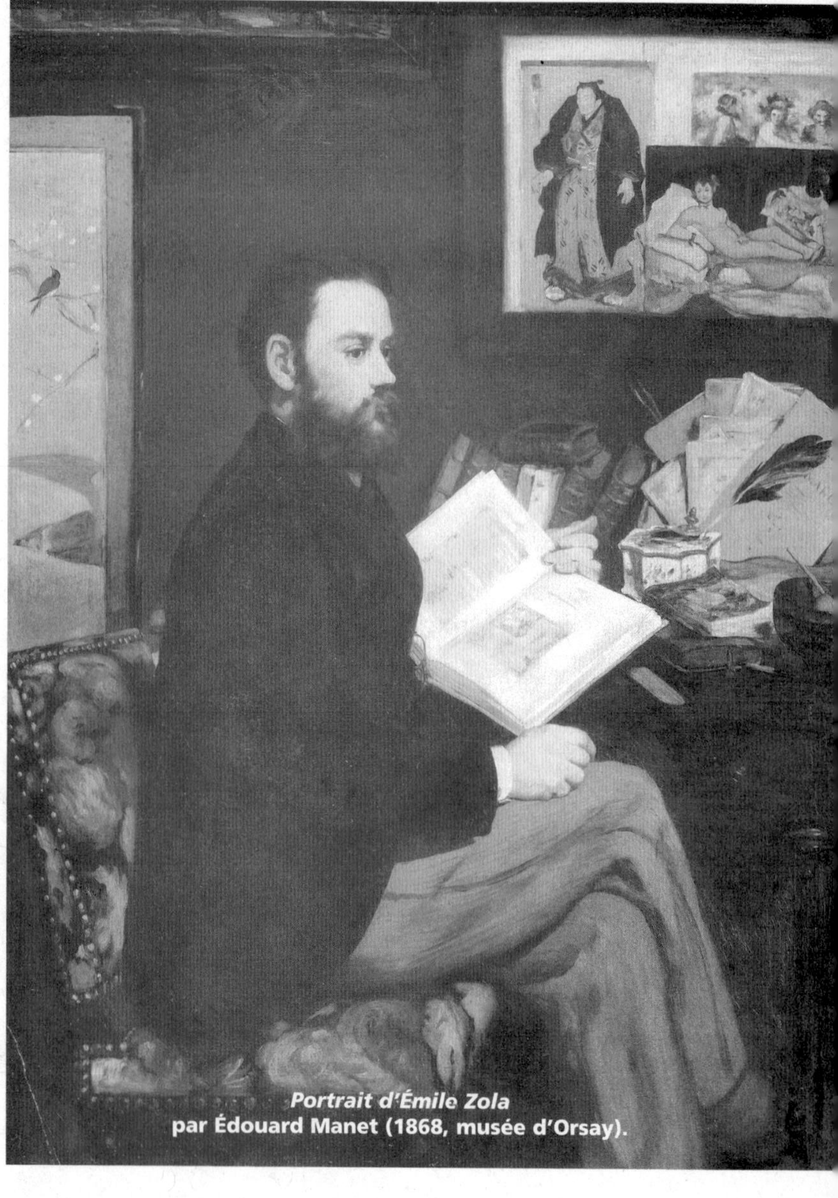

Portrait d'Émile Zola
par Édouard Manet (1868, musée d'Orsay).

PRÉSENTATION

Aux yeux d'un étudiant québécois, quel intérêt peut présenter une nouvelle de Zola ou de Maupassant, datant de la seconde moitié du XIXe siècle ?

Nouvelle et conte ont longtemps été confondus, car tous les deux présentent des récits qui se caractérisent par leur brièveté. Toutefois, à partir du XVIIIe siècle, on tend à faire certaines distinctions entre les deux formes : la nouvelle cherche à donner l'impression de la réalité, alors que le conte présente plutôt une histoire où règne l'invraisemblance puisqu'elle admet parfois des événements extraordinaires, où se retrouvent le merveilleux et le surnaturel. Émile Zola et Guy de Maupassant – le premier surtout, connu comme romancier, et le second, comme nouvelliste – manifestent peu d'intérêt pour ces distinctions, puisqu'ils cherchent d'abord à captiver le lecteur en situant leurs intrigues dans une actualité brûlante, celle qui marque la fin du XIXe siècle.

Les histoires de Zola et de Maupassant sont ancrées dans la réalité quotidienne et non dans des événements fabuleux, comme cela a souvent été le cas chez les auteurs romantiques. Les personnages traduisent, sans éclat inutile, des traits de la nature humaine, qui vont de la générosité au cynisme, de la joie de vivre à l'extrême pessimisme. Ils représentent des êtres plutôt ordinaires, que rien ne distingue particulièrement et qui font face comme nous, lecteurs, à l'égoïsme ou à l'hypocrisie, à la lâcheté ou à l'absence de solidarité humaine. Plutôt qu'un super héros qui pourfend l'ennemi à la pointe de son épée, on y trouve des villageois qui espèrent retourner à leurs occupations, des fils d'ouvriers qui tentent de s'enrichir à force de travail, des prostituées ou de dignes épouses de bourgeois qui n'ont rien de la femme fatale, chère aux romantiques.

Plusieurs de ces courts textes renouvellent par ailleurs le récit de guerre en dévoilant l'envers du décor : l'absurdité des combats, les lâchetés et les compromissions de l'habitant face à l'occupant. Mais en dépit de cette lucidité implacable, on ne peut qu'éprouver du plaisir à lire ces récits s'employant à recréer la vie d'une époque, à nous faire entrer en contact avec des gens ordinaires, à nous faire visualiser la vie comme elle était en France à la fin du XIXe siècle. Tout cela grâce à la plume alerte d'excellents conteurs, qui savent mettre en place, comme à notre insu, tous les éléments pouvant faire basculer l'intrigue dans une atmosphère intense, parfois dramatique.

Pour certains écrivains québécois, tels que Louis Fréchette et Honoré Beaugrand, ces nouvelles ou ces contes constituent un divertissement littéraire instructif : ils décrivent les rapports de pouvoir non seulement entre les grandes puissances, mais aussi entre les classes sociales en Europe. Maupassant et Zola ne cherchent ni à idéaliser les conflits ni à éveiller le patriotisme ou la pitié chez le lecteur ; ils exposent plutôt certaines des conséquences perverses de la guerre sur le comportement des gens simples, observés dans les gestes les plus quotidiens de leur vie.

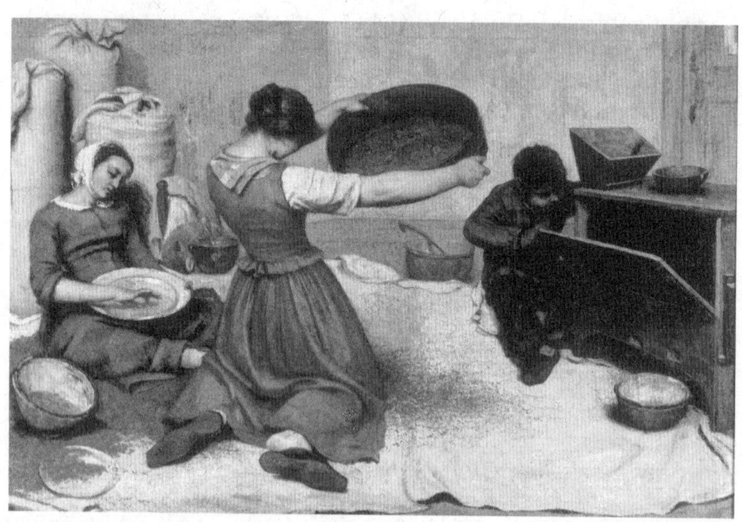

***Les cribleuses de blé,* tableau de Gustave Courbet, 1853.**

Zola et Maupassant, leur vie, leur œuvre

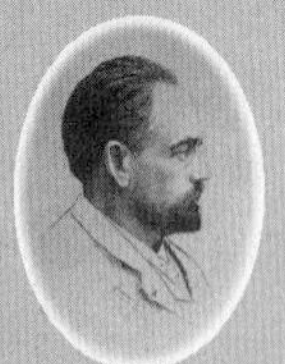

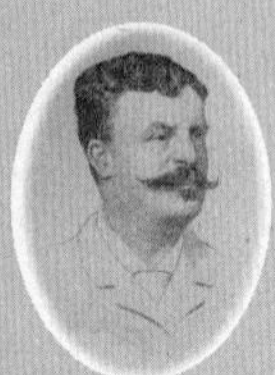

Zola et Maupassant, dessins de Fernand Desmoulins.

Réalisme

Courant littéraire de la seconde moitié du XIXe siècle, qui cherche à représenter le monde contemporain, sans détours, à reproduire une réalité ordinaire, grossière ou horrible.

Naturalisme

Mouvement littéraire du XIXe siècle, visant à reproduire la réalité des comportements avec une objectivité scientifique.

Faut-il connaître la vie de ces deux écrivains pour comprendre leurs contes et leurs nouvelles ?

Réalisme* et naturalisme* dominent la seconde moitié du XIXe siècle. Ces mouvements se développent en réaction au romantisme* du début de ce siècle. L'influence de Rousseau et de Chateaubriand est épuisée et on assiste à une forme de désenchantement par rapport aux grands idéaux mis de l'avant par la Révolution française*. En réalité, cette fin de siècle est surtout influencée par le positivisme* scientifique et le matérialisme ambiant. En effet, l'économie de marché se nourrit d'inventions multiples : il y a maintenant des moyens plus puissants pour fabriquer des nouveaux produits et les mettre en circulation. Les chefs d'entreprise, répondant aux lois du marché, veulent faire face à la concurrence, augmenter leurs profits, bref, s'enrichir. Le réalisme, dont les tenants et les aboutissants ont été formulés par Balzac au début du siècle, trouve de nouveaux adeptes en Zola, Maupassant, Flaubert, Stendhal et les frères Goncourt.

Influencé par un métier qu'il a longtemps pratiqué, le journalisme, et par les grandes hypothèses scientifiques largement vulgarisées* à l'époque, Zola cherche à s'imposer comme le théoricien d'une nouvelle école, le naturalisme, que l'on définit aujourd'hui comme une extension du réalisme de ce siècle. Il situe ses intrigues dans l'actualité et prône une démarche d'écriture qui s'inspire du protocole scientifique. Considéré comme son disciple, Maupassant adopte toutefois une attitude plus nuancée par rapport au réalisme. À ses yeux, l'écrivain demeure un artiste qui a pour fonction de créer « une illusion de réalité », de restructurer les

* : *Cf.* Glossaire

faits dans une perspective didactique* afin d'éclairer le lecteur et de le conscientiser par rapport aux grands enjeux sociaux. Ces deux écrivains ont néanmoins en commun l'art de conter, l'un avec un talent proprement épique* (Zola), l'autre avec une ironie* très suggestive (Maupassant).

Zola, évolution de l'écrivain

Zola est né à Paris le 2 avril 1840, d'une mère française et d'un père italien naturalisé français. Il passe son enfance à Aix-en-Provence, qu'il renomme Plassans dans ses romans. Au collège, il se lie d'amitié avec le peintre Paul Cézanne avec qui il partage une certaine vision de la réalité. Son adolescence est influencée par des lectures romantiques, particulièrement par la poésie d'Alfred de Musset et celle de Victor Hugo.

Le père de Zola, homme entreprenant, est sur le point de se tailler une place importante dans la société industrielle d'Aix-en-Provence quand il meurt subitement, en 1847, ce qui met la famille en difficulté financière. Il venait de commencer la construction d'un barrage et d'un canal qui portent aujourd'hui son nom. La famille doit déménager à Paris ; Émile est alors âgé de 18 ans. Malgré qu'il ait été nourri de lectures classiques et romantiques, Zola échoue à deux reprises au baccalauréat à cause de ses mauvaises notes en français. Il mène alors une vie de bohème, puis la chance lui sourit : il est engagé à la librairie Hachette (1862). Rapidement nommé responsable de la publicité, il découvre Taine[1] et Littré[2] et côtoie des personnalités

1. Taine (1828-1893) : critique littéraire, philosophe et historien français ; il se fonde sur un déterminisme strict, il pense trouver dans la race, le milieu (géographique et social) et le moment les facteurs susceptibles d'expliquer la production littéraire et, plus généralement, artistique, le développement des fonctions mentales et les faits historiques.
2. Littré (1801-1881) : philosophe, philologue et homme politique français ; il tente de compléter la classification des sciences en y intégrant l'économie politique, la psychologie philosophique, la morale et l'esthétique.

Romantisme
Courant littéraire du début du XIXe siècle, marqué par un sentiment de désenchantement

Révolution française
De 1789 à 1799, ensemble des mouvements révolutionnaires qui mettent fin à l'Ancien Régime.

Positivisme
Doctrine qui se réclame de la seule connaissance des faits et de l'expérience scientifique.

Épique
Se dit du registre caractéristique de l'épopée, long poème narratif qui célèbre les exploits d'un héros ou d'un grand fait.

Ironie
Manière de se moquer de quelqu'un ou de quelque chose en disant le contraire de ce qu'on veut faire entendre.

* : *Cf.* Glossaire

littéraires qui l'influenceront. Il passera, dans *Les contes à Ninon* (1864), d'un réalisme portant l'empreinte de Balzac à un réalisme détaché de cette influence, notamment dans *Thérèse Raquin*, publié en 1867.

Puis Zola quitte Hachette au début de l'année 1866 pour devenir critique littéraire. Il apprend le métier de journaliste en observant la vie sociale et politique de son époque, que ses chroniques reflètent de façon intense et précise. Il collabore à plusieurs journaux.

Dans ses articles de critique d'art, il se montre avant-gardiste pour l'époque en défendant Manet et les peintres impressionnistes*, qui transgressent les règles de la peinture académique*. Cette défense audacieuse fait scandale, mais elle contribue cependant à établir sa réputation de polémiste, prêt à défendre âprement ses goûts artistiques auprès du milieu journalistique parisien.

En 1868, il conçoit de faire comme Balzac, l'auteur de *La comédie humaine*, et de composer des romans qui auront des liens entre eux, répondant tous à une perspective commune, celle de présenter « l'histoire naturelle et sociale d'une famille sous le Second Empire* » ; ainsi, de 1871 à 1893, Zola publie pratiquement un roman par année, grâce à son acharnement à constituer cette saga ambitieuse, à laquelle il donnera le titre de *Rougon-Macquart*. Empruntant à la science sa rigueur, il précise le rôle du romancier naturaliste qui doit « s'en tenir aux faits observés, à l'étude scrupuleuse de la nature [...]. Il disparaît donc, il garde pour lui son émotion, il expose simplement ce qu'il a vu[3] ». Il précise aussi ce que doivent être les méthodes du romancier : partir de l'observation, puis expérimenter les caractères des personnages sur le corps et l'esprit, en vérifier la justesse dans les milieux sociaux et le contexte historique. Zola radicalise ainsi certaines conceptions propres au réalisme tout en pourfendant tout ce qui serait

Peintres impressionnistes

Du courant artistique créé en 1874, d'après le titre d'un tableau de Monet, *Impression, soleil levant*. Ils s'efforcent d'exprimer dans leurs œuvres les impressions que les objets et la lumière suscitent.

Peinture académique

Qui suit étroitement les règles traditionnelles, avec froideur ou prétention.

Second Empire

Régime politique de la France de 1852 à 1870, établi par Napoléon III. La défaite de la France lors de la guerre franco-allemande entraîne son effondrement.

3. Zola, *Le naturalisme au théâtre*, 1881.

* : *Cf.* Glossaire

de l'ordre de l'émotion qui, selon lui, « rapetisse un roman, en brisant la netteté des lignes[4] ».

Entre-temps, il aura épousé en 1870 Gabrielle Alexandrine Melay, sa compagne depuis cinq ans. Il ne connaîtra toutefois les joies de la paternité que beaucoup plus tard, avec sa maîtresse Jeanne Rozerot, qui lui donne deux enfants, un garçon et une fille.

Le naturalisme de Zola

Les idées naturalistes de Zola avaient déjà orienté l'écriture de *L'assommoir*, paru en 1877, et du recueil de nouvelles *Les soirées de Médan*, paru en 1880, d'où est tirée *L'attaque du moulin*. Fervents adeptes des thèses de Charles Darwin sur l'évolution des espèces, Zola et ses disciples, Guy de Maupassant, Huysmans, les frères Goncourt, Alphonse Daudet et d'autres, sont convaincus que la société est régie « par les lois de la lutte pour la vie et par la sélection naturelle[5] ». Cherchant donc à transposer le protocole scientifique dans le domaine littéraire, Zola souhaite présenter une description objective de la réalité sociale. Dans la saga des *Rougon-Macquart*, il suit le destin d'une famille française sous le Second Empire, dont une branche gravit les échelons sociaux, alors que l'autre suit un mouvement inverse, celui de la déchéance. Mais toutes ces théories, qui paraissent plutôt utopiques aux yeux du lecteur actuel, sont à la fois transmises et fondues dans l'art du conteur irremplaçable qu'est Zola. Nul ne sait mieux que lui évoquer, avec une verve incomparable, la vie et le langage argotique des ouvriers du Paris populaire tout autant que les événements politiques qui servent de toile de fond à ses intrigues – qui ont pour fonction finale d'interpeller la conscience du lecteur.

4. *Idem.*
5. *Idem.*

Pour Zola, l'homme est également soumis au déterminisme universel. L'écrivain observe le comportement de ses héros, chargés de caractères héréditaires, dans certains milieux, à une époque déterminée. Les personnages seraient façonnés par ces milieux de manière différente. Cette thèse est remise en question aujourd'hui : si, pour vérifier une hypothèse, le savant maîtrise les conditions de l'expérience, il n'en est pas de même quand il s'agit de la réalité complexe de l'être humain ou de la création littéraire, où interviennent l'affectivité et l'imagination du romancier.

Zola contrevient d'ailleurs lui-même à ses propres théories, pour le grand plaisir du lecteur, happé par le souffle épique de ses récits. En effet, il ne fait pas que décrire de façon neutre ce qu'il observe, il le fait avec l'œil exercé de l'artiste habile à traquer l'émotion tant sur le visage d'un personnage que dans le mouvement d'une foule en révolte. En bout de ligne, ce qu'on reconnaît dans les écrits de Zola, c'est toujours cette même passion, qu'il étouffait pourtant mais qui est bien là, et qui fait de lui un polémiste engagé et un romancier irrésistible tout à la fois.

Académie française

Fondée par Richelieu en 1634, elle compte quarante membres, chargés de rédiger et de mettre à jour un dictionnaire de la langue française et de décerner des prix littéraires.

Polémique

Qui cherche à discréditer l'adversaire dans un débat d'idées.

À partir de 1890, Zola essaie à plusieurs reprises d'être admis à l'Académie française* mais en vain. Il sera toutefois élu président de la Société des gens de lettres dont l'objectif est de défendre les droits des écrivains. En 1897, survient l'affaire Dreyfus lors de laquelle Zola engage un combat pour défendre ce capitaine d'origine juive, accusé d'espionnage. Le procès de Dreyfus, condamné à la déportation, se déroule dans un climat d'antisémitisme acrimonieux. Portant lui-même un nom dont la consonance n'est pas française, Zola aussi avait dû, dans son enfance, faire face aux préjugés ; cette expérience personnelle le porte à prendre parti dans cette cause pour dénoncer non seulement l'injustice mais aussi les manigances de la droite nationaliste et militariste. Il rédige un article violemment polémique*, intitulé « J'accuse... ! », paru dans *L'Aurore* sous forme de lettre au président de la

* : *Cf.* Glossaire

République de l'époque, Félix Faure. À l'aide d'une stratégie imparable, Zola recourt à des procédés de communication de masse pour attaquer les persécuteurs de Dreyfus appartenant à l'establishment militaire et politique.

Persécuté à son tour, Zola est obligé de s'exiler à Londres pendant une année (1898-1899). Son intervention avait cependant enclenché la révision du procès de Dreyfus. Entre-temps, le lieutenant-colonel Henry avoue que les papiers présentés comme preuves pour condamner Dreyfus sont des faux. Peu de temps après, Zola rentre à Paris et peut enfin assumer pleinement son rôle de directeur de conscience. En 1902, il meurt dans des circonstances jugées mystérieuses compte tenu du contexte de haines tenaces que l'affaire Dreyfus avait suscitées. À la suite de la réhabilitation de ce dernier en 1906, les cendres de Zola ont été transférées au Panthéon, le 4 juin 1908.

Maître de l'école naturaliste, Zola est avant tout reconnu aujourd'hui comme l'auteur d'une œuvre considérable, qui permet de mieux saisir toute la dynamique sociale d'une France qui vit, sous la poussée du capitalisme*, une profonde mutation: les paysans doivent en effet quitter les campagnes pour trouver un emploi dans les industries de la ville. Ses nouvelles comme ses romans illustrent donc cette thématique qui est celle de toute une génération d'écrivains sensibles au drame social qui se joue sous leurs yeux, celui d'une quête de la dignité humaine, marquée par les rapports de pouvoir, l'amour et l'argent.

Capitalisme

Système économique et social fondé sur la propriété privée des moyens de production et d'échange. Il se caractérise par la recherche du profit, l'initiative individuelle et la concurrence entre les entreprises.

Maupassant, illusionniste et réaliste

Guy de Maupassant est de dix ans plus jeune que Zola. Il est né en 1850, à Dieppe, port de mer situé sur la côte ouest française, où s'étaient réfugiés les personnages

* : *Cf.* Glossaire

de *Boule de suif* pour échapper aux Prussiens (la Prusse est alors un pays de langue allemande), pour ensuite fuir en Angleterre. Maupassant passe d'ailleurs les premières années de sa vie en Normandie, qui sert de cadre à plusieurs de ses récits. De famille désunie, il connaît une vie difficile entre un père absent, préoccupé par ses maîtresses, et une mère souvent victime de crises de nerf. Pour échapper à ce climat morose, il fait du canotage tout en multipliant les escapades qui le mettent en contact avec le monde paysan, qu'il ne tardera pas à représenter dans son œuvre. En 1858, ses parents se séparent définitivement. Inscrit au lycée de Rouen, il se forme à l'écriture au contact de Gustave Flaubert, un ami de la famille que lui a présenté sa mère et qu'il considère comme son maître.

La guerre contre la Prusse éclate en 1870. Venu à Paris pour fréquenter la faculté de droit, Maupassant est mobilisé par l'armée. Consterné par l'absurdité de la guerre, il mettra ce thème au cœur d'une vingtaine de ses nouvelles, dont *Boule de suif* et *La maison Tellier*. Dans l'impossibilité de poursuivre des études dont la famille ne pouvait assumer le coût, Maupassant entre au ministère de la Marine ; ne supportant pas la routine médiocre de la vie de fonctionnaire, il choisit de mettre à profit l'enseignement de Flaubert et de se lancer dans l'écriture ; c'est ainsi que naissent ses premiers récits, parmi lesquels se trouve *Le dimanche d'un bourgeois de Paris* (1880). La classe bourgeoise, maintenant dominante en France, devient en effet la cible de l'esprit d'observation teinté de fin cynisme de Maupassant.

Sa Normandie natale lui manque, mais il trouve moyen de compenser l'absence de la mer en se tournant vers la Seine, fleuve du bassin parisien, très présent dans ses récits. Il connaît aussi la vie de bohème en côtoyant les peintres impressionnistes à la Grenouillère. Grâce à Flaubert, il fait la connaissance d'Alphonse Daudet, d'Édouard de Goncourt, tous disciples du naturalisme, et du peintre Cézanne, ami d'enfance de Zola. Sous l'égide de ce dernier, il participe à des rencontres au château de Médan, devenu propriété de Zola grâce au succès de *L'assommoir*. Dans un recueil de nouvelles à plusieurs signataires intitulé *Les soirées de Médan*, Zola et Maupassant tentent de mettre en application les idées naturalistes, qu'illustrent les nouvelles retenues pour le présent recueil. Faisant originellement partie des *Soirées de Médan*, le court récit *Boule de suif* est unanimement considéré comme un chef-d'œuvre, ce qui contribue dès lors à qualifier Maupassant d'excellent nouvelliste et à asseoir sa réputation. Encouragé par ce succès, Maupassant adopte un rythme de publication soutenu, qui lui assure une reconnaissance internationale, jusqu'à ce que sa santé décline. À la fois misogyne et séducteur, il multiplie les conquêtes féminines mais refuse de reconnaître les trois enfants nés entre 1883 et 1887, dont il assure pourtant le bien-être matériel.

À partir de 1883, il publie des romans, *Une vie*, *Bel-ami*, dans lesquels il s'efforce de donner « l'illusion complète du vrai ». Admis dans le cercle des grands romanciers, il accumulera dorénavant les succès littéraires, ce qui lui permettra d'avoir un train de vie luxueux : voyages, achat d'un yacht appelé *Le bel-ami*, nombreuses fréquentations féminines.

Cependant, ses douleurs névralgiques, dues aux excès et à la syphilis – maladie incurable contractée dans sa jeunesse – s'aggravent, sans l'empêcher toutefois de poursuivre son œuvre. Les migraines, les hallucinations le font atrocement souffrir ; il se sent gagné par la folie comme en témoigne son célèbre récit fantastique* intitulé *Le horla*, publié six ans avant sa mort, survenue en 1893. Maupassant avait 43 ans. Dans l'éloge funèbre qu'il lui adresse, Zola souligne ce qui le rapproche de son disciple en rappelant que les lecteurs sont « reconnaissants à un écrivain, même pessimiste, de leur donner cette heureuse sensation d'équilibre et de vigueur, dans la parfaite clarté des œuvres ».

Fantastique

Se caractérise par une intrusion brutale du mystère dans le cadre réaliste. Le lecteur hésite entre l'explication rationnelle ou surnaturelle.

* : *Cf.* Glossaire

Zola et Maupassant : les traits communs

Quels sont les éléments de convergence qui permettent de rapprocher les œuvres de ces deux écrivains ?

Zola et Maupassant se sont rapidement détachés de l'esthétique romantique tout en conservant une grande admiration pour Balzac, qu'ils considèrent comme le grand instigateur du réalisme, esthétique romanesque à laquelle ils adhèrent. Ils ont pratiqué le journalisme, qui influence d'ailleurs leur écriture toujours proche de l'actualité, et ils ont connu l'univers de la fonction publique. D'origine bourgeoise, ils sont nés à l'extérieur de Paris, Maupassant en Normandie et Zola en Provence, mais tous deux auront à gagner la métropole pour faire carrière. Ils prônent également l'observation minutieuse de la réalité et la recherche rigoureuse sur les métiers ou activités qu'ils veulent décrire, afin d'assurer la vraisemblance* de leurs récits. Ils ne répugnent pas non plus à dépeindre les aspects les plus misérables de la condition humaine. La conception de leurs personnages est intimement reliée à l'étude des milieux sociaux dont ils sont issus. Leurs comportements dans la vie quotidienne traduisent les valeurs, les mœurs de leur groupe d'appartenance. Pour informer le lecteur sur la vie quotidienne de leurs personnages, sur leurs mœurs et leurs coutumes, les deux écrivains se montrent soucieux de mettre en valeur le détail révélateur.

Vraisemblance

Qualité de ce qui peut sembler vrai pour la raison du spectateur, même quand cela ne l'est pas réellement, en donnant aux faits une apparence de vérité.

Zola veut toutefois aller au-delà de l'observation des comportements humains dans la société. Il veut en étudier les causes en tenant compte de l'hérédité de ses créatures. Maupassant est moins théoricien de nature :

* : *Cf.* Glossaire

« Je ne crois pas plus au naturalisme qu'au réalisme. Ces mots, à mon sens, ne signifient absolument rien, ils ne servent qu'à des querelles de tempéraments opposés[6]. » Il se laisse donc une plus grande marge de manœuvre, explorant d'un côté les fantasmes associés à la littérature fantastique, et de l'autre, fouillant les mobiles psychologiques de ses protagonistes masculins.

- Maître de l'école naturaliste, Zola est reconnu avant tout aujourd'hui comme l'auteur d'une œuvre considérable qui permet de mieux saisir toute la dynamique sociale d'une France qui vit une profonde mutation sous la poussée du capitalisme.
- Maupassant est reconnu aujourd'hui comme le plus grand nouvelliste de la littérature française, avec une œuvre qui explore une thématique à la fois réaliste et fantastique.
- Les deux écrivains ont en commun une même vision de la réalité, fondée sur l'observation, le souci du détail révélateur et un désir de représenter les gens ordinaires, dans leur quotidien, sans les idéaliser.
- Il y a toutefois un écart important à observer entre les principes naturalistes et le résultat romanesque : ces œuvres ne proposent pas une vision parfaitement neutre de la réalité, l'émotion y est présente tout autant que l'ironie, révélant ainsi le parti pris des écrivains. Et tout cela pour le bonheur du lecteur, puisque ces deux écrivains partagent une caractéristique commune : celle de conteur irrésistible !

6. Cosimo Campa, *Maupassant*, Studyrama, 2004, p. 65.

Description de l'époque : la France de la deuxième moitié du XIXe siècle

Qu'importe-t-il de connaître de la France du XIXe siècle pour mieux comprendre les nouvelles de Zola et de Maupassant ?

Au cours du XIXe siècle, la France vit une transition importante : elle passe d'une économie à prédominance agricole vers une économie dominée par le mode industriel de production. La confection artisanale pratiquée dans les campagnes ne peut concurrencer la grande industrie mécanisée qui fonctionne à la vapeur ou à l'électricité. Contraints de s'exiler en ville, les paysans grossissent les rangs du prolétariat* urbain. On donne le nom de « révolution industrielle » à cette grande mutation, qui marque tous les aspects de la société française de la seconde moitié du XIXe siècle.

Prolétariat

Classe des prolétaires, ceux qui ne possèdent pour vivre que les revenus de leur travail, qui exercent un métier manuel ou mécanique et ont un niveau de vie relativement plus bas que celui des capitalistes ou des bourgeois.

Le contexte socioéconomique

Dans les villes, les conditions de vie des ouvriers sont misérables ; ils travaillent de longues heures pour de petits salaires et vivent dans des quartiers insalubres. Dans son roman *Germinal*, Zola expose au lecteur la révolte des classes laborieuses en décrivant le combat des mineurs cherchant à améliorer leurs conditions de

* : *Cf.* Glossaire

vie par des manifestations et des grèves. Ces mouvements de rébellion sont réprimés durement. Le patronat, issu de la classe bourgeoise ambitieuse et travaillante, obéit au mot d'ordre de l'époque, « enrichissez-vous » : il se montre donc plus soucieux de profit et de gain que de solidarité sociale. Issus de cette nouvelle classe dirigeante qui a évincé les aristocrates à la tête du pays, les bourgeois n'ont pas peur d'investir des capitaux dans des initiatives risquées, comme la construction de routes et de chemins de fer.

Majoritairement rurale et agricole au début du siècle, la France devient donc progressivement urbaine, capitaliste et industrielle à la fin du siècle, rejoignant ainsi l'Angleterre déjà bien engagée dans cette voie. La bourgeoisie des villes, riche et puissante, détient maintenant l'argent et le pouvoir; l'aristocratie, qui s'est alliée à son ennemie d'hier, défend désormais les mêmes intérêts; la petite bourgeoisie des provinces a cependant des possibilités plus restreintes. Quant à la classe ouvrière, elle cherche à s'organiser, raison pour laquelle elle se montre sensible à de nouvelles doctrines qui favorisent la répartition des richesses, comme le syndicalisme et le socialisme, si ce n'est le communisme. Les bourgeois bien nantis se détourneront dorénavant des valeurs chères à la Révolution : solidarité, patriotisme et égalité de droits entre citoyens.

Quant à la religion, elle perd son emprise sur les masses, notamment parce que l'Église semble plus soucieuse d'ordre que de justice sociale. De plus, les recherches scientifiques sur la génétique et l'évolution des espèces remettent en question l'héritage religieux. La méthode scientifique d'observation, de documentation et de vérification est appliquée par Auguste Comte[7] aux sciences humaines. Selon ce

7. Auguste Comte (1798-1857) : philosophe français à l'origine du positivisme. Selon cette philosophie, l'humanité passe par trois étapes : théologique, métaphysique et positive. Grâce au positivisme, Auguste Comte projette de fonder une nouvelle discipline, la physique sociale, qui sera appelée plus tard la sociologie, dont l'objet est l'étude des phénomènes sociaux.

philosophe, l'esprit humain veut comprendre le monde par l'observation et le raisonnement. Les écrivains naturalistes chercheront à appliquer ces méthodes positivistes à la création romanesque.

Grâce à une imprimerie plus efficace, la presse se développe et se charge d'une partie de l'éducation populaire. Des articles bien documentés décrivent en partie les activités professionnelles et révèlent les détails de la vie quotidienne, variables selon les classes sociales. Pour attirer plus de lecteurs, les journaux prennent en outre l'habitude, à partir de 1840, de publier des romans-feuilletons.

Le contexte politique

La candidature d'un prince allemand au trône d'Espagne déclenche les hostilités. Les Français, persuadés que leur armée est la plus forte, déclarent la guerre à la Prusse le 17 juillet 1870. Or, le système de conscription français repose sur le tirage au sort. Ceux qui tirent « un bon numéro » sont exemptés d'aller au combat; dans les milieux aisés, celui qui tombe sur un « mauvais numéro » peut acheter un remplaçant pour les sept années du service militaire. À la fin du mois de juillet, la France réunit à peine un contingent de 280 000 hommes pour affronter une armée allemande de plus de 500 000 soldats disciplinés. L'offensive allemande se poursuit jusqu'à la victoire finale. L'Alsace et la Lorraine sont perdues et les troupes ennemies n'ont aucune peine à investir Paris.

Le 2 septembre 1870 à Sedan, l'armée française capitule; l'empereur Napoléon III est fait prisonnier. Deux jours plus tard, la IIIe République est proclamée. Réunie à Bordeaux, l'Assemblée nationale confie le pouvoir à Thiers, dont on reconnaît la grande expérience politique et les talents de diplomate. Mais avant même de conclure la paix avec les Allemands, le gouvernement doit faire face à l'insurrection de la Commune: le peuple de Paris monte aux barricades et défie le pouvoir. La répression est terrible: au moins 17000 victimes et 40000 arrestations. Thiers, qui signe la paix avec l'Allemagne le 10 mai 1871 après avoir jugulé l'insurrection populaire, voit son autorité renforcée: il est nommé président de la République. Le gouvernement semble maître de la situation, ce qui est de bon augure pour le régime républicain récemment mis en place. Mais une nouvelle crise politique provoquée par l'affaire Dreyfus va bientôt déchirer les Français.

Ainsi, cette affaire se transforme en scandale politique qui exacerbe les tensions entre les intellectuels de gauche, généralement réformistes et républicains, et la droite, plus traditionnelle, qui veut protéger les institutions, et spécialement l'armée, de toute éclaboussure qui nuirait à son prestige; elle se porte alors à la défense de l'idée d'une nation homogène. Pour elle, les Juifs, même s'ils sont nés en France, sont considérés comme des étrangers.

À retenir

- Majoritairement rurale et agricole au début du siècle, la France est progressivement devenue urbaine, capitaliste et industrielle à la fin du siècle.
- La bourgeoisie riche et puissante détient désormais l'argent et le pouvoir; l'aristocratie s'est alliée à son ennemie d'hier et défend dès lors les mêmes intérêts qu'elle. Quant au prolétariat, la classe ouvrière urbaine, il vit dans des conditions très difficiles, mais tente de s'organiser.
- La guerre franco-allemande, qui sert de cadre à des nouvelles du présent recueil, est responsable d'une grave crise politique qui mène à un changement majeur de régime politique, faisant passer la France de l'empire à la république.

Le contexte culturel

À partir de 1879, la censure est supprimée, ce qui permet à la presse de se développer. Certains écrivains, qui pratiquent aussi le journalisme, connaissent la célébrité, comme c'est le cas de Zola et de Maupassant. Le journal, s'il est le véhicule des principaux débats sociaux – telle l'affaire Dreyfus – contribue également à médiatiser les nouvelles théories scientifiques.

Dans un contexte où les passions sont exacerbées, de nombreux poètes exaltent les sentiments patriotiques, comme Hugo dans *L'année terrible*, 1872, ou Sully Prudhomme dans *Impressions de guerre*, 1872. Les peintres Alphonse de Neuville et Édouard Detaille multiplient les scènes d'héroïsme patriotique, apaisant ainsi les souffrances infligées à la fierté française. Dans la foulée de l'impressionnisme, des artistes se détachent de ce mouvement pour privilégier une peinture plus réaliste, ce qui est le cas de Gustave Courbet (1819-1877). Cézanne apparaît toutefois comme le peintre le plus avant-gardiste de cette période, lui qui annonce le cubisme* par des toiles dont le souci est de révéler la géométrie des formes.

Cubisme

École d'art de 1910 à 1930, qui se propose de représenter les objets décomposés en éléments géométriques simples, sans restituer leur perspective.

Zola et ses amis sont opposés à toute tendance idéaliste, qui risquerait de flatter les vanités nationalistes aux dépens de la vérité. Ils appliquent par exemple au thème de la guerre la méthode naturaliste : refusant d'exalter l'héroïsme, ils préfèrent plutôt observer comment une société s'adapte à cette réalité et comment elle doit en assumer les conséquences. Dans cette même perspective, d'autres œuvres illustrent la dynamique sociale d'une France convertie au capitalisme. Une nouvelle comme *Nantas* révèle la fascination pour le pouvoir et l'argent, à travers la progression sociale d'un individu prêt à se vendre pour atteindre ses buts. L'amour n'est pas non plus à l'abri de cet esprit matérialiste ; l'importance que prend la prostitution

* : *Cf.* Glossaire

dans les récits de Maupassant expose un fait social : les relations sexuelles se négocient comme tout le reste.

En outre, ces récits permettent à un lecteur moderne de mieux prendre conscience de la condition des femmes de cette époque : ne pouvant accéder à une carrière, elles sont entièrement dépendantes des hommes qui peuvent les choisir comme épouse légitime – surtout si elles offrent l'avantage d'une dot bien garnie – ou en faire leur maîtresse. Pour se sortir de la misère, certaines femmes n'ont pour seule solution que de s'adonner à la prostitution.

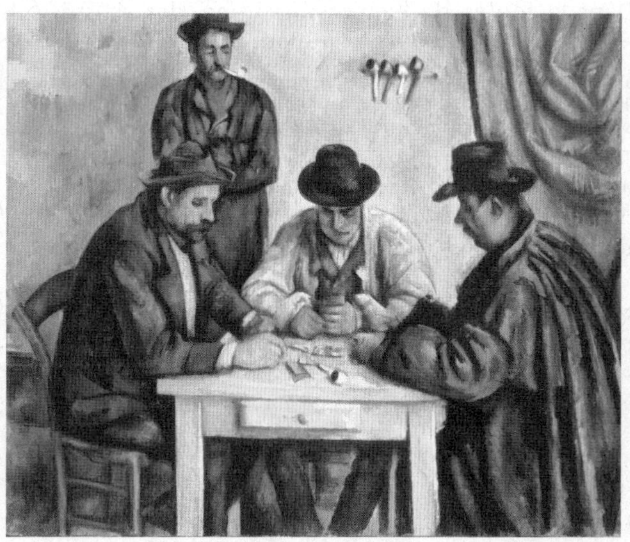

***Les joueurs de cartes,* tableau de Paul Cézanne, 1890.**

Tableau synthèse
Le réalisme et le naturalisme

Intrigue Rendre la fiction crédible en créant l'illusion du réel.	• Personnages types faisant la synthèse des traits observés dans une catégorie sociale. • Intégration dans la fiction de personnages et d'événements réels. • Descriptions détaillées fondées sur l'observation et la documentation. • Temps : l'actualité (contemporaine à l'auteur).
Structure narrative Créer un effet de logique en présentant une vision cohérente et unifiée du monde.	• Narrateur non représenté (extérieur à l'histoire), point de vue omniscient (focalisation zéro). • Concordance descriptive entre les aspects physique, psychologique et social du personnage. • Enchaînement linéaire des événements selon un lien de cause à effet. • Tendance au roman-système : corrélation entre les éléments où chacun contribue à la signification globale.
Thématique Rendre la dynamique sociale intelligible au lecteur. Illustrer des hypothèses scientifiques.	• Conflits d'intérêts et luttes de classes. • Thèmes du pouvoir, de l'argent, de la guerre. • Amour, désir et religion : refus d'idéalisation. • Hérédité, culpabilité, violence.
Style Exprimer son lyrisme personnel sans nuire à la lisibilité du texte. Créer un effet de transparence en masquant le travail de l'écriture.	• Réseaux métaphoriques qui concrétisent le fonctionnement social. • Rejet de la prouesse stylistique.

Présentation des nouvelles

Quels liens peut-on établir entre ces connaissances et les nouvelles de Zola et de Maupassant ?

Le cadre des deux premières nouvelles, *L'attaque du moulin* et *Boule de suif*, est la guerre franco-prussienne de 1870-1871. Sur le mode de l'observation distanciée, le récit de Zola dénonce l'absurdité de la guerre. Pour donner plus de crédibilité à l'anecdote centrale, il prend la peine de préciser que « *L'attaque du moulin* [est] une histoire vécue [...] entendue d'un témoin ». La nouvelle rappelle en effet divers épisodes de la résistance, encore présents à l'esprit des lecteurs de l'époque. Bien que le point de vue adopté dans la première partie du récit puisse sembler idéaliste (la campagne française est décrite avec des accents bucoliques*), ce n'est que pour mieux mettre en relief les dégâts causés par la guerre dans la deuxième partie. Non seulement le moulin est-il dévasté, mais encore toute perspective d'avenir se trouve anéantie par la mort ou la folie des principaux protagonistes. Enfin, ce récit est un des rares qui se termine par une victoire de l'armée française, présentée toutefois comme un exploit dérisoire.

Bucolique

Qui évoque la poésie pastorale ou qui représente les mœurs champêtres, la vie des bergers.

La nouvelle *Boule de suif* est inspirée d'un personnage réel, comme en témoigne, dans ses *Nouveaux souvenirs*, François Tassart, valet de chambre de Maupassant : « L'héroïne s'appelait Adrienne Legay. Elle était née à Életot, canton de Valmont. Bien douée, forte comme celles de sa race, et ne manquant pas d'esprit, à vingt ans elle se rendit à Rouen pour tenter la fortune. La guerre de 1870 survint ; et c'est dans une

* : *Cf.* Glossaire

de ses sorties en diligence, pour aller rendre visite à nos soldats, leur porter et rapporter à leurs parents de leurs nouvelles verbales, que se passèrent les scènes que M. de Maupassant relate dans : *Boule de suif*[8]. »

Dans cette nouvelle, Maupassant situe ses personnages dans le paysage économique et politique de l'époque. Loiseau, homme du peuple, est un petit bourgeois, un commerçant avide de profit et peu scrupuleux en affaire. Comme les Loiseau, les Carré-Lamadon, situés un peu plus haut dans l'échelle sociale, ne se préoccupent que de profits et de gains et ne parlent que d'argent. Quant au comte de Bréville et à sa jeune épouse, ils incarnent l'esprit de compromission, enrobé dans la grandiloquence patriotarde de la noblesse, convertie aux lois du capitalisme. Le couple n'a plus rien des qualités que revendiquait autrefois l'aristocratie. Enfin, le clergé est représenté par deux religieuses, et la classe des fonctionnaires, par un gai luron nommé Cornudet. Quant à la prostituée Boule de suif, son statut est plus complexe : elle personnifie les classes inférieures qui sont exploitées par les bourgeois, mais aussi les femmes d'origine plus humble qui sont obligées de se prostituer pour survivre. On peut dire que Boule de suif se fait en quelque sorte manger tout rond par les bourgeois, comme le laisse présager la description que l'auteur fait d'elle aux premières pages du récit.

Tous ces personnages forment donc une microsociété ; la plupart d'entre eux se déplacent en diligence vers l'Angleterre, pour aller y mettre à l'abri leurs capitaux. Ils sont arrêtés en chemin par un soldat prussien qui les retient parce qu'il veut profiter de Boule de suif, prostituée notoire. Pour la convaincre de céder au soldat prussien, ils font tous front commun. Les religieuses qui font partie du voyage ne sont pas les plus tendres : c'est elles qui assènent l'argument final

8. Zola, Maupassant, Huysmans, *Nouvelles naturalistes*, Hachette Livre, 2006, p. 194.

qui viendra à bout des résistances de Boule de suif. À la fin, Cornudet le démoc entonne la Marseillaise, chant révolutionnaire devenu aujourd'hui l'hymne national des Français, afin de rappeler aux notables les valeurs associées à la révolution de 1789 : liberté, fraternité et égalité, valeurs qu'ils viennent de bafouer. On comprend le caractère sarcastique que pouvait avoir un tel dénouement à l'époque. Ainsi, la bourgeoisie, qui s'était battue pour changer le système au moment de la Révolution en s'appuyant sur la révolte populaire, se retourne maintenant contre le peuple que Boule de suif représente.

Dans *La maison Tellier*, Maupassant fait de ces prostituées de province les protagonistes de son récit. Les prostituées étaient considérées à l'époque comme « d'utilité publique » ; elles habitaient des maisons closes que les clients fréquentaient à l'abri des regards. La discrétion de ces maisons est une qualité essentielle puisqu'il s'agit de protéger la réputation des habitués, souvent de bons bourgeois qui se font en public les ardents défenseurs de la moralité. La situation des « filles » est souvent meilleure que celle des paysans. Ces derniers, isolés dans leur campagne, font un travail pénible, sans divertissement et sans vie culturelle. Il faudra attendre que des réformes soient votées pour améliorer les conditions de vie des classes inférieures.

Dans le récit, les prostituées quittent leur maison close pour assister à la première communion de la nièce de la patronne. Maupassant tire profit de la confrontation de ces femmes aux mœurs légères avec des paysans catholiques pratiquants pour tracer de la société un portrait d'une grande véracité, à la fois émouvant et sarcastique.

Enfin, *Nantas* illustre à merveille le capitalisme sauvage qui prévaut en France à cette époque. Nantas, le personnage central du récit, quitte sa région natale pour Paris afin de faire fortune. Zola démontre bien que, dans un régime capitaliste, tout a un prix, même l'être humain. Une fois à Paris, Nantas, qui ne trouve pas d'emploi, est acculé à l'humiliation. Il accepte, en échange de sa dot, d'épouser une jeune fille déshonorée, de bonne famille aristocrate, devenue enceinte à la suite de ce qui semble être un viol. Nantas peut alors laisser libre cours à son ambition dévorante et réaliser de grands projets, dont celui de devenir ministre sous Napoléon III. Il accède ainsi à un poste de prestige, se vengeant en quelque sorte de l'humiliation que lui a fait subir son beau-père quand il lui a demandé la main de sa fille.

Le récit rend compte de la dynamique sociale qu'entraîne la montée du capitalisme en France : ceux qui sont comblés par la vie sont les ambitieux, prêts à sacrifier leurs principes moraux pour réussir. Il met aussi en relief l'accès au pouvoir de la bourgeoisie, qui impose ses propres valeurs : Nantas ravit le cœur de Flavie, son épouse aristocrate, prend possession de toute la maison et relègue le père, le baron Danvilliers, à de petits appartements. La noblesse a donc dû céder sa place à la bourgeoisie…

Liens avec le courant et les formes littéraires de l'époque

Les quatre nouvelles présentées dans ce recueil illustrent les caractéristiques suivantes du réalisme et du naturalisme.

Un grand souci de **vraisemblance** :

- Les personnages sont ordinaires, non idéalisés ; ils incarnent le tissu social de la France : les paysans prospères et les petits notables des régions ; la bourgeoisie (qui déclasse la noblesse dans certains cas comme dans *Nantas* ou qui s'associe à elle, qui défend les mêmes intérêts) ; les petites gens.

- Les femmes appartenant à différents milieux sont décrites sans aucune forme d'idéalisation.
- Les descriptions sont celles des activités courantes, des coutumes et des gestes de la vie quotidienne (le moulin dans *L'attaque du moulin*, le repas dans *Boule de suif*, les mœurs et habitudes dans la diligence, à l'auberge).
- Les dialogues révèlent les allégeances et les opinions politiques, notamment dans *Boule de suif*.
- Des références historiques dans *L'attaque du moulin* et dans *Boule de suif*, et des références géographiques dans *La maison Tellier* et dans *Nantas* laissent à penser que Maupassant connaît bien les lieux qu'il décrit: Rouen dans *Boule de suif*, Fécamp dans *La maison Tellier*. Paris est également un lieu connu des deux écrivains.
- L'utilisation d'un trait suffit parfois à donner de la vraisemblance aux personnages: Élisabeth Rousset, surnommée *Boule de suif*, est « petite, ronde de partout, grasse à lard »; le père Merlier avait une « longue figure silencieuse, qui ne riait jamais » dans *L'attaque du moulin*; dans *La maison Tellier*, les deux paysans qui prenaient le train avec Madame et ses filles « n'avaient pas un sourire, pas un tressaillement ».

Un grand souci de **cohérence narrative**:

- Dans les quatre récits, les écrivains font le choix de narrateurs omniscients avec usage du pronom de narration* « il » (narrateur non représenté dans le récit et focalisation zéro).
- Les événements progressent en ordre chronologique et logique, sans retour en arrière, et chaque événement est présenté comme la cause de celui qui suivra, sauf dans *La maison Tellier* où un retour en arrière est obligatoire pour expliquer la pancarte « Fermé pour cause de première communion ».

Narration

Exposé d'une suite de faits par un narrateur, dans une forme littéraire donnée; il ne faut pas confondre le narrateur avec l'auteur, celui qui écrit l'histoire.

*: *Cf.* Glossaire

- Les récits sont souvent divisés en parties malgré leur brièveté et sont structurés dans l'espace et le temps de façon très significative (dans *L'attaque du moulin*, la première partie présente une description d'un village heureux et tranquille qui bascule dans l'horreur à cause de la guerre; la métaphore sous-jacente au récit, « qui mange qui ? et qui se fait avoir et qui se fait bouffer ? », crée un effet de miroir dans *Boule de suif*; dans *Nantas*, le héros devenu bourgeois déloge littéralement la noblesse puisqu'il devient propriétaire de la maison et que le baron est refoulé dans de petits appartements; le fils d'ouvrier finit même par « ravir » le cœur de la jeune noble : l'argent donne le pouvoir et achète tout, même l'amour !). En fait, les effets de bascule sont très fréquents, illustrant ainsi les revirements de la France vers la démocratie, mais aussi vers le capitalisme industriel au sein duquel domine la classe bourgeoise, détentrice du pouvoir et des capitaux.

Thèmes du réalisme et du naturalisme

- Un des thèmes importants qui sous-tend deux nouvelles, c'est la guerre franco-prussienne et la violence qui l'accompagne : « Des boulets le perçaient [le beau moulin] de part en part » (p. 78, l. 1110) dans *L'attaque du moulin*; on sentait à Rouen « l'odeur de l'invasion » (p. 85, l. 111) dans *Boule de suif*. La brutalité de la guerre est omniprésente aussi dans l'image de l'officier prussien qui force Boule de suif à avoir avec lui une relation sexuelle.
- L'argent sert d'unique morale et unit les ennemis d'hier qui, désormais, poursuivent les mêmes intérêts, tel le comte de Bréville, associé aux commerçants et chefs d'entreprise Loiseau et Carré-Lamandon. Dans

La maison Tellier, c'est l'argent qui donne un certain prestige à Madame, malgré sa condition sociale : c'est une des raisons pour lesquelles elle est invitée à la première communion de sa nièce. « Étant sans enfants », Madame pourra faire un testament « en faveur de la petite ». C'est grâce à l'argent que Nantas a pu se hisser dans la hiérarchie sociale et gagner le cœur de sa femme.

- La guerre et l'argent confèrent un certain pouvoir. L'officier prussien envahit le moulin et décide de fusiller Dominique dans *L'attaque du moulin*. C'est encore l'officier prussien qui empêche la diligence de continuer son chemin parce qu'il désire Boule de suif. Quant à Nantas, l'argent lui donne un pouvoir qui lui permet de devenir ministre et de prendre la place de son beau-père, à la maison et dans le cœur de Flavie : « tout Paris à genoux devant la puissance » (p. 184, l. 502 et 503).
- La dignité humaine est bafouée tant par les affres de la guerre qu'à cause des différences de classes sociales. Une femme galante comme Boule de suif n'a pas sa place parmi les honnêtes gens. Si elle cède à l'officier, ce n'est que pour faire plaisir aux autres voyageurs, mais elle n'obtient pas pour autant la reconnaissance qu'elle aurait dû avoir pour son geste. Non seulement les prostituées sont mises au ban de la société, mais l'épouse et les filles sont soumises au mari et au père, et forcées aux relations sexuelles. Dans *Nantas*, l'homme peut être acheté et manipulé.

Zola et Maupassant en leur temps

Vie et œuvre de Zola et de Maupassant		Événements historiques	Événements culturels
1840	Naissance d'Émile Zola.		
1843	Installation des Zola à Aix-en-Provence.		
1847	Mort du père et difficultés financières de la famille Zola.		
1848		Chute de la Monarchie de Juillet. Début de la IIe République.	
1850	Naissance de Guy de Maupassant.		Mort de Balzac. Courbet, *Un enterrement à Ornans*.
1851		Coup d'État de Louis-Napoléon Bonaparte.	
1852		Proclamation du Second Empire (Napoléon III).	
1852-1858	Années de Zola au collège Bourbon et relation d'amitié avec Paul Cézanne.		Flaubert, *Madame Bovary* (1857).
1858	Émile Zola et sa mère à Paris.		
1859	Échec de Zola au baccalauréat. Installation de la famille Maupassant à Paris.		
1860	Séparation des parents de Guy de Maupassant. La mère prend les enfants à Étretat.		
1862	Zola est embauché à la Librairie Hachette (au bureau des expéditions, puis à la publicité).		Flaubert, *Salammbô*.
1864	Publication de Zola : *Contes à Ninon*.	Loi accordant aux ouvriers le droit de grève.	

Vie et œuvre de Zola et de Maupassant		Événements historiques	Événements culturels
1863			Salon des Refusés.
1865	Zola, chroniqueur dans plusieurs journaux et auteur de *La confession de Claude* (roman).		
1866	Zola quitte Hachette et publie *Mes haines* et *Mon salon* (œuvres critiques), et *Le vœu d'une morte* (roman).		Dostoïevski, *Crime et châtiment*.
1867	Zola publie *Thérèse Raquin* (roman), *Les mystères de Marseille* (roman), *Édouard Manet* (œuvre critique).		
1868	Zola publie *Madeleine Férat* (roman). Maupassant entre au Lycée de Rouen et fait la connaissance de Flaubert.		
1870	Zola se marie avec Alexandrine Meley; il publie le premier volume des *Rougon-Macquart*, « La fortune des Rougon ».	19 juillet: déclaration de guerre de la France à la Prusse. 2 septembre: armée française battue; empereur prisonnier. 4 septembre: chute du Second Empire. 18 septembre: Paris investie; IIIe République.	
1871	Maupassant entre au ministère de la Marine.	28 janvier: armistice. La Commune, naissance de l'Empire allemand.	

Vie et œuvre de Zola et de Maupassant		Événements historiques	Événements culturels
1872	Maupassant rencontre plusieurs écrivains aux samedis de Flaubert. Zola publie un livre par an de la saga des *Rougon-Macquart*, dont « La curée ».		Hugo, *L'année terrible*.
1873	Zola publie *Le ventre de Paris*.		Rimbaud, *Une saison en enfer*.
1874	Zola publie *Nouveaux contes à Ninon*, *La conquête de Plassans*.		Monet, *Impression, soleil levant*.
1875	Rencontre de Maupassant et de Zola. Maupassant publie *La main d'écorché* (conte), et Zola, *La faute de l'abbé Mouret*.		Bizet, *Carmen*.
1876	Zola publie *Son Excellence Eugène Rougon*.		
1877	La santé de Maupassant se détériore ; il est atteint de la syphilis. Succès et scandale de Zola avec *L'assommoir*, roman sur un quartier populaire à Paris, la Goutte d'or.		
1878	Zola achète la maison de Médan ; il publie *Nantas* et *Une page d'amour*.		

Vie et œuvre de Zola et de Maupassant		Événements historiques	Événements culturels
1880	Gand succès de la nouvelle « Boule de suif » dans *Les soirées de Médan*; grande collaboration de Maupassant au *Gaulois* et à divers journaux. La mort de Flaubert perturbe Maupassant. Zola publie *Nana*, l'histoire d'une prostituée; également *Jacques Damour*, *Madame Sourdis*, et le recueil *Les soirées de Médan*.		Mort de Flaubert le 8 mai.
1881	Maupassant publie *Une partie de campagne* et son premier recueil de contes dont fait partie *La maison Tellier*. Début de sa collaboration au *Gil Blas*. Zola publie *Les romanciers naturalistes* et *Le naturalisme au théâtre*.	Loi sur la liberté de la presse.	
1882	Zola publie *Le capitaine Burle* (nouvelles) et *Pot-Bouille*. Maupassant, *Mademoiselle Fifi*, *Ce cochon de Morin*, *La folle*, *La légende du Mont-Saint-Michel*.		
1883	Maupassant publie son recueil *Les contes de la Bécasse* et son premier roman, *Une vie*. Aussi *La ficelle*, *Deux amis*, *Une vendetta*, *Clair de lune*. Zola publie *Au bonheur des dames* et *La joie de vivre*.	Expansion coloniale : Afrique et Asie du Sud-Est.	

Vie et œuvre de Zola et de Maupassant		Événements historiques	Événements culturels
1884	Zola publie *Naïs Micoulin* (nouvelles) et *La mort d'Olivier Bécaille.* Maupassant publie *Aux champs, Au soleil, Les sœurs Rondoli, Yvette, La parure, Miss Harriet, Un fou ?, Adieu !, L'héritage.*		
1885	Maupassant publie le roman *Bel-ami*; il voyage en Italie et achète son yacht, *Le bel-ami.* Aussi : *Monsieur Parent, Lettre d'un fou, Contes du jour et de la nuit.* Zola publie *Germinal* et *L'œuvre.*		Mort de Victor Hugo le 22 mai.
1887	Maupassant publie *Le horla*.		
1888	Maupassant publie des romans : *Pierre et Jean, Sur l'eau, Le rosier de Madame Husson*. Zola publie *Le rêve*; début de sa liaison avec Jeanne Rozerot, une lingère qui travaille chez lui; il aura avec elle deux enfants qui porteront son nom.		
1889	Maupassant publie *Le port, Fort comme la mort, La main gauche, Histoire d'une fille de ferme.* Internement de Maupassant dans un hôpital psychiatrique et mort de son frère.	Exposition universelle et construction de la tour Eiffel.	
1890	Zola publie *La bête humaine* et *L'argent*. Premier échec de Zola à l'Académie française. Maupassant publie *Mouche, La vie errante, Notre cœur, L'inutile beauté.*		

Vie et œuvre de Zola et de Maupassant		Événements historiques	Événements culturels
1891	*L'angélus*, roman inachevé de Maupassant. Zola, président de la Société des gens de lettres.		
1892	Nouvel internement de Maupassant. Zola publie *La débâcle*.		Cézanne, *Les joueurs de cartes*. Renoir, *Jeunes filles au piano*.
1893	Mort de Maupassant le 6 juillet. Parution du vingtième volume des *Rougon-Macquart*, « Le docteur Pascal ». Zola, officier de la Légion d'honneur.		
1897	Zola s'engage dans l'affaire Dreyfus.	Affaire Dreyfus.	
1898	Parution de l'article de Zola « J'accuse… ! » dans *L'Aurore*. Procès de Zola et fuite en Angleterre.		
1899	À partir de cette date, Zola écrit la série des *Quatre évangiles*, dont le dernier est resté à l'état de notes. Publication d'œuvres posthumes de Maupassant (*Le père Million*, *Le colporteur*, etc.).		
1902	Mort de Zola par asphyxie à Paris (accidentelle ou criminelle).		Debussy, *Pelléas et Mélisande*.
1905		Séparation de l'Église et de l'État.	

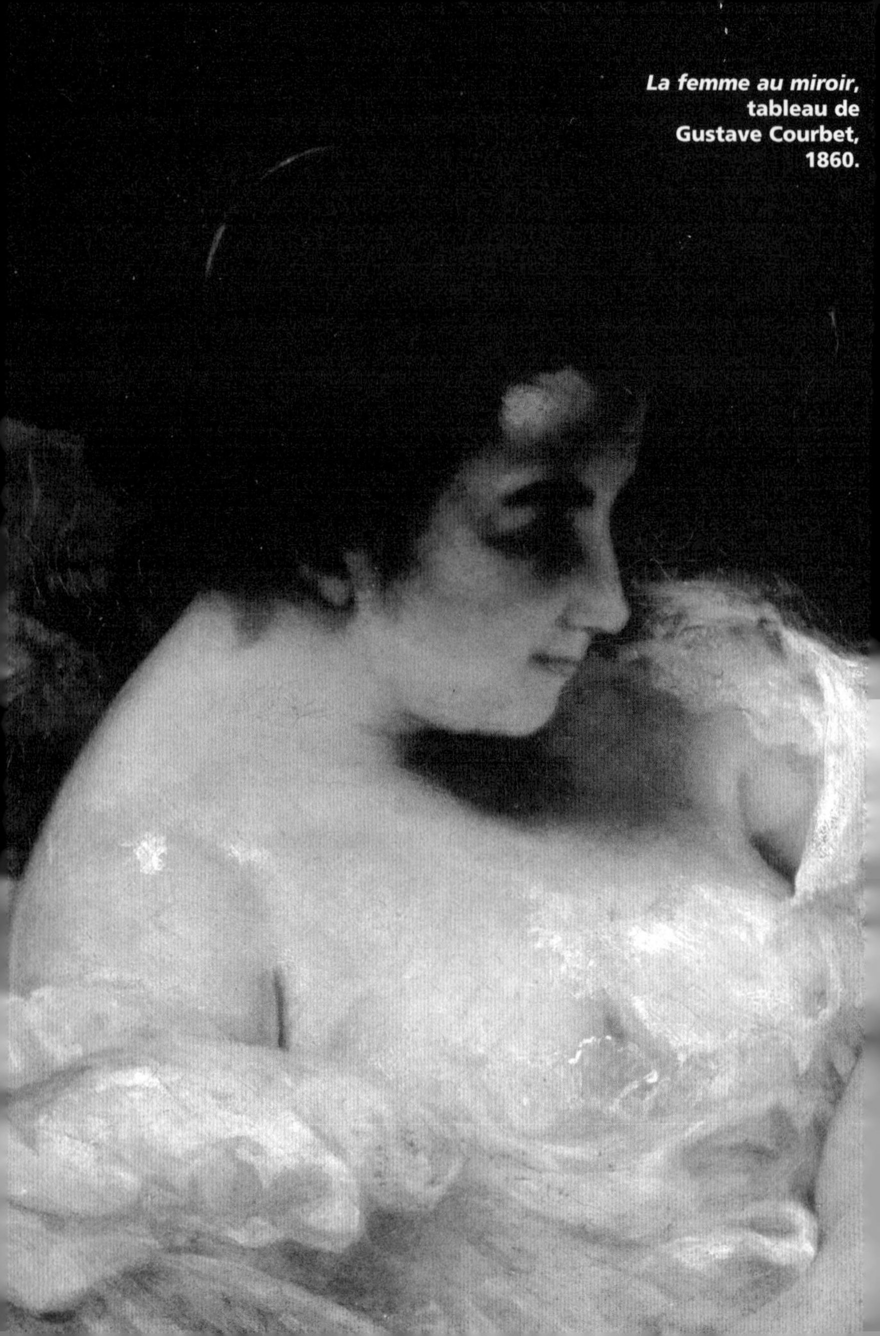

La femme au miroir, tableau de Gustave Courbet, 1860.

Nouvelles réalistes

Émile Zola et

Guy de Maupassant

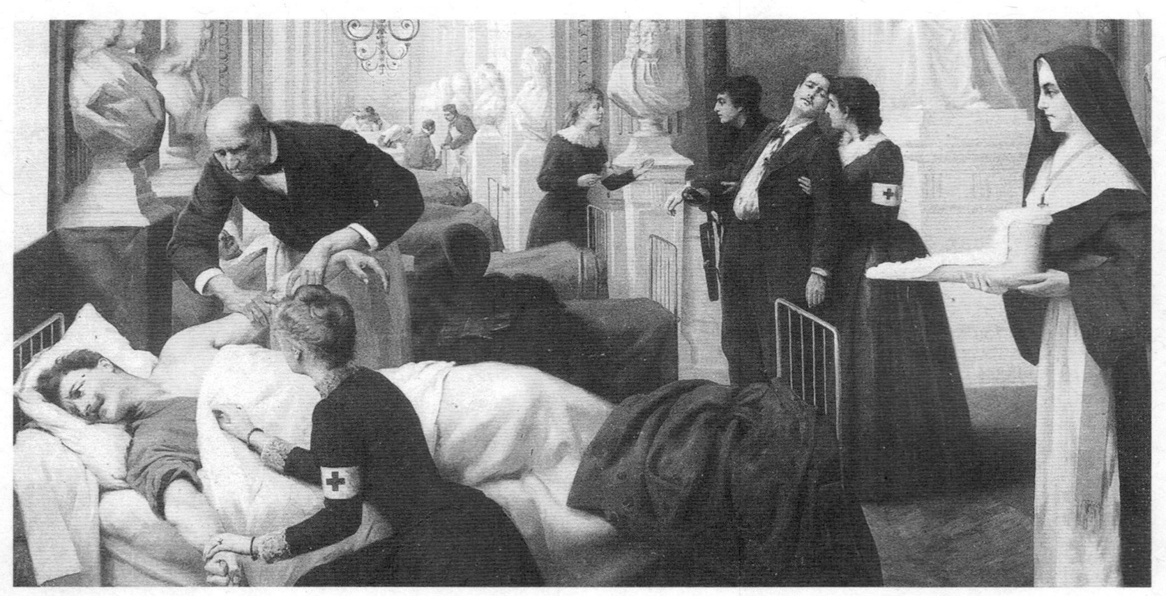

Foyer de la Comédie-Française transformé en ambulance pendant le siège de Paris en 1870, tableau de André Bouillet.

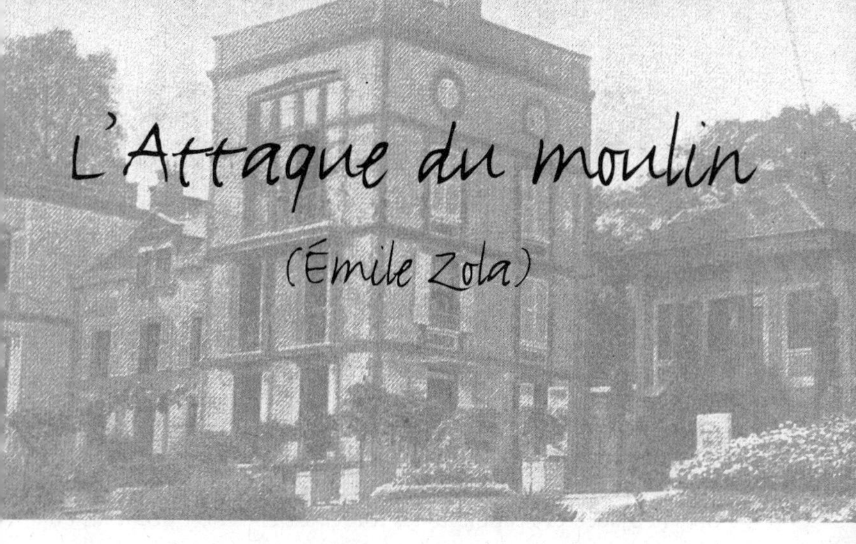

L'Attaque du moulin

(Émile Zola)

I

Le moulin du père Merlier, par cette belle soirée d'été, était en grande fête. Dans la cour, on avait mis trois tables, placées bout à bout, et qui attendaient les convives. Tout le pays savait qu'on devait fiancer, ce jour-là, la fille Merlier, Françoise, avec Dominique, un garçon qu'on accusait de fainéantise, mais que les femmes, à trois lieues à la ronde, regardaient avec des yeux luisants, tant il avait bon air.

Ce moulin du père Merlier était une vraie gaieté. Il se trouvait juste au milieu de Rocreuse[1], à l'endroit où la grand'route fait un coude. Le village n'a qu'une rue, deux files de masures[2], une file à chaque bord de la route ; mais là, au coude, des prés s'élargis-

Notes

1. **Rocreuse, Morelle, Gagny :** ces noms de lieux existent, mais ne se situent pas en Lorraine.

2. **masures :** maisons délabrées.

sent, de grands arbres, qui suivent le cours de la Morelle, couvrent le fond de la vallée d'ombrages magnifiques. Il n'y a pas, dans toute la Lorraine[1], un coin de nature plus adorable. À droite et à gauche, des bois épais, des futaies[2] séculaires[3] montent des pentes douces, emplissent l'horizon d'une mer de verdure ; tandis que, vers le midi, la plaine s'étend, d'une fertilité merveilleuse, déroulant à l'infini des pièces de terre coupées de haies vives. Mais ce qui fait surtout le charme de Rocreuse, c'est la fraîcheur de ce trou de verdure, aux journées les plus chaudes de juillet et d'août. La Morelle descend des bois de Gagny, et il semble qu'elle prenne le froid des feuillages sous lesquels elle coule pendant des lieues ; elle apporte les bruits murmurants, l'ombre glacée et recueillie des forêts. Et elle n'est point la seule fraîcheur : toutes sortes d'eaux courantes chantent sous les bois ; à chaque pas, des sources jaillissent ; on sent, lorsqu'on suit les étroits sentiers, comme des lacs souterrains qui percent sous la mousse et profitent des moindres fentes, au pied des arbres, entre les roches, pour s'épancher en fontaines cristallines. Les voix chuchotantes de ces ruisseaux s'élèvent si nombreuses et si hautes, qu'elles couvrent le chant des bouvreuils[4]. On se croirait dans quelque parc enchanté, avec des cascades tombant de toutes parts.

En bas, les prairies sont trempées. Des marronniers gigantesques font des ombres noires. Au bord des prés, de longs rideaux de peupliers alignent leurs tentures bruissantes[5]. Il y a deux avenues d'énormes platanes qui montent, à travers champs, vers l'ancien château de Gagny, aujourd'hui en ruine. Dans cette terre continuellement arrosée, les herbes grandissent démesurément. C'est comme un fond de parterre[6] entre les deux coteaux[7] boisés,

notes

1. **Lorraine** : région de l'est de la France, dont une partie sera annexée par l'Allemagne de 1871 à 1918.
2. **futaies** : forêts d'arbres très hauts et très anciens, exploités lorsqu'ils atteignent leur plein développement.
3. **séculaires** : datant d'un ou de plusieurs siècles.
4. **bouvreuils** : oiseaux passereaux au plumage gris et noir et à la poitrine rose vif.
5. **bruissantes** : sonores.
6. **parterre** : partie aménagée d'un jardin d'agrément.
7. **coteaux** : petites collines.

mais de parterre naturel, dont les prairies sont les pelouses, et dont les arbres géants dessinent les colossales corbeilles[1]. Quand le soleil, à midi, tombe d'aplomb, les ombres bleuissent, les herbes allumées dorment dans la chaleur, tandis qu'un frisson glacé passe sous les feuillages.

Et c'était là que le moulin du père Merlier égayait de son tic-tac un coin de verdures folles. La bâtisse, faite de plâtre et de planches, semblait vieille comme le monde. Elle trempait à moitié dans la Morelle, qui arrondit à cet endroit un clair bassin. Une écluse[2] était ménagée, la chute tombait de quelques mètres sur la roue du moulin, qui craquait en tournant, avec la toux asthmatique d'une fidèle servante vieillie dans la maison. Quand on conseillait au père Merlier de la changer, il hochait la tête en disant qu'une jeune roue serait plus paresseuse et ne connaîtrait pas si bien le travail ; et il raccommodait l'ancienne avec tout ce qui lui tombait sous la main, des douves[3] de tonneau, des ferrures rouillées, du zinc, du plomb. La roue en paraissait plus gaie, avec son profil devenu étrange, tout empanachée[4] d'herbes et de mousses. Lorsque l'eau la battait de son flot d'argent, elle se couvrait de perles, on voyait passer son étrange carcasse sous une parure éclatante de colliers de nacre.

La partie du moulin qui trempait ainsi dans la Morelle, avait l'air d'une arche[5] barbare, échouée là. Une bonne moitié du logis était bâtie sur des pieux. L'eau entrait sous le plancher, il y avait des trous, bien connus dans le pays pour les anguilles et les écrevisses énormes qu'on y prenait. En dessous de la chute, le bassin était limpide comme un miroir, et lorsque la roue ne le troublait pas de son écume, on apercevait des bandes de gros poissons qui nageaient avec des lenteurs d'escadre[6]. Un escalier

notes

1. corbeilles : massifs de fleurs.
2. écluse : construction hydraulique permettant le passage des bateaux d'amont en aval.
3. douves : planches qui constituent les tonneaux.
4. empanachée : ornée d'un panache (bouquet de plumes surmontant une coiffe).
5. arche : embarcation fermée grâce à laquelle Noé échappa au Déluge.
6. escadre : flotte composée de navires de guerre.

rompu descendait à la rivière, près d'un pieu où était amarrée une barque. Une galerie de bois passait au-dessus de la roue. Des fenêtres s'ouvraient, percées irrégulièrement. C'était un pêle-mêle d'encoignures[1], de petites murailles, de constructions ajoutées après coup, de poutres et de toitures qui donnaient au moulin un aspect d'ancienne citadelle démantelée. Mais des lierres avaient poussé, toutes sortes de plantes grimpantes bouchaient les crevasses trop grandes et mettaient un manteau vert à la vieille demeure. Les demoiselles qui passaient, dessinaient sur leurs albums le moulin du père Merlier.

Du côté de la route, la maison était plus solide. Un portail en pierre s'ouvrait sur la grande cour, que bordaient à droite et à gauche des hangars et des écuries. Près d'un puits, un orme[2] immense couvrait de son ombre la moitié de la cour. Au fond, la maison alignait les quatre fenêtres de son premier étage, surmonté d'un colombier. La seule coquetterie du père Merlier était de faire badigeonner cette façade tous les dix ans. Elle venait justement d'être blanchie, et elle éblouissait le village, lorsque le soleil l'allumait, au milieu du jour.

Depuis vingt ans, le père Merlier était maire de Rocreuse. On l'estimait pour la fortune qu'il avait su faire. On lui donnait quelque chose comme quatre-vingt mille francs, amassés sou à sou. Quand il avait épousé Madeleine Guillard, qui lui apportait en dot le moulin, il ne possédait guère que ses deux bras. Mais Madeleine ne s'était jamais repentie de son choix, tant il avait su mener gaillardement les affaires du ménage. Aujourd'hui, la femme était défunte, il restait veuf avec sa fille Françoise. Sans doute, il aurait pu se reposer, laisser la roue du moulin dormir dans la mousse ; mais il se serait trop ennuyé, et la maison lui aurait semblé morte. Il travaillait toujours, pour le plaisir. Le père

notes

1. **encoignures :** angles intérieurs, coins.
2. **orme :** arbre à feuilles dentelées.

Merlier était alors un grand vieillard, à longue figure silencieuse, qui ne riait jamais, mais qui était tout de même très gai en dedans. On l'avait choisi pour maire, à cause de son argent, et aussi pour le bel air qu'il savait prendre, lorsqu'il faisait un mariage.

Françoise Merlier venait d'avoir dix-huit ans. Elle ne passait pas pour une des belles filles du pays, parce qu'elle était chétive. Jusqu'à quinze ans, elle avait même été laide. On ne pouvait pas comprendre, à Rocreuse, comment la fille du père et de la mère Merlier, tous deux si bien plantés, poussait mal et d'un air de regret. Mais à quinze ans, tout en restant délicate, elle prit une petite figure, la plus jolie du monde. Elle avait des cheveux noirs, des yeux noirs, et elle était toute rose avec ça ; une bouche qui riait toujours, des trous dans les joues, un front clair où il y avait comme une couronne de soleil. Quoique chétive pour le pays, elle n'était pas maigre, loin de là ; on voulait dire simplement qu'elle n'aurait pas pu lever un sac de blé ; mais elle devenait toute potelée avec l'âge, elle devait finir par être ronde et friande comme une caille. Seulement, les longs silences de son père l'avaient rendue raisonnable très jeune. Si elle riait toujours, c'était pour faire plaisir aux autres. Au fond, elle était sérieuse.

Naturellement, tout le pays la courtisait, plus encore pour ses écus que pour sa gentillesse. Et elle avait fini par faire un choix, qui venait de scandaliser la contrée. De l'autre côté de la Morelle, vivait un grand garçon, que l'on nommait Dominique Penquer. Il n'était pas de Rocreuse. Dix ans auparavant, il était arrivé de Belgique, pour hériter d'un oncle, qui possédait un petit bien, sur la lisière même de la forêt de Gagny, juste en face du moulin, à quelques portées de fusil. Il venait pour vendre ce bien, disait-il, et retourner chez lui. Mais le pays le charma, paraît-il, car il n'en bougea plus. On le vit cultiver son bout de champ, récolter quelques légumes dont il vivait. Il pêchait, il chassait ; plusieurs fois, les gardes faillirent le prendre et lui dresser des procès-verbaux. Cette existence libre, dont les paysans ne s'expliquaient pas bien les ressources, avait fini par lui donner un mauvais renom. On le traitait vaguement de braconnier[1]. En tout cas, il était paresseux, car on le trouvait souvent endormi dans l'herbe, à des heures où il aurait dû travailler. La masure qu'il habitait, sous les derniers arbres de la forêt, ne semblait pas non plus la demeure d'un honnête garçon. Il aurait eu un commerce avec les loups des ruines de Gagny, que cela n'aurait point surpris les vieilles femmes. Pourtant, les jeunes filles, parfois, se hasardaient à le défendre, car il était superbe, cet homme louche, souple et grand comme un peuplier, très blanc de peau, avec une barbe et des cheveux blonds qui semblaient de l'or au soleil. Or, un beau matin, Françoise avait déclaré au père Merlier qu'elle aimait Dominique et que jamais elle ne consentirait à épouser un autre garçon.

On pense quel coup de massue le père Merlier reçut, ce jour-là ! Il ne dit rien, selon son habitude. Il avait son visage réfléchi ; seulement, sa gaieté intérieure ne luisait plus dans ses yeux. On se bouda pendant une semaine. Françoise, elle aussi, était toute grave. Ce qui tourmentait le père Merlier, c'était de savoir comment ce gredin[2] de braconnier avait bien pu ensorceler sa fille. Jamais Dominique n'était venu au moulin. Le meunier guetta et il aperçut le galant, de l'autre côté de la Morelle, couché dans l'herbe et feignant de dormir. Françoise, de sa chambre, pouvait le voir. La chose était claire, ils avaient dû s'aimer, en se faisant les doux yeux par-dessus la roue du moulin.

Cependant, huit autres jours s'écoulèrent. Françoise devenait de plus en plus grave. Le père Merlier ne disait toujours rien. Puis, un soir, silencieusement, il amena lui-même Dominique. Françoise, justement, mettait la table. Elle ne parut pas étonnée, elle se contenta d'ajouter un couvert ; seulement, les petits trous de ses joues venaient de se creuser de nouveau, et son rire avait reparu. Le matin, le père Merlier était allé trouver Dominique dans sa masure, sur la lisière du bois. Là, les deux hommes avaient

notes

1. **braconnier** : personne qui chasse ou pêche sans permis.

2. **gredin** : personne sans honneur, malhonnête.

causé pendant trois heures, les portes et les fenêtres fermées. Jamais personne n'a su ce qu'ils avaient pu se dire. Ce qu'il y a de certain, c'est que le père Merlier en sortant traitait déjà Dominique comme son fils. Sans doute, le vieillard avait trouvé le garçon qu'il était allé chercher, un brave garçon, dans ce paresseux qui se couchait sur l'herbe pour se faire aimer des filles.

Tout Rocreuse clabauda[1]. Les femmes, sur les portes[2], ne tarissaient pas au sujet de la folie du père Merlier, qui introduisait ainsi chez lui un garnement. Il laissa dire. Peut-être s'était-il souvenu de son propre mariage. Lui non plus ne possédait pas un sou vaillant, lorsqu'il avait épousé Madeleine et son moulin ; cela pourtant ne l'avait point empêché de faire un bon mari. D'ailleurs, Dominique coupa court aux cancans, en se mettant si rudement à la besogne, que le pays en fut émerveillé. Justement le garçon du moulin était tombé au sort[3], et jamais Dominique ne voulut qu'on en engageât un autre. Il porta les sacs, conduisit la charrette, se battit avec la vieille roue, quand elle se faisait prier pour tourner, tout cela d'un tel cœur, qu'on venait le voir par plaisir. Le père Merlier avait son rire silencieux. Il était très fier d'avoir deviné ce garçon. Il n'y a rien comme l'amour pour donner du courage aux jeunes gens.

Au milieu de toute cette grosse besogne, Françoise et Dominique s'adoraient. Ils ne se parlaient guère, mais ils se regardaient avec une douceur souriante. Jusque-là, le père Merlier n'avait pas dit un seul mot au sujet du mariage ; et tous deux respectaient ce silence, attendant la volonté du vieillard. Enfin, un jour, vers le milieu de juillet, il avait fait mettre trois tables dans la cour, sous le grand orme, en invitant ses amis de Rocreuse à venir le soir boire un coup avec lui. Quand la cour fut pleine et que tout le monde eut le verre en main, le père Merlier leva le sien très haut, en disant :

notes

1. **clabauda :** médit (sens figuré et littéraire).
2. **sur les portes :** bavardant devant le seuil de leur maison.
3. **était tombé au sort :** avait été désigné par tirage au sort pour le service militaire (comme le voulait encore la pratique à l'époque).

– C'est pour avoir le plaisir de vous annoncer que Françoise épousera ce gaillard-là dans un mois, le jour de la Saint-Louis.

Alors, on trinqua bruyamment. Tout le monde riait. Mais le père Merlier haussant la voix, dit encore :

– Dominique, embrasse ta promise. Ça se doit.

Et ils s'embrassèrent, très rouges pendant que l'assistance riait plus fort. Ce fut une vraie fête. On vida un petit tonneau. Puis, quand il n'y eut là que les amis intimes, on causa d'une façon calme. La nuit était tombée, une nuit étoilée et très claire. Dominique et Françoise, assis sur un banc, l'un près de l'autre, ne disaient rien. Un vieux paysan parlait de la guerre que l'empereur avait déclarée à la Prusse[1]. Tous les gars du village étaient déjà partis. La veille, des troupes avaient encore passé. On allait se cogner dur.

– Bah ! dit le père Merlier avec l'égoïsme d'un homme heureux, Dominique est étranger, il ne partira pas... Et si les Prussiens venaient, il serait là pour défendre sa femme.

Cette idée que les Prussiens pouvaient venir parut une bonne plaisanterie. On allait leur flanquer une raclée soignée, et ce serait vite fini.

– Je les ai déjà vus, je les ai déjà vus[2], répéta d'une voix sourde le vieux paysan.

Il y eut un silence. Puis, on trinqua une fois encore. Françoise et Dominique n'avaient rien entendu ; ils s'étaient pris doucement la main, derrière le banc, sans qu'on pût les voir, et cela leur semblait si bon, qu'ils restaient là, les yeux perdus au fond des ténèbres.

Quelle nuit tiède et superbe ! Le village s'endormait aux deux bords de la route blanche, dans une tranquillité d'enfant. On n'entendait plus, de loin en loin, que le chant de quelque coq

notes

1. La France déclara la guerre à la Prusse le 19 juillet 1870, au prétexte de la candidature du petit cousin de Guillaume Ier, roi de Prusse, à la couronne espagnole.

2. Allusion aux guerres napoléoniennes.

éveillé trop tôt. Des grands bois voisins, descendaient de longues haleines qui passaient sur les toitures comme des caresses. Les prairies, avec leurs ombrages noirs, prenaient une majesté mystérieuse et recueillie, tandis que toutes les sources, toutes les eaux courantes qui jaillissaient dans l'ombre, semblaient être la respiration fraîche et rythmée de la campagne endormie. Par instants, la vieille roue du moulin, ensommeillée, paraissait rêver comme ces vieux chiens de garde qui aboient en ronflant ; elle avait des craquements, elle causait toute seule, bercée par la chute de la Morelle, dont la nappe rendait le son musical et continu d'un tuyau d'orgues. Jamais une paix plus large n'était descendue sur un coin plus heureux de nature.

II

Un mois plus tard, jour pour jour, juste la veille de la Saint-Louis, Rocreuse était dans l'épouvante. Les Prussiens avaient battu l'empereur et s'avançaient à marches forcées vers le village. Depuis une semaine, des gens qui passaient sur la route annonçaient les Prussiens : « Ils sont à Lormière, ils sont à Novelles » ; et, à entendre dire qu'ils se rapprochaient si vite, Rocreuse, chaque matin, croyait les voir descendre par les bois de Gagny. Ils ne venaient point cependant, cela effrayait davantage. Bien sûr qu'ils tomberaient sur le village pendant la nuit et qu'ils égorgeraient tout le monde.

La nuit précédente, un peu avant le jour, il y avait eu une alerte. Les habitants s'étaient réveillés, en entendant un grand bruit d'hommes sur la route. Les femmes déjà se jetaient à genoux et faisaient des signes de croix, lorsqu'on avait reconnu des pantalons rouges[1], en entr'ouvrant prudemment les fenêtres. C'était

note

1. **pantalons rouges** : soldats de l'infanterie française, que leur uniforme rendait faciles à repérer.

un détachement français. Le capitaine avait tout de suite demandé le maire du pays, et il était resté au moulin, après avoir causé avec le père Merlier.

Le soleil se levait gaiement, ce jour-là. Il ferait chaud, à midi. Sur les bois, une clarté blonde flottait, tandis que dans les fonds, au-dessus des prairies, montaient des vapeurs blanches. Le village, propre et joli, s'éveillait dans la fraîcheur, et la campagne, avec sa rivière et ses fontaines, avait des grâces mouillées de bouquet. Mais cette belle journée ne faisait rire personne. On venait de voir le capitaine tourner autour du moulin, regarder les maisons voisines, passer de l'autre côté de la Morelle, et de là, étudier le pays avec une lorgnette ; le père Merlier, qui l'accompagnait, semblait donner des explications. Puis, le capitaine avait posté des soldats derrière des murs, derrière des arbres, dans des trous. Le gros du détachement campait dans la cour du moulin. On allait donc se battre ? Et quand le père Merlier revint, on l'interrogea. Il fit un long signe de tête, sans parler. Oui, on allait se battre.

Françoise et Dominique étaient là, dans la cour, qui le regardaient. Il finit par ôter sa pipe de la bouche, et dit cette simple phrase :

– Ah ! mes pauvres petits, ce n'est pas demain que je vous marierai !

Dominique, les lèvres serrées, avec un pli de colère au front, se haussait parfois, restait les yeux fixés sur les bois de Gagny[1], comme s'il eût voulu voir arriver les Prussiens. Françoise, très pâle, sérieuse, allait et venait, fournissant aux soldats ce dont ils avaient besoin. Ils faisaient la soupe dans un coin de la cour, et plaisantaient, en attendant de manger.

Cependant, le capitaine paraissait ravi. Il avait visité les chambres et la grande salle du moulin donnant sur la rivière. Maintenant, assis près du puits, il causait avec le père Merlier.

– Vous avez là une vraie forteresse, disait-il. Nous tiendrons bien jusqu'à ce soir... Les bandits sont en retard. Ils devraient être ici.

note

1. **Gagny** : chef-lieu de la Seine-Saint-Denis, arrondissement du Raincy.

Le meunier restait grave. Il voyait son moulin flamber comme une torche. Mais il ne se plaignait pas, jugeant cela inutile. Il ouvrit seulement la bouche pour dire :

– Vous devriez faire cacher la barque derrière la roue. Il y a là un trou où elle tient... Peut-être qu'elle pourra servir.

Le capitaine donna un ordre. Ce capitaine était un bel homme d'une quarantaine d'années, grand et de figure aimable. La vue de Françoise et de Dominique semblait le réjouir. Il s'occupait d'eux, comme s'il avait oublié la lutte prochaine. Il suivait Françoise des yeux, et son air disait clairement qu'il la trouvait charmante. Puis, se tournant vers Dominique :

– Vous n'êtes donc pas à l'armée, mon garçon ? lui demanda-t-il brusquement.

– Je suis étranger, répondit le jeune homme.

Le capitaine parut goûter[1] médiocrement cette raison. Il cligna les yeux et sourit. Françoise était plus agréable à fréquenter que le canon. Alors, en le voyant sourire, Dominique ajouta :

– Je suis étranger, mais je loge une balle dans une pomme, à cinq cents mètres... Tenez, mon fusil de chasse est là, derrière vous.

– Il pourra vous servir, répliqua simplement le capitaine.

Françoise s'était approchée, un peu tremblante. Et, sans se soucier du monde qui était là, Dominique prit et serra dans les siennes les deux mains qu'elle lui tendait, comme pour se mettre sous sa protection. Le capitaine avait souri de nouveau, mais il n'ajouta pas une parole. Il demeurait assis, son épée entre les jambes, les yeux perdus, paraissant rêver.

Il était déjà dix heures. La chaleur devenait très forte. Un lourd silence se faisait. Dans la cour, à l'ombre des hangars, les soldats s'étaient mis à manger la soupe. Aucun bruit ne venait du village, dont les habitants avaient tous barricadé leurs maisons, portes et fenêtres. Un chien, resté seul sur la route, hurlait. Des bois et des

note

1. **goûter** : apprécier.

prairies voisines, pâmés[1] par la chaleur, sortait une voix lointaine, prolongée, faite de tous les souffles épars. Un coucou chanta. Puis, le silence s'élargit encore.

Et, dans cet air endormi, brusquement, un coup de feu éclata. Le capitaine se leva vivement, les soldats lâchèrent leurs assiettes de soupe, encore à moitié pleines. En quelques secondes, tous furent à leur poste de combat ; de bas en haut, le moulin se trouvait occupé. Cependant, le capitaine, qui s'était porté sur la route, n'avait rien vu ; à droite, à gauche, la route s'étendait, vide et toute blanche. Un deuxième coup de feu se fit entendre, et toujours rien, pas une ombre. Mais, en se retournant, il aperçut du côté de Gagny, entre deux arbres, un léger flocon de fumée qui s'envolait, pareil à un fil de la Vierge[2]. Le bois restait profond et doux.

– Les gredins se sont jetés dans la forêt, murmura-t-il. Ils nous savent ici.

Alors, la fusillade continua, de plus en plus nourrie, entre les soldats français, postés autour du moulin, et les Prussiens, cachés derrière les arbres. Les balles sifflaient au-dessus de la Morelle, sans causer de pertes ni d'un côté ni de l'autre. Les coups étaient irréguliers, partaient de chaque buisson ; et l'on n'apercevait toujours que les petites fumées, balancées mollement par le vent. Cela dura près de deux heures. L'officier chantonnait d'un air indifférent. Françoise et Dominique, qui étaient restés dans la cour, se haussaient et regardaient par-dessus une muraille basse. Ils s'intéressaient surtout à un petit soldat, posté au bord de la Morelle, derrière la carcasse d'un vieux bateau ; il était à plat ventre, guettait, lâchait son coup de feu, puis se laissait glisser dans un fossé, un peu en arrière, pour recharger son fusil ; et ses mouvements étaient si drôles, si rusés, si souples, qu'on se laissait aller à sourire en le voyant. Il dut apercevoir quelque tête de

notes

1. **pâmés :** comme paralysés ou évanouis à la suite d'une sensation agréable.

2. **fil de la Vierge :** fil que certaines araignées tendent entre herbes et buissons.

Prussien, car il se leva vivement et épaula ; mais, avant qu'il eût tiré, il jeta un cri, tourna sur lui-même et roula dans le fossé, où ses jambes eurent un instant le roidissement convulsif des pattes d'un poulet qu'on égorge. Le petit soldat venait de recevoir une balle en pleine poitrine. C'était le premier mort. Instinctivement, Françoise avait saisi la main de Dominique et la lui serrait, dans une crispation nerveuse.

– Ne restez pas là, dit le capitaine. Les balles viennent jusqu'ici.

En effet, un petit coup sec s'était fait entendre dans le vieil orme, et un bout de branche tombait en se balançant. Mais les deux jeunes gens ne bougèrent pas, cloués par l'anxiété du spectacle. À la lisière du bois, un Prussien était brusquement sorti de derrière un arbre comme d'une coulisse, battant l'air de ses bras et tombant à la renverse. Et rien ne bougea plus, les deux morts semblaient dormir au grand soleil, on ne voyait toujours personne dans la campagne alourdie. Le pétillement de la fusillade lui-même cessa. Seule, la Morelle chuchotait avec son bruit clair.

Le père Merlier regarda le capitaine d'un air de surprise, comme pour lui demander si c'était fini.

– Voilà le grand coup, murmura celui-ci. Méfiez-vous. Ne restez pas là.

Il n'avait pas achevé qu'une décharge effroyable eut lieu. Le grand orme fut comme fauché, une volée de feuilles tournoya. Les Prussiens avaient heureusement tiré trop haut. Dominique entraîna, emporta presque Françoise, tandis que le père Merlier les suivait, en criant :

– Mettez-vous dans le petit caveau, les murs sont solides.

Mais ils ne l'écoutèrent pas, ils entrèrent dans la grande salle, où une dizaine de soldats attendaient en silence, les volets fermés, guettant par des fentes. Le capitaine était resté seul dans la cour, accroupi derrière la petite muraille, pendant que des décharges furieuses continuaient. Au-dehors, les soldats qu'il avait postés, ne cédaient le terrain que pied à pied. Pourtant, ils rentraient un à un en rampant, quand l'ennemi les avait délogés de leurs cachettes. Leur consigne était de gagner du temps, de ne point se montrer, pour que les Prussiens ne pussent savoir quelles forces ils avaient devant eux. Une heure encore s'écoula. Et, comme un sergent arrivait, disant qu'il n'y avait plus dehors que deux ou trois hommes, l'officier tira sa montre, en murmurant :

– Deux heures et demie... Allons, il faut tenir quatre heures.

Il fit fermer le grand portail de la cour, et tout fut préparé pour une résistance énergique. Comme les Prussiens se trouvaient de l'autre côté de la Morelle, un assaut immédiat n'était pas à craindre. Il y avait bien un pont à deux kilomètres, mais ils ignoraient sans doute son existence, et il était peu croyable qu'ils tenteraient de passer à gué[1] la rivière. L'officier fit donc simplement surveiller la route. Tout l'effort allait porter du côté de la campagne.

La fusillade de nouveau avait cessé. Le moulin semblait mort sous le grand soleil. Pas un volet n'était ouvert, aucun bruit ne sortait de l'intérieur. Peu à peu, cependant, des Prussiens se montraient à la lisière du bois de Gagny. Ils allongeaient la tête, s'enhardissaient. Dans le moulin, plusieurs soldats épaulaient déjà ; mais le capitaine cria :

– Non, non, attendez... Laissez-les s'approcher.

Ils y mirent beaucoup de prudence, regardant le moulin d'un air méfiant. Cette vieille demeure, silencieuse et morne, avec ses rideaux de lierre, les inquiétait. Pourtant, ils avançaient. Quand ils furent une cinquantaine dans la prairie, en face, l'officier dit un seul mot :

– Allez !

Un déchirement se fit entendre, des coups isolés suivirent. Françoise, agitée d'un tremblement, avait porté malgré elle les mains à ses oreilles. Dominique, derrière les soldats, regardait ; et, quand la fumée se fut un peu dissipée, il aperçut trois Prussiens étendus sur le dos, au milieu du pré. Les autres s'étaient jetés derrière les saules et les peupliers. Et le siège commença.

note

1. **passer à gué** : traverser une rivière là où son niveau permet de le faire à pied.

Pendant plus d'une heure, le moulin fut criblé de balles. Elles en fouettaient les vieux murs comme une grêle. Lorsqu'elles frappaient sur de la pierre, on les entendait s'écraser et retomber à l'eau. Dans le bois, elles s'enfonçaient avec un bruit sourd. Parfois, un craquement annonçait que la roue venait d'être touchée. Les soldats, à l'intérieur, ménageaient leurs coups, ne tiraient que lorsqu'ils pouvaient viser. De temps à autre, le capitaine consultait sa montre. Et, comme une balle fendait un volet et allait se loger dans le plafond :

– Quatre heures, murmura-t-il. Nous ne tiendrons jamais.

Peu à peu, en effet, cette fusillade terrible ébranlait le vieux moulin. Un volet tomba à l'eau, troué comme une dentelle, et il fallut le remplacer par un matelas. Le père Merlier, à chaque instant, s'exposait pour constater les avaries[1] de sa pauvre roue, dont les craquements lui allaient au cœur. Elle était bien finie, cette fois ; jamais il ne pourrait la raccommoder. Dominique avait supplié Françoise de se retirer, mais elle voulait rester avec lui ; elle s'était assise derrière une grande armoire de chêne, qui la protégeait. Une balle pourtant arriva dans l'armoire, dont les flancs rendirent un son grave. Alors, Dominique se plaça devant Françoise. Il n'avait pas encore tiré, il tenait son fusil à la main, ne pouvant approcher des fenêtres dont les soldats tenaient toute la largeur. À chaque décharge, le plancher tressaillait.

– Attention ! attention ! cria tout d'un coup le capitaine.

Il venait de voir sortir du bois toute une masse sombre. Aussitôt s'ouvrit un formidable feu de peloton. Ce fut comme une trombe[2] qui passa sur le moulin. Un autre volet partit, et par l'ouverture béante de la fenêtre, les balles entrèrent. Deux soldats roulèrent sur le carreau. L'un ne remua plus ; on le poussa contre le mur, parce qu'il encombrait. L'autre se tordit en demandant qu'on l'achevât ; mais on ne l'écoutait point, les balles entraient toujours, chacun se garait[3] et tâchait de trouver une meurtrière

notes

1. **avaries** : dégâts.
2. **trombe** : cyclone.
3. **se garait** : se mettait à l'abri.

pour riposter. Un troisième soldat fut blessé ; celui-là ne dit pas une parole, il se laissa couler au bord d'une table, avec des yeux fixes et hagards. En face de ces morts, Françoise, prise d'horreur, avait repoussé machinalement sa chaise, pour s'asseoir à terre, contre le mur ; elle se croyait là plus petite et moins en danger. Cependant, on était allé prendre tous les matelas de la maison, on avait rebouché à moitié la fenêtre. La salle s'emplissait de débris, d'armes rompues, de meubles éventrés.

– Cinq heures, dit le capitaine. Tenez bon... Ils vont chercher à passer l'eau.

À ce moment, Françoise poussa un cri. Une balle, qui avait ricoché, venait de lui effleurer le front. Quelques gouttes de sang parurent. Dominique la regarda ; puis, s'approchant de la fenêtre, il lâcha son premier coup de feu, et il ne s'arrêta plus. Il chargeait, tirait, sans s'occuper de ce qui se passait près de lui ; de temps à autre seulement, il jetait un coup d'œil sur Françoise. D'ailleurs, il ne se pressait pas, visait avec soin. Les Prussiens, longeant les peupliers, tentaient le passage de la Morelle, comme le capitaine l'avait prévu ; mais, dès qu'un d'entre eux se hasardait, il tombait frappé à la tête par une balle de Dominique. Le capitaine, qui suivait ce jeu, était émerveillé. Il complimenta le jeune homme, en lui disant qu'il serait heureux d'avoir beaucoup de tireurs de sa force. Dominique ne l'entendait pas. Une balle lui entama l'épaule, une autre lui contusionna le bras. Et il tirait toujours.

Il y eut deux nouveaux morts. Les matelas, déchiquetés, ne bouchaient plus les fenêtres. Une dernière décharge semblait devoir emporter le moulin. La position n'était plus tenable. Cependant, l'officier répétait :

– Tenez bon... Encore une demi-heure.

Maintenant, il comptait les minutes. Il avait promis à ses chefs d'arrêter l'ennemi là jusqu'au soir, et il n'aurait pas reculé d'une semelle avant l'heure qu'il avait fixée pour la retraite. Il gardait son air aimable, souriait à Françoise, afin de la rassurer. Lui-même venait de ramasser le fusil d'un soldat mort et faisait le coup de feu.

Il n'y avait plus que quatre soldats dans la salle. Les Prussiens se montraient en masse sur l'autre bord de la Morelle, et il était évident qu'ils allaient passer la rivière d'un moment à l'autre. Quelques minutes s'écoulèrent encore. Le capitaine s'entêtait, ne voulait pas donner l'ordre de la retraite, lorsqu'un sergent accourut, en disant :

– Ils sont sur la route, ils vont nous prendre par-derrière.

Les Prussiens devaient avoir trouvé le pont. Le capitaine tira sa montre.

– Encore cinq minutes, dit-il. Ils ne seront pas ici avant cinq minutes.

Puis, à six heures précises, il consentit enfin à faire sortir ses hommes par une petite porte qui donnait sur une ruelle. De là, ils se jetèrent dans un fossé, ils gagnèrent la forêt de Sauval. Le capitaine avait, avant de partir, salué très poliment le père Merlier, en s'excusant. Et il avait même ajouté :

– Amusez-les... Nous reviendrons.

Cependant, Dominique était resté seul dans la salle. Il tirait toujours, n'entendant rien, ne comprenant rien. Il n'éprouvait que le besoin de défendre Françoise. Les soldats étaient partis, sans qu'il s'en doutât le moins du monde. Il visait et tuait son homme à chaque coup. Brusquement, il y eut un grand bruit. Les Prussiens, par-derrière, venaient d'envahir la cour. Il lâcha un dernier coup, et ils tombèrent sur lui, comme son fusil fumait encore.

Quatre hommes le tenaient. D'autres vociféraient[1] autour de lui, dans une langue effroyable. Ils faillirent l'égorger tout de suite. Françoise s'était jetée en avant, suppliante. Mais un officier entra et se fit remettre le prisonnier. Après quelques phrases qu'il échangea en allemand avec les soldats, il se tourna vers Dominique et lui dit rudement, en très bon français :

– Vous serez fusillé dans deux heures.

note

1. vociféraient : parlaient en criant.

III

C'était une règle posée par l'état-major allemand : tout Français n'appartenant pas à l'armée régulière et pris les armes à la main, devait être fusillé. Les compagnies franches[1] elles-mêmes n'étaient pas reconnues comme belligérantes[2]. En faisant ainsi de terribles exemples sur les paysans qui défendaient leurs foyers, les Allemands voulaient empêcher la levée[3] en masse, qu'ils redoutaient.

L'officier, un homme grand et sec, d'une cinquantaine d'années, fit subir à Dominique un bref interrogatoire. Bien qu'il parlât le français très purement, il avait une raideur toute prussienne.

– Vous êtes de ce pays ?

– Non, je suis belge.

– Pourquoi avez-vous pris les armes ?... Tout ceci ne doit pas vous regarder.

Dominique ne répondit pas. À ce moment, l'officier aperçut Françoise debout et très pâle, qui écoutait ; sur son front blanc, sa légère blessure mettait une barre rouge. Il regarda les jeunes gens l'un après l'autre, parut comprendre, et se contenta d'ajouter :

– Vous ne niez pas avoir tiré ?

– J'ai tiré tant que j'ai pu, répondit tranquillement Dominique.

Cet aveu était inutile, car il était noir de poudre, couvert de sueur, taché de quelques gouttes de sang qui avaient coulé de l'éraflure de son épaule.

– C'est bien, répéta l'officier. Vous serez fusillé dans deux heures.

Françoise ne cria pas. Elle joignit les mains et les éleva dans un geste de muet désespoir. L'officier remarqua ce geste. Deux

notes

1. **compagnies franches :** troupes n'appartenant pas aux unités de combat régulières.

2. **belligérantes :** qui participent à une guerre dans l'armée régulière.

3. **levée :** enrôlement.

soldats avaient emmené Dominique dans une pièce voisine, où ils devaient le garder à vue. La jeune fille était tombée sur une chaise, les jambes brisées ; elle ne pouvait pleurer, elle étouffait. Cependant, l'officier l'examinait toujours. Il finit par lui adresser la parole :

– Ce garçon est votre frère ? demanda-t-il.

Elle dit non de la tête. Il resta raide, sans un sourire. Puis, au bout d'un silence :

– Il habite le pays depuis longtemps ?

Elle dit oui, d'un nouveau signe.

– Alors il doit très bien connaître les bois voisins ?

Cette fois, elle parla.

– Oui, monsieur, dit-elle en le regardant avec quelque surprise.

Il n'ajouta rien et tourna sur ses talons, en demandant qu'on lui amenât le maire du village. Mais Françoise s'était levée, une légère rougeur au visage, croyant avoir saisi le but de ses questions et reprise d'espoir. Ce fut elle-même qui courut pour trouver son père.

Le père Merlier, dès que les coups de feu avaient cessé, était vivement descendu par la galerie de bois, pour visiter sa roue. Il adorait sa fille, il avait une solide amitié pour Dominique, son futur gendre ; mais sa roue tenait aussi une large place dans son cœur. Puisque les deux petits, comme il les appelait, étaient sortis sains et saufs de la bagarre, il songeait à son autre tendresse, qui avait singulièrement souffert, celle-là. Et, penché sur la grande carcasse de bois, il en étudiait les blessures d'un air navré. Cinq palettes étaient en miettes, la charpente centrale était criblée. Il fourrait les doigts dans les trous des balles, pour en mesurer la profondeur ; il réfléchissait à la façon dont il pourrait réparer toutes ces avaries. Françoise le trouva qui bouchait déjà des fentes avec des débris et de la mousse.

– Père, dit-elle, ils vous demandent.

Et elle pleura enfin, en lui contant ce qu'elle venait d'entendre. Le père Merlier hocha la tête. On ne fusillait pas les gens comme ça. Il fallait voir. Et il rentra dans le moulin, de son air silencieux et paisible. Quand l'officier lui eut demandé des vivres pour ses hommes, il répondit que les gens de Rocreuse n'étaient pas habitués à être brutalisés, et qu'on n'obtiendrait rien d'eux si l'on employait la violence. Il se chargeait de tout, mais à la condition qu'on le laissât agir seul. L'officier parut se fâcher d'abord de ce ton tranquille ; puis, il céda, devant les paroles brèves et nettes du vieillard. Même il le rappela, pour lui demander :

– Ces bois-là, en face, comment les nommez-vous ?

– Les bois de Sauval.

– Et quelle est leur étendue ?

Le meunier le regarda fixement.

– Je ne sais pas, répondit-il.

Et il s'éloigna. Une heure plus tard, la contribution de guerre en vivres et en argent, réclamée par l'officier, était dans la cour du moulin. La nuit venait, Françoise suivait avec anxiété les mouvements des soldats. Elle ne s'éloignait pas de la pièce dans laquelle était enfermé Dominique. Vers sept heures, elle eut une émotion poignante ; elle vit l'officier entrer chez le prisonnier, et, pendant un quart d'heure, elle entendit leurs voix qui s'élevaient. Un instant, l'officier reparut sur le seuil pour donner un ordre en allemand, qu'elle ne comprit pas ; mais, lorsque douze hommes furent venus se ranger dans la cour, le fusil au bras, un tremblement la saisit, elle se sentit mourir. C'en était donc fait ; l'exécution allait avoir lieu. Les douze hommes restèrent là dix minutes, la voix de Dominique continuait à s'élever sur un ton de refus violent. Enfin, l'officier sortit, en fermant brutalement la porte et en disant :

– C'est bien, réfléchissez... Je vous donne jusqu'à demain matin.

Et, d'un geste, il fit rompre les rangs aux douze hommes. Françoise restait hébétée. Le père Merlier, qui avait continué de fumer sa pipe, en regardant le peloton d'un air simplement curieux, vint la prendre par le bras, avec une douceur paternelle. Il l'emmena dans sa chambre.

– Tiens-toi tranquille, lui dit-il, tâche de dormir... Demain, il fera jour, et nous verrons.

En se retirant, il l'enferma par prudence. Il avait pour principe que les femmes ne sont bonnes à rien, et qu'elles gâtent tout, lorsqu'elles s'occupent d'une affaire sérieuse. Cependant, Françoise ne se coucha pas. Elle demeura longtemps assise sur son lit, écoutant les rumeurs de la maison. Les soldats allemands, campés dans la cour, chantaient et riaient ; ils durent manger et boire jusqu'à onze heures, car le tapage ne cessa pas un instant. Dans le moulin même, des pas lourds résonnaient de temps à autre, sans doute des sentinelles qu'on relevait. Mais, ce qui l'intéressait surtout, c'étaient les bruits qu'elle pouvait saisir dans la pièce qui se trouvait sous sa chambre. Plusieurs fois elle se coucha par terre, elle appliqua son oreille contre le plancher. Cette pièce était justement celle où l'on avait enfermé Dominique. Il devait marcher du mur à la fenêtre, car elle entendit longtemps la cadence régulière de sa promenade ; puis, il se fit un grand silence, il s'était sans doute assis. D'ailleurs, les rumeurs cessaient, tout s'endormait. Quand la maison lui parut s'assoupir, elle ouvrit sa fenêtre le plus doucement possible, elle s'accouda.

Au-dehors, la nuit avait une sérénité tiède. Le mince croissant de la lune, qui se couchait derrière les bois de Sauval, éclairait la campagne d'une lueur de veilleuse. L'ombre allongée des grands arbres barrait de noir les prairies, tandis que l'herbe, aux endroits découverts, prenait une douceur de velours verdâtre. Mais Françoise ne s'arrêtait guère au charme mystérieux de la nuit. Elle étudiait la campagne, cherchant les sentinelles que les Allemands avaient dû poster de côté. Elle voyait parfaitement leurs ombres s'échelonner le long de la Morelle. Une seule se trouvait devant le moulin, de l'autre côté de la rivière, près d'un saule dont les branches trempaient dans l'eau. Françoise la distinguait parfaitement. C'était un grand garçon qui se tenait immobile, la face tournée vers le ciel, de l'air rêveur d'un berger.

Alors, quand elle eut ainsi inspecté les lieux avec soin, elle revint s'asseoir sur son lit. Elle y resta une heure, profondément absorbée. Puis elle écouta de nouveau : la maison n'avait plus un souffle. Elle retourna à la fenêtre, jeta un coup d'œil ; mais sans doute une des cornes de la lune qui apparaissait encore derrière les arbres, lui parut gênante, car elle se remit à attendre. Enfin, l'heure lui sembla venue. La nuit était toute noire, elle n'apercevait plus la sentinelle en face, la campagne s'étalait comme une mare d'encre. Elle tendit l'oreille un instant et se décida. Il y avait là, passant près de la fenêtre, une échelle de fer, des barres scellées dans le mur, qui montait de la roue au grenier, et qui servait autrefois aux meuniers pour visiter certains rouages ; puis, le mécanisme avait été modifié, depuis longtemps l'échelle disparaissait sous les lierres épais qui couvraient ce côté du moulin.

Françoise, bravement, enjamba la balustrade de sa fenêtre, saisit une des barres de fer et se trouva dans le vide. Elle commença à descendre. Ses jupons l'embarrassaient beaucoup. Brusquement, une pierre se détacha de la muraille et tomba dans la Morelle avec un rejaillissement sonore. Elle s'était arrêtée, glacée d'un frisson. Mais elle comprit que la chute d'eau, de son ronflement continu, couvrait à distance tous les bruits qu'elle pouvait faire, et elle descendit alors plus hardiment, tâtant le lierre du pied, s'assurant des échelons[1]. Lorsqu'elle fut à la hauteur de la chambre qui servait de prison à Dominique, elle s'arrêta. Une difficulté imprévue faillit lui faire perdre tout son courage : la fenêtre de la pièce du bas n'était pas régulièrement percée au-dessous de la fenêtre de sa chambre, elle s'écartait de l'échelle, et lorsqu'elle allongea la main, elle ne rencontra que la muraille. Lui faudrait-il donc remonter, sans pousser son projet jusqu'au bout ? Ses bras se lassaient, le murmure de la Morelle, au-dessous d'elle, commençait à lui donner des vertiges. Alors, elle arracha du mur de petits fragments de plâtre et les lança dans la fenêtre de Dominique. Il

note

1. **échelons :** barreaux d'une échelle.

n'entendait pas, peut-être dormait-il. Elle émietta encore la muraille, elle s'écorchait les doigts. Et elle était à bout de force, elle se sentait tomber à la renverse, lorsque Dominique ouvrit enfin doucement.

– C'est moi, murmura-t-elle. Prends-moi vite, je tombe.

C'était la première fois qu'elle le tutoyait. Il la saisit, en se penchant, et l'apporta dans la chambre. Là, elle eut une crise de larmes, étouffant ses sanglots, pour qu'on ne l'entendît pas. Puis, par un effort suprême, elle se calma.

– Vous êtes gardé ? demanda-t-elle à voix basse.

Dominique, encore stupéfait de la voir ainsi, fit un simple signe, en montrant sa porte. De l'autre côté, on entendait un ronflement ; la sentinelle, cédant au sommeil, avait dû se coucher par terre, contre la porte, en se disant que, de cette façon, le prisonnier ne pouvait bouger.

– Il faut fuir, reprit-elle vivement. Je suis venue pour vous supplier de fuir et pour vous dire adieu.

Mais lui ne paraissait pas l'entendre. Il répétait :

– Comment, c'est vous, c'est vous... Oh ! que vous m'avez fait peur ! Vous pouviez vous tuer.

Il lui prit les mains, il les baisa.

– Que je vous aime, Françoise !... Vous êtes aussi courageuse que bonne. Je n'avais qu'une crainte, c'était de mourir sans vous avoir revue... Mais vous êtes là, et maintenant ils peuvent me fusiller. Quand j'aurai passé un quart d'heure avec vous, je serai prêt.

Peu à peu, il l'avait attirée à lui, et elle appuyait sa tête sur son épaule. Le danger les rapprochait. Ils oubliaient tout dans cette étreinte.

– Ah ! Françoise, reprit Dominique d'une voix caressante, c'est aujourd'hui la Saint-Louis, le jour si longtemps attendu de notre mariage. Rien n'a pu nous séparer, puisque nous voilà tous les deux seuls, fidèles au rendez-vous... N'est-ce pas ? c'est à cette heure le matin des noces.

– Oui, oui, répéta-t-elle, le matin des noces.

Ils échangèrent un baiser en frissonnant. Mais, tout d'un coup, elle se dégagea, la terrible réalité se dressait devant elle.

– Il faut fuir, il faut fuir, bégaya-t-elle. Ne perdons pas une minute.

Et comme il tendait les bras dans l'ombre pour la reprendre, elle le tutoya de nouveau :

– Oh ! je t'en prie, écoute-moi... Si tu meurs, je mourrai. Dans une heure, il fera jour. Je veux que tu partes tout de suite.

Alors, rapidement, elle expliqua son plan. L'échelle de fer descendait jusqu'à la roue ; là, il pourrait s'aider des palettes et entrer dans la barque qui se trouvait dans un enfoncement. Il lui serait facile ensuite de gagner l'autre bord de la rivière et de s'échapper.

– Mais il doit y avoir des sentinelles ? dit-il.

– Une seule, en face, au pied du premier saule.

– Et si elle m'aperçoit, si elle veut crier ?

Françoise frissonna. Elle lui mit dans la main un couteau qu'elle avait descendu. Il y eut un silence.

– Et votre père, et vous ? reprit Dominique. Mais non, je ne puis fuir... Quand je ne serai plus là, ces soldats vous massacreront peut-être... Vous ne les connaissez pas. Ils m'ont proposé de me faire grâce, si je consentais à les guider dans la forêt de Sauval. Lorsqu'ils ne me trouveront plus, ils sont capables de tout.

La jeune fille ne s'arrêta pas à discuter. Elle répondait simplement à toutes les raisons qu'il donnait :

– Par amour pour moi, fuyez... Si vous m'aimez, Dominique, ne restez pas ici une minute de plus.

Puis, elle promit de remonter dans sa chambre. On ne saurait pas qu'elle l'avait aidé. Elle finit par le prendre dans ses bras, par l'embrasser, pour le convaincre, avec un élan de passion extraordinaire. Lui, était vaincu. Il ne posa plus qu'une question.

– Jurez-moi que votre père connaît votre démarche et qu'il me conseille la fuite ?

– C'est mon père qui m'a envoyée, répondit hardiment Françoise.

Elle mentait. Dans ce moment, elle n'avait qu'un besoin immense, le savoir en sûreté, échapper à cette abominable pensée que le soleil allait être le signal de sa mort. Quand il serait loin, tous les malheurs pouvaient fondre sur elle ; cela lui paraîtrait doux, du moment où il vivrait. L'égoïsme de sa tendresse le voulait vivant, avant toutes choses.

– C'est bien, dit Dominique, je ferai comme il vous plaira.

Alors, ils ne parlèrent plus. Dominique alla rouvrir la fenêtre. Mais, brusquement, un bruit les glaça. La porte fut ébranlée, et ils crurent qu'on l'ouvrait. Évidemment, une ronde avait entendu leurs voix. Et tous deux debout, serrés l'un contre l'autre, attendaient dans une angoisse indicible. La porte fut de nouveau secouée ; mais elle ne s'ouvrit pas. Ils eurent chacun un soupir étouffé ; ils venaient de comprendre, ce devait être le soldat couché en travers du seuil, qui s'était retourné. En effet, le silence se fit, les ronflements recommencèrent.

Dominique voulut absolument que Françoise remontât d'abord chez elle. Il la prit dans ses bras, il lui dit un muet adieu. Puis, il l'aida à saisir l'échelle et se cramponna à son tour. Mais il refusa de descendre un seul échelon avant de la savoir dans sa chambre. Quand Françoise fut rentrée, elle laissa tomber d'une voix légère comme un souffle :

– Au revoir, je t'aime !

Elle resta accoudée, elle tâcha de suivre Dominique. La nuit était toujours très noire. Elle chercha la sentinelle et ne l'aperçut pas ; seul, le saule faisait une tache pâle, au milieu des ténèbres. Pendant un instant, elle entendit le frôlement du corps de Dominique le long du lierre. Ensuite la roue craqua, et il y eut un léger clapotement qui lui annonça que le jeune homme venait de trouver la barque. Une minute plus tard, en effet, elle distingua la silhouette sombre de la barque sur la nappe grise de la Morelle. Alors, une angoisse terrible la reprit à la gorge. À chaque instant, elle croyait entendre le cri d'alarme de la sentinelle ; les moindres bruits, épars dans l'ombre, lui semblaient des pas précipités de soldats, des froissements d'armes, des bruits de fusils qu'on armait.

Pourtant, les secondes s'écoulaient, la campagne gardait sa paix souveraine. Dominique devait aborder à l'autre rive. Françoise ne voyait plus rien. Le silence était majestueux. Et elle entendit un piétinement, un cri rauque, la chute sourde d'un corps. Puis, le silence se fit plus profond. Alors, comme si elle eût senti la mort passer, elle resta toute froide, en face de l'épaisse nuit.

IV

Dès le petit jour, des éclats de voix ébranlèrent le moulin. Le père Merlier était venu ouvrir la porte de Françoise. Elle descendit dans la cour, pâle et très calme. Mais là, elle ne put réprimer un frisson, en face du cadavre d'un soldat prussien, qui était allongé près du puits, sur un manteau étalé.

Autour du corps, des soldats gesticulaient, criaient sur un ton de fureur. Plusieurs d'entre eux montraient les poings au village. Cependant, l'officier venait de faire appeler le père Merlier, comme maire de la commune.

– Voici, lui dit-il d'une voix étranglée par la colère, un de nos hommes que l'on a trouvé assassiné sur le bord de la rivière... Il nous faut un exemple éclatant, et je compte que vous allez nous aider à découvrir le meurtrier.

– Tout ce que vous voudrez, répondit le meunier avec son flegme[1]. Seulement, ce ne sera pas commode.

L'officier s'était baissé pour écarter un pan du manteau, qui cachait la figure du mort. Alors apparut une horrible blessure. La sentinelle avait été frappée à la gorge, et l'arme était restée dans la plaie. C'était un couteau de cuisine à manche noir.

– Regardez ce couteau, dit l'officier au père Merlier, peut-être nous aidera-t-il dans nos recherches.

note

1. **flegme** : tempérament calme, peu émotif.

Le vieillard avait eu un tressaillement. Mais il se remit aussitôt, il répondit, sans qu'un muscle de sa face bougeât :

– Tout le monde a des couteaux pareils, dans nos campagnes... Peut-être que votre homme s'ennuyait de se battre et qu'il se sera fait son affaire lui-même. Ça se voit.

– Taisez-vous ! cria furieusement l'officier. Je ne sais ce qui me retient de mettre le feu aux quatre coins du village.

La colère heureusement l'empêchait de remarquer la profonde altération du visage de Françoise. Elle avait dû s'asseoir sur le banc de pierre, près du puits. Malgré elle, ses regards ne quittaient plus ce cadavre, étendu à terre, presque à ses pieds. C'était un grand et beau garçon, qui ressemblait à Dominique, avec des cheveux blonds et des yeux bleus. Cette ressemblance lui retournait le cœur. Elle pensait que le mort avait peut-être laissé là-bas, en Allemagne, quelque amoureuse qui allait pleurer. Et elle reconnaissait son couteau dans la gorge du mort. Elle l'avait tué.

Cependant, l'officier parlait de frapper Rocreuse de mesures terribles, lorsque des soldats accoururent. On venait de s'apercevoir seulement de l'évasion de Dominique. Cela causa une agitation extrême. L'officier se rendit sur les lieux, regarda par la fenêtre laissée ouverte, comprit tout, et revint exaspéré.

Le père Merlier parut très contrarié de la fuite de Dominique.

– L'imbécile ! murmura-t-il, il gâte tout.

Françoise qui l'entendit, fut prise d'angoisse. Son père, d'ailleurs, ne soupçonnait pas sa complicité. Il hocha la tête, en lui disant à demi-voix :

– À présent, nous voilà propres !

– C'est ce gredin ! c'est ce gredin ! criait l'officier. Il aura gagné les bois... Mais il faut qu'on nous le retrouve, ou le village payera pour lui.

Et, s'adressant au meunier :

– Voyons, vous devez savoir où il se cache ?

Le père Merlier eut son rire silencieux, en montrant la large étendue des coteaux boisés.

– Comment voulez-vous trouver un homme là-dedans ? dit-il.

– Oh ! il doit y avoir des trous que vous connaissez. Je vais vous donner dix hommes. Vous les guiderez.

– Je veux bien. Seulement, il nous faudra huit jours pour battre tous les bois des environs.

La tranquillité du vieillard enrageait l'officier. Il comprenait en effet le ridicule de cette battue. Ce fut alors qu'il aperçut sur le banc Françoise pâle et tremblante. L'attitude anxieuse de la jeune fille le frappa. Il se tut un instant, examinant tour à tour le meunier et Françoise.

– Est-ce que cet homme, finit-il par demander brutalement au vieillard, n'est pas l'amant de votre fille ?

Le père Merlier devint livide, et l'on put croire qu'il allait se jeter sur l'officier pour l'étrangler. Il se raidit, il ne répondit pas. Françoise avait mis son visage entre ses mains.

– Oui, c'est cela, continua le Prussien, vous ou votre fille l'avez aidé à fuir. Vous êtes son complice... Une dernière fois, voulez-vous nous le livrer ?

Le meunier ne répondit pas. Il s'était détourné, regardant au loin d'un air indifférent, comme si l'officier ne s'adressait pas à lui. Cela mit le comble à la colère de ce dernier.

– Eh bien ! déclara-t-il, vous allez être fusillé à sa place.

Et il commanda une fois encore le peloton d'exécution. Le père Merlier garda son flegme. Il eut à peine un léger haussement d'épaules, tout ce drame lui semblait d'un goût médiocre. Sans doute il ne croyait pas qu'on fusillât un homme si aisément. Puis, quand le peloton fut là, il dit avec gravité :

– Alors, c'est sérieux ?... Je veux bien. S'il vous en faut un absolument, moi autant qu'un autre.

Mais Françoise s'était levée, affolée, bégayant :

– Grâce, monsieur, ne faites pas du mal à mon père. Tuez-moi à sa place... C'est moi qui ai aidé Dominique à fuir. Moi seule suis coupable.

– Tais-toi, fillette, s'écria le père Merlier. Pourquoi mens-tu ?... Elle a passé la nuit enfermée dans sa chambre, monsieur. Elle ment, je vous assure.

– Non, je ne mens pas, reprit ardemment la jeune fille. Je suis descendue par la fenêtre, j'ai poussé Dominique à s'enfuir... C'est la vérité, la seule vérité.

Le vieillard était devenu très pâle. Il voyait bien dans ses yeux qu'elle ne mentait pas, et cette histoire l'épouvantait. Ah ! ces enfants, avec leurs cœurs, comme ils gâtaient tout ! Alors, il se fâcha.

– Elle est folle, ne l'écoutez pas. Elle vous raconte des histoires stupides... Allons, finissons-en.

Elle voulut protester encore. Elle s'agenouilla, elle joignit les mains. L'officier, tranquillement, assistait à cette lutte douloureuse.

– Mon Dieu ! finit-il par dire, je prends votre père, parce que je ne tiens plus l'autre... Tâchez de retrouver l'autre, et votre père sera libre.

Un moment, elle le regarda, les yeux agrandis par l'atrocité de cette proposition.

– C'est horrible, murmura-t-elle. Où voulez-vous que je retrouve Dominique, à cette heure ? Il est parti, je ne sais plus.

– Enfin, choisissez. Lui ou votre père.

– Oh ! mon Dieu ! est-ce que je puis choisir ? Mais je saurais où est Dominique, que je ne pourrais pas choisir !... C'est mon cœur que vous coupez... J'aimerais mieux mourir tout de suite. Oui, ce serait plus tôt fait. Tuez-moi, je vous en prie, tuez-moi...

Cette scène de désespoir et de larmes finissait par impatienter l'officier. Il s'écria :

– En voilà assez ! Je veux être bon, je consens à vous donner deux heures... Si, dans deux heures, votre amoureux n'est pas là, votre père payera pour lui.

Et il fit conduire le père Merlier dans la chambre qui avait servi de prison à Dominique. Le vieux demanda du tabac et se mit à fumer. Sur son visage impassible on ne lisait aucune émotion. Seulement, quand il fut seul, tout en fumant, il pleura deux grosses larmes qui coulèrent lentement sur ses joues. Sa pauvre et chère enfant, comme elle souffrait !

Françoise était restée au milieu de la cour. Des soldats prussiens passaient en riant. Certains lui jetaient des mots, des plaisanteries qu'elle ne comprenait pas. Elle regardait la porte par laquelle son père venait de disparaître. Et, d'un geste lent, elle portait la main à son front, comme pour l'empêcher d'éclater.

L'officier tourna sur ses talons, en répétant :

– Vous avez deux heures. Tâchez de les utiliser.

Elle avait deux heures. Cette phrase bourdonnait dans sa tête. Alors, machinalement, elle sortit de la cour, elle marcha devant elle. Où aller ? que faire ? Elle n'essayait même pas de prendre un parti, parce qu'elle sentait bien l'inutilité de ses efforts. Pourtant, elle aurait voulu voir Dominique. Ils se seraient entendus tous les deux, ils auraient peut-être trouvé un expédient[1]. Et, au milieu de la confusion de ses pensées, elle descendit au bord de la Morelle, qu'elle traversa en dessous de l'écluse, à un endroit où il y avait de grosses pierres. Ses pieds la conduisirent sous le premier saule, au coin de la prairie. Comme elle se baissait, elle aperçut une mare de sang qui la fit pâlir. C'était bien là. Et elle suivit les traces de Dominique dans l'herbe foulée ; il avait dû courir, on voyait une ligne de grands pas coupant la prairie de biais. Puis, au-delà, elle perdit ces traces. Mais, dans un pré voisin, elle crut les retrouver. Cela la conduisit à la lisière de la forêt, où toute indication s'effaçait.

Françoise s'enfonça quand même sous les arbres. Cela la soulageait d'être seule. Elle s'assit un instant. Puis, en songeant que l'heure s'écoulait, elle se remit debout. Depuis combien de temps avait-elle quitté le moulin ? cinq minutes ? une demi-heure ? Elle n'avait plus conscience du temps. Peut-être Dominique était-il allé se cacher dans un taillis[2] qu'elle connaissait, et où ils avaient, une après-midi, mangé des noisettes ensemble. Elle

notes

1. **expédient** : astuce, solution.

2. **taillis** : partie d'un bois où les arbres sont peu élevés.

se rendit au taillis, le visita. Un merle seul s'envola, en sifflant sa phrase douce et triste. Alors, elle pensa qu'il s'était réfugié dans un creux de roches, où il se mettait parfois à l'affût ; mais le creux de roches était vide. À quoi bon le chercher ? elle ne le trouverait pas ; et peu à peu le désir de le découvrir la passionnait, elle marchait plus vite. L'idée qu'il avait dû monter dans un arbre lui vint brusquement. Elle avança dès lors, les yeux levés, et pour qu'il la sût près de lui, elle l'appelait tous les quinze à vingt pas. Des coucous répondaient, un souffle qui passait dans les branches lui faisait croire qu'il était là et qu'il descendait. Une fois même, elle s'imagina le voir ; elle s'arrêta, étranglée, avec l'envie de fuir. Qu'allait-elle lui dire ? Venait-elle donc pour l'emmener et le faire fusiller ? Oh ! non, elle ne parlerait point de ces choses. Elle lui crierait de se sauver, de ne pas rester dans les environs. Puis, la pensée de son père qui l'attendait, lui causa une douleur aiguë. Elle tomba sur le gazon, en pleurant, en répétant tout haut :

– Mon Dieu ! mon Dieu ! pourquoi suis-je là ?

Elle était folle d'être venue. Et, comme prise de peur, elle courut, elle chercha à sortir de la forêt. Trois fois, elle se trompa, et elle croyait qu'elle ne retrouverait plus le moulin, lorsqu'elle déboucha dans une prairie, juste en face de Rocreuse. Dès qu'elle aperçut le village, elle s'arrêta. Est-ce qu'elle allait rentrer seule ?

Elle restait debout, quand une voix l'appela doucement :

– Françoise ! Françoise !

Et elle vit Dominique qui levait la tête, au bord d'un fossé. Juste Dieu ! elle l'avait trouvé ! Le Ciel voulait donc sa mort ? Elle retint un cri, elle se laissa glisser dans le fossé.

– Tu me cherchais ? demanda-t-il.

– Oui, répondit-elle, la tête bourdonnante, ne sachant ce qu'elle disait.

– Ah ! que se passe-t-il ?

Elle baissa les yeux, elle balbutia.

– Mais, rien, j'étais inquiète, je désirais te voir.

Alors, tranquillisé, il lui expliqua qu'il n'avait pas voulu s'éloigner. Il craignait pour eux. Ces gredins de Prussiens étaient très capables de se venger sur les femmes et sur les vieillards. Enfin, tout allait bien, et il ajouta en riant :

– La noce sera pour dans huit jours, voilà tout.

Puis, comme elle restait bouleversée, il redevint grave.

– Mais, qu'as-tu ? tu me caches quelque chose.

– Non, je te jure. J'ai couru pour venir.

Il l'embrassa, en disant que c'était imprudent pour elle et pour lui de causer davantage ; et il voulut remonter le fossé, afin de rentrer dans la forêt. Elle le retint. Elle tremblait.

– Écoute, tu ferais peut-être bien tout de même de rester là... Personne ne te cherche, tu ne crains rien.

– Françoise, tu me caches quelque chose, répéta-t-il.

De nouveau, elle jura qu'elle ne lui cachait rien. Seulement, elle aimait mieux le savoir près d'elle. Et elle bégaya encore d'autres raisons. Elle lui parut si singulière[1], que maintenant lui-même aurait refusé de s'éloigner. D'ailleurs, il croyait au retour des Français. On avait vu des troupes du côté de Sauval.

– Ah ! qu'ils se pressent, qu'ils soient ici le plus tôt possible ! murmura-t-elle avec ferveur.

À ce moment, onze heures sonnèrent au clocher de Rocreuse. Les coups arrivaient, clairs et distincts. Elle se leva, effarée ; il y avait deux heures qu'elle avait quitté le moulin.

– Écoute, dit-elle rapidement, si nous avions besoin de toi, je monterai dans ma chambre et j'agiterai mon mouchoir.

Et elle partit en courant, pendant que Dominique, très inquiet, s'allongeait au bord du fossé, pour surveiller le moulin. Comme elle allait rentrer dans Rocreuse, Françoise rencontra un vieux mendiant, le père Bontemps, qui connaissait tout le pays. Il la salua, il venait de voir le meunier au milieu des Prussiens ; puis, en faisant des signes de croix et en marmottant[2] des mots entrecoupés, il continua sa route.

notes

1. **singulière** : bizarre.

2. **marmottant** : marmonnant, murmurant.

– Les deux heures sont passées, dit l'officier quand Françoise parut.

Le père Merlier était là, assis sur le banc, près du puits. Il fumait toujours. La jeune fille, de nouveau, supplia, pleura, s'agenouilla. Elle voulait gagner du temps. L'espoir de voir revenir les Français avait grandi en elle, et tandis qu'elle se lamentait, elle croyait entendre au loin les pas cadencés d'une armée. Oh ! s'ils avaient paru, s'ils les avaient tous délivrés !

– Écoutez, monsieur, une heure, encore une heure... Vous pouvez bien nous accorder une heure !

Mais l'officier restait inflexible. Il ordonna même à deux hommes de s'emparer d'elle et de l'emmener, pour qu'on procédât à l'exécution du vieux tranquillement. Alors, un combat affreux se passa dans le cœur de Françoise. Elle ne pouvait laisser ainsi assassiner son père. Non, non, elle mourrait plutôt avec Dominique ; et elle s'élançait vers sa chambre, lorsque Dominique lui-même entra dans la cour.

L'officier et les soldats poussèrent un cri de triomphe. Mais lui, comme s'il n'y avait eu là que Françoise, s'avança vers elle, tranquille, un peu sévère.

– C'est mal, dit-il. Pourquoi ne m'avez-vous pas ramené ? Il a fallu que le père Bontemps me contât les choses... Enfin, me voilà.

V

Il était trois heures. De grands nuages noirs avaient lentement empli le ciel, la queue de quelque orage voisin. Ce ciel jaune, ces haillons cuivrés changeaient la vallée de Rocreuse, si gaie au soleil, en un coupe-gorge[1] plein d'une ombre louche. L'officier

note

1. **coupe-gorge :** lieu dangereux, mal fréquenté.

prussien s'était contenté de faire enfermer Dominique, sans se prononcer sur le sort qu'il lui réservait. Depuis midi, Françoise agonisait dans une angoisse abominable. Elle ne voulait pas quitter la cour, malgré les instances[1] de son père. Elle attendait les Français. Mais les heures s'écoulaient, la nuit allait venir, et elle souffrait d'autant plus, que tout ce temps gagné ne paraissait pas devoir changer l'affreux dénouement.

passage analysé

Cependant, vers trois heures, les Prussiens firent leurs préparatifs de départ. Depuis un instant, l'officier s'était, comme la veille, enfermé avec Dominique. Françoise avait compris que la vie du jeune homme se décidait. Alors, elle joignit les mains, elle pria. Le père Merlier, à côté d'elle, gardait son attitude muette et rigide de vieux paysan, qui ne lutte pas contre la fatalité des faits.

– Oh ! mon Dieu ! oh ! mon Dieu ! balbutiait Françoise, ils vont le tuer...

Le meunier l'attira près de lui et la prit sur ses genoux comme un enfant.

À ce moment, l'officier sortait, tandis que, derrière lui, deux hommes amenaient Dominique.

– Jamais, jamais ! criait ce dernier. Je suis prêt à mourir.

– Réfléchissez bien, reprit l'officier. Ce service que vous me refusez, un autre nous le rendra. Je vous offre la vie, je suis généreux... Il s'agit simplement de nous conduire à Montredon, à travers bois. Il doit y avoir des sentiers.

Dominique ne répondait plus.

– Alors, vous vous entêtez ?

– Tuez-moi, et finissons-en, répondit-il.

Françoise, les mains jointes, le suppliait de loin. Elle oubliait tout, elle lui aurait conseillé une lâcheté. Mais le père Merlier lui saisit les mains, pour que les Prussiens ne vissent pas son geste de femme affolée.

– Il a raison, murmura-t-il, il vaut mieux mourir.

note

1. **instances** : demandes insistantes.

Le peloton d'exécution était là. L'officier attendait une faiblesse de Dominique. Il comptait toujours le décider. Il y eut un silence. Au loin, on entendait de violents coups de tonnerre. Une chaleur lourde écrasait la campagne. Et ce fut dans ce silence qu'un cri retentit :

– Les Français ! les Français !

C'étaient eux, en effet. Sur la route de Sauval, à la lisière du bois, on distinguait la ligne des pantalons rouges. Ce fut, dans le moulin, une agitation extraordinaire. Les soldats prussiens couraient, avec des exclamations gutturales[1]. D'ailleurs, pas un coup de feu n'avait encore été tiré.

– Les Français ! les Français ! cria Françoise en battant des mains.

Elle était comme folle. Elle venait de s'échapper de l'étreinte de son père, et elle riait, les bras en l'air. Enfin, ils arrivaient donc, et ils arrivaient à temps, puisque Dominique était encore là, debout !

Un feu de peloton terrible qui éclata comme un coup de foudre à ses oreilles, la fit se retourner. L'officier venait de murmurer :

– Avant tout, réglons cette affaire.

Et, poussant lui-même Dominique contre le mur d'un hangar, il avait commandé le feu. Quand Françoise se tourna, Dominique était par terre, la poitrine trouée de douze balles.

Elle ne pleura pas, elle resta stupide[2]. Ses yeux devinrent fixes, et elle alla s'asseoir sous le hangar, à quelques pas du corps. Elle le regardait, elle avait par moments un geste vague et enfantin de la main. Les Prussiens s'étaient emparés du père Merlier comme d'un otage.

Ce fut un beau combat. Rapidement, l'officier avait posté ses hommes, comprenant qu'il ne pouvait battre en retraite, sans se faire écraser. Autant valait-il vendre chèrement sa vie. Maintenant, c'étaient les Prussiens qui défendaient le moulin, et les

notes

1. **gutturales :** rauques.

2. **stupide :** ébahie, stupéfaite, pleine d'étonnement.

Français qui l'attaquaient. La fusillade commença avec une violence inouïe. Pendant une demi-heure, elle ne cessa pas. Puis, un éclat sourd se fit entendre, et un boulet cassa une maîtresse branche de l'orme séculaire. Les Français avaient du canon. Une batterie[1], dressée juste au-dessus du fossé, dans lequel s'était caché Dominique, balayait la grande rue de Rocreuse. La lutte, désormais, ne pouvait être longue.

Ah ! le pauvre moulin ! Des boulets le perçaient de part en part. Une moitié de la toiture fut enlevée. Deux murs s'écroulèrent. Mais c'était surtout du côté de la Morelle que le désastre devint lamentable[2]. Les lierres, arrachés des murailles ébranlées, pendaient comme des guenilles; la rivière emportait des débris de toutes sortes, et l'on voyait, par une brèche, la chambre de Françoise, avec son lit, dont les rideaux blancs étaient soigneusement tirés. Coup sur coup, la vieille roue reçut deux boulets, et elle eut un gémissement suprême : les palettes furent charriées dans le courant, la carcasse s'écrasa. C'était l'âme du gai moulin qui venait de s'exhaler.

Puis, les Français donnèrent l'assaut. Il y eut un furieux combat à l'arme blanche. Sous le ciel couleur de rouille, le coupe-gorge de la vallée s'emplissait de morts. Les larges prairies semblaient farouches, avec leurs grands arbres isolés, leurs rideaux de peupliers qui les tachaient d'ombre. À droite et à gauche, les forêts étaient comme les murailles d'un cirque qui enfermaient les combattants, tandis que les sources, les fontaines et les eaux courantes prenaient des bruits de sanglots, dans la panique de la campagne.

Sous le hangar, Françoise n'avait pas bougé, accroupie en face du corps de Dominique. Le père Merlier venait d'être tué raide par une balle perdue. Alors, comme les Prussiens étaient exterminés et que le moulin brûlait, le capitaine français entra le premier dans la cour. Depuis le commencement de la campagne,

notes

1. **batterie** : pièces d'artillerie, canons.

2. **lamentable** : pitoyable, désastreux.

c'était l'unique succès qu'il remportait. Aussi, tout enflammé, grandissant sa haute taille, riait-il de son air aimable de beau cavalier. Et, apercevant Françoise imbécile[1] entre les cadavres de son mari et de son père, au milieu des ruines fumantes du moulin, il la salua galamment de son épée, en criant :

– Victoire ! victoire !

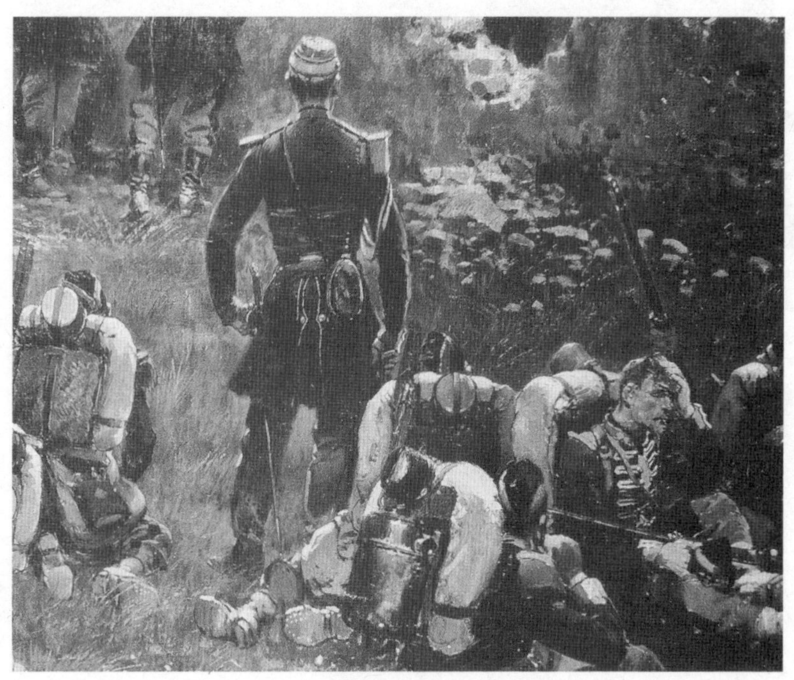

Tableau de Édouard Detaille.

note

1. imbécile : choquée, abasourdie.

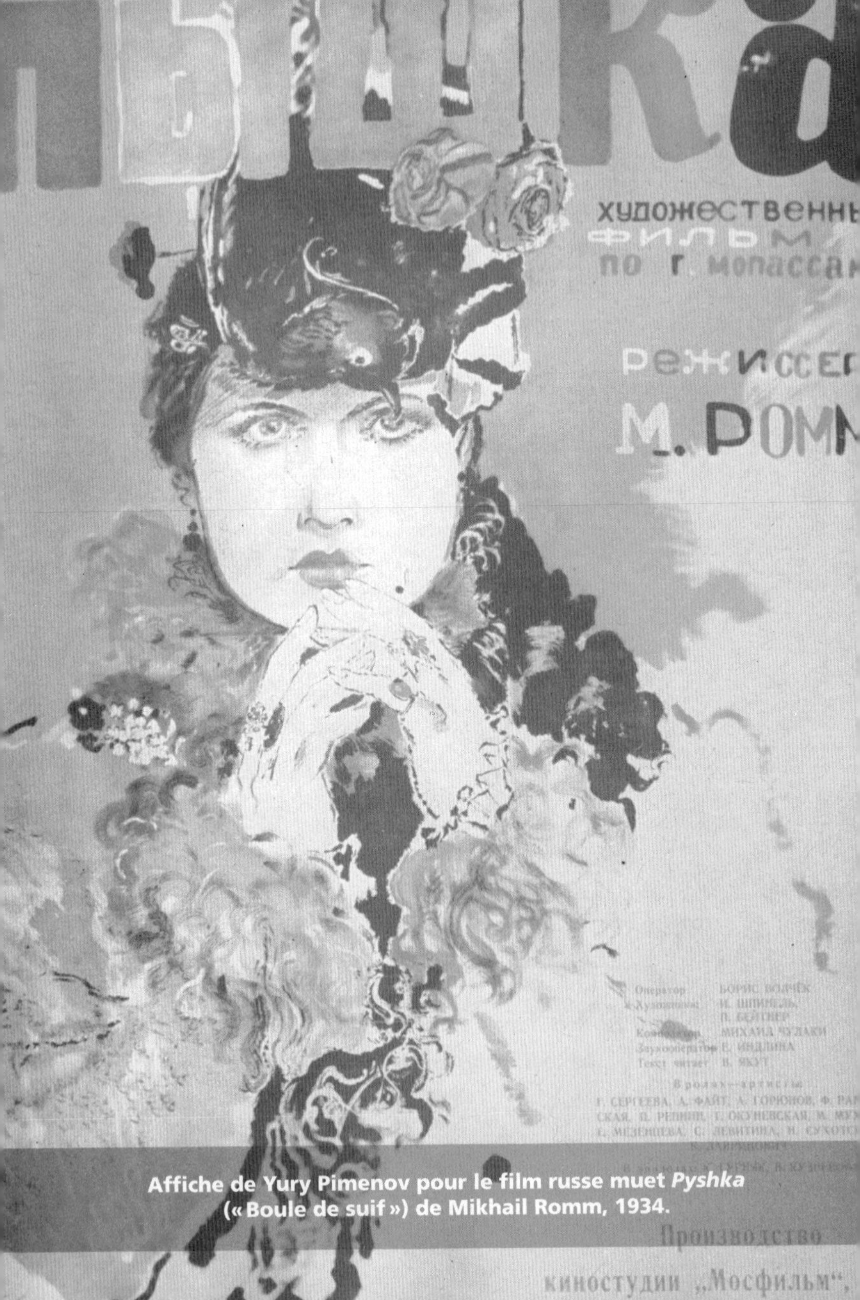

Affiche de Yury Pimenov pour le film russe muet *Pyshka* («Boule de suif») de Mikhail Romm, 1934.

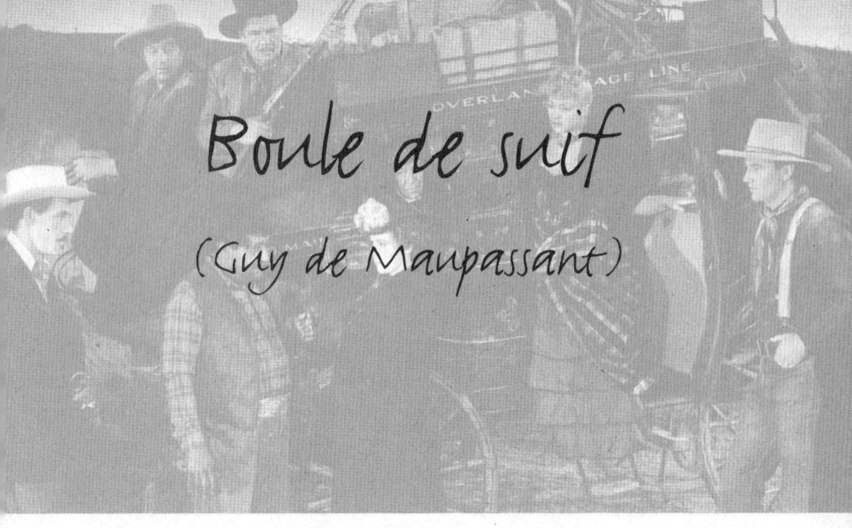

Boule de suif

(Guy de Maupassant)

Pendant plusieurs jours de suite des lambeaux d'armée en déroute avaient traversé la ville. Ce n'était point de la troupe, mais des hordes débandées[1]. Les hommes avaient la barbe longue et sale, des uniformes en guenilles, et ils avançaient d'une allure molle, sans drapeau, sans régiment. Tous semblaient accablés, éreintés, incapables d'une pensée ou d'une résolution, marchant seulement par habitude, et tombant de fatigue sitôt qu'ils s'arrêtaient. On voyait surtout des mobilisés, gens pacifiques, rentiers tranquilles, pliant sous le poids du fusil ; des petits moblots[2] alertes, faciles à l'épouvante et prompts à l'enthousiasme, prêts à l'attaque comme à la fuite ; puis, au milieu d'eux, quelques culottes rouges[3], débris d'une division moulue dans une grande bataille ; des artilleurs[4] sombres alignés avec ces fantassins[5] divers ;

notes

1. débandées : dispersées.
2. moblots : surnom familier donné aux soldats de la Garde nationale mobile (*cf.* note 9, p. 82).
3. culottes rouges : soldats de l'infanterie française, que leur uniforme rendait faciles à repérer.
4. artilleurs : militaires vêtus de gris servant dans l'artillerie, canonniers.
5. fantassins : soldats servant dans l'infanterie, marchant et combattant à pied.

et, parfois, le casque brillant d'un dragon[1] au pied pesant qui suivait avec peine la marche plus légère des lignards[2].

Des légions de francs-tireurs[3] aux appellations héroïques : « les Vengeurs de la Défaite – les Citoyens de la Tombe – les Partageurs de la Mort » – passaient à leur tour, avec des airs de bandits.

Leurs chefs, anciens commerçants en draps ou en graines, ex-marchands de suif[4] ou de savon, guerriers de circonstance, nommés officiers pour leurs écus ou la longueur de leurs moustaches, couverts d'armes, de flanelle et de galons, parlaient d'une voix retentissante, discutaient plans de campagne, et prétendaient soutenir seuls la France agonisante sur leurs épaules de fanfarons[5] ; mais ils redoutaient parfois leurs propres soldats, gens de sac et de corde[6], souvent braves à outrance, pillards et débauchés[7].

Les Prussiens allaient entrer dans Rouen, disait-on[8].

La Garde nationale[9] qui, depuis deux mois, faisait des reconnaissances très prudentes dans les bois voisins, fusillant parfois ses propres sentinelles, et se préparant au combat quand un petit lapin remuait sous des broussailles, était rentrée dans ses foyers. Ses armes, ses uniformes, tout son attirail meurtrier dont elle épouvantait naguère les bornes des routes nationales à trois lieues à la ronde avaient subitement disparu.

Les derniers soldats français venaient enfin de traverser la Seine pour gagner Pont-Audemer[10] par Saint-Sever[11] et Bourg-Achard[12] ; et, marchant après tous, le général désespéré, ne

notes

1. **dragon** : soldat servant dans la cavalerie, portant un casque à crinière.
2. **lignards** : nom populaire des fantassins appelés à combattre en ligne.
3. **francs-tireurs** : unités en marge de l'armée régulière, créées en 1792 et réorganisées à la fin du Second Empire.
4. **suif** : graisse animale.
5. **fanfarons** : soldats vantards.
6. **gens de sac et de corde** : criminels, bandits.
7. **débauchés** : dépravés, aux mœurs déréglées.
8. Le 5 décembre 1870, les Prussiens entrèrent dans Rouen. Abandonnée par l'armée française au début du mois, la ville se livra sans combat et resta occupée jusqu'au 21 juillet 1871.
9. **Garde nationale** : milice civique bourgeoise créée en 1789 pour maintenir l'ordre dans les villes.
10. **Pont-Audemer** : ville de l'Eure (Normandie).
11. **Saint-Sever** : faubourg situé sur la rive gauche de Rouen.
12. **Bourg-Achard** : village situé entre Rouen et Pont-Audemer.

pouvant rien tenter avec ces loques[1] disparates, éperdu lui-même dans la grande débâcle[2] d'un peuple habitué à vaincre et désastreusement battu malgré sa bravoure légendaire, s'en allait à pied, entre deux officiers d'ordonnance[3].

Puis un calme profond, une attente épouvantée et silencieuse avaient plané sur la cité. Beaucoup de bourgeois bedonnants, émasculés[4] par le commerce, attendaient anxieusement les vainqueurs, tremblant qu'on ne considérât comme une arme leurs broches à rôtir ou leurs grands couteaux de cuisine.

La vie semblait arrêtée, les boutiques étaient closes, la rue muette. Quelquefois un habitant, intimidé par ce silence, filait rapidement le long des murs.

L'angoisse de l'attente faisait désirer la venue de l'ennemi.

Dans l'après-midi du jour qui suivit le départ des troupes françaises, quelques uhlans[5], sortis on ne sait d'où, traversèrent la ville avec célérité. Puis, un peu plus tard, une masse noire descendit de la côte Sainte-Catherine, tandis que deux autres flots envahisseurs apparaissaient par les routes de Darnétal et de Bois-Guillaume[6]. Les avant-gardes de trois corps, juste au même moment, se joignirent sur la place de l'Hôtel-de-Ville ; et, par toutes les rues voisines, l'armée allemande arrivait, déroulant ses bataillons qui faisaient sonner les pavés sous leur pas dur et rythmé.

Des commandements criés d'une voix inconnue et gutturale montaient le long des maisons qui semblaient mortes et désertes, tandis que, derrière les volets fermés, des yeux guettaient ces hommes victorieux, maîtres de la cité, des fortunes et des vies de par le « droit de la guerre ». Les habitants, dans leurs chambres assombries, avaient l'affolement que donnent les cataclysmes, les

notes

1. loques : étoffes en lambeaux (sens propre) ; personnes réduites à l'état de débris (sens figuré).
2. débâcle : fuite, déroute complète.
3. officiers d'ordonnance : aides de camp chargés du service personnel d'un officier.
4. émasculés : châtrés, sans virilité.
5. uhlans : cavaliers mercenaires des armées de Pologne, de Prusse, d'Autriche et d'Allemagne.
6. la côte Sainte-Catherine, Darnétal, Bois-Guillaume : faubourgs de Rouen, situés sur la rive droite, par lesquels les Prussiens entrèrent simultanément dans la ville.

grands bouleversements meurtriers de la terre, contre lesquels toute sagesse et toute force sont inutiles. Car la même sensation reparaît chaque fois que l'ordre établi des choses est renversé, que la sécurité n'existe plus, que tout ce que protégeaient les lois des hommes ou celles de la nature se trouve à la merci d'une brutalité inconsciente et féroce. Le tremblement de terre écrasant sous les maisons croulantes un peuple entier ; le fleuve débordé qui roule les paysans noyés avec les cadavres des bœufs et les poutres arrachées aux toits, ou l'armée glorieuse massacrant ceux qui se défendent, emmenant les autres prisonniers, pillant au nom du Sabre et remerciant un Dieu au son du canon, sont autant de fléaux effrayants qui déconcertent toute croyance à la justice éternelle, toute la confiance qu'on nous enseigne en la protection du ciel et la raison de l'homme.

Mais à chaque porte des petits détachements frappaient, puis disparaissaient dans les maisons. C'était l'occupation après l'invasion. Le devoir commençait pour les vaincus de se montrer gracieux envers les vainqueurs.

Au bout de quelque temps, une fois la première terreur disparue, un calme nouveau s'établit. Dans beaucoup de familles l'officier prussien mangeait à table. Il était parfois bien élevé, et, par politesse, plaignait la France, disait sa répugnance en prenant part à cette guerre. On lui était reconnaissant de ce sentiment ; puis on pouvait, un jour ou l'autre, avoir besoin de sa protection. En le ménageant on obtiendrait peut-être quelques hommes de moins à nourrir. Et pourquoi blesser quelqu'un dont on dépendait tout à fait ? Agir ainsi serait moins de la bravoure que de la témérité. – Et la témérité n'est plus un défaut des bourgeois de Rouen, comme au temps des défenses héroïques où s'illustra leur cité[1]. – On se disait enfin, raison suprême tirée de l'urbanité[2]

notes

1. Rouen étant tombée aux mains des Anglais en 1419, les Rouennais les chassèrent en 1449.

2. **urbanité** : politesse, bonne éducation.

française, qu'il demeurait bien permis d'être poli dans son intérieur pourvu qu'on ne se montrât pas familier en public, avec le soldat étranger. Au dehors on ne se connaissait plus, mais dans la maison on causait volontiers, et l'Allemand demeurait plus longtemps, chaque soir, à se chauffer au foyer commun.

La ville même reprenait peu à peu de son aspect ordinaire. Les Français ne sortaient guère encore, mais les soldats Prussiens grouillaient dans les rues. Du reste, les officiers de hussards bleus[1], qui traînaient avec arrogance leurs grands outils de mort sur le pavé, ne semblaient pas avoir pour les simples citoyens énormément plus de mépris que les officiers de chasseurs[2], qui, l'année d'avant, buvaient aux mêmes cafés.

Il y avait cependant quelque chose dans l'air, quelque chose de subtil et d'inconnu, une atmosphère étrangère intolérable, comme une odeur répandue, l'odeur de l'invasion. Elle emplissait les demeures et les places publiques, changeait le goût des aliments, donnait l'impression d'être en voyage, très loin, chez des tribus barbares et dangereuses.

Les vainqueurs exigeaient de l'argent, beaucoup d'argent. Les habitants payaient toujours ; ils étaient riches d'ailleurs. Mais plus un négociant normand devient opulent et plus il souffre de tout sacrifice, de toute parcelle de sa fortune qu'il voit passer aux mains d'un autre.

Cependant, à deux ou trois lieues sous la ville, en suivant le cours de la rivière, vers Croisset, Dieppedalle ou Biessart[3], les mariniers et les pêcheurs ramenaient souvent du fond de l'eau quelque cadavre d'Allemand gonflé dans son uniforme, tué d'un coup de couteau ou de savate, la tête écrasée par une pierre, ou jeté à l'eau d'une poussée du haut d'un pont. Les vases du fleuve

notes

1. hussards bleus : soldats de la cavalerie légère appartenant à l'armée prussienne.

2. officiers de chasseurs : officiers de l'armée française qui assuraient la défense de la ville l'année précédente.

3. Croisset, Dieppedalle, Biessart : villages situés en aval et à proximité de Rouen. Flaubert demeurait à Croisset.

ensevelissaient ces vengeances obscures, sauvages et légitimes, héroïsmes inconnus, attaques muettes, plus périlleuses que les batailles au grand jour et sans le retentissement de la gloire.

Car la haine de l'Étranger arme toujours quelques Intrépides prêts à mourir pour une Idée.

Enfin, comme les envahisseurs, bien qu'assujettissant la ville à leur inflexible discipline, n'avaient accompli aucune des horreurs que la renommée leur faisait commettre tout le long de leur marche triomphale, on s'enhardit, et le besoin du négoce travailla de nouveau le cœur des commerçants du pays. Quelques-uns avaient de gros intérêts engagés au Havre que l'armée française occupait, et ils voulurent tenter de gagner ce port en allant par terre à Dieppe où ils s'embarqueraient.

On employa l'influence des officiers allemands dont on avait fait la connaissance, et une autorisation de départ fut obtenue du général en chef.

Donc, une grande diligence à quatre chevaux ayant été retenue pour ce voyage, et dix personnes s'étant fait inscrire chez le voiturier, on résolut de partir un mardi matin, avant le jour, pour éviter tout rassemblement.

Depuis quelque temps déjà la gelée avait durci la terre, et le lundi, vers trois heures, de gros nuages noirs venant du nord apportèrent la neige qui tomba sans interruption pendant toute la soirée et toute la nuit.

À quatre heures et demie du matin les voyageurs se réunirent dans la cour de l'Hôtel de Normandie, où l'on devait monter en voiture.

Ils étaient encore pleins de sommeil, et grelottaient de froid sous leurs couvertures. On se voyait mal dans l'obscurité ; et l'entassement des lourds vêtements d'hiver faisait ressembler tous ces corps à des curés obèses avec leurs longues soutanes. Mais deux hommes se reconnurent, un troisième les aborda, ils causèrent : – « J'emmène ma femme », dit l'un. – « J'en fais autant. » – « Et moi aussi. » – Le premier ajouta : – « Nous ne reviendrons pas à Rouen, et si les Prussiens approchent du Havre nous gagnerons l'Angleterre. » – Tous avaient les mêmes projets, étant de complexion[1] semblable.

Cependant on n'attelait pas la voiture. Une petite lanterne que portait un valet d'écurie sortait de temps à autre d'une porte obscure pour disparaître immédiatement dans une autre. Des pieds de chevaux frappaient la terre, amortis par le fumier des litières ; et une voix d'homme parlant aux bêtes et jurant s'entendait au fond du bâtiment. Un léger murmure de grelots annonça qu'on maniait les harnais[2] ; ce murmure devint bientôt un frémissement clair et continu, rythmé par le mouvement de l'animal, s'arrêtant parfois, puis reprenant dans une brusque secousse qu'accompagnait le bruit mat d'un sabot ferré battant le sol.

La porte subitement se ferma. Tout bruit cessa. Les bourgeois gelés s'étaient tus ; ils demeuraient immobiles et roidis.

Un rideau de flocons blancs ininterrompu miroitait sans cesse en descendant vers la terre ; il effaçait les formes, poudrait les choses d'une mousse de glace ; et l'on n'entendait plus dans le grand silence de la ville calme et ensevelie sous l'hiver que ce froissement vague, innommable et flottant de la neige qui tombe, plutôt sensation que bruit, entremêlement d'atomes légers qui semblaient emplir l'espace, couvrir le monde.

L'homme reparut, avec sa lanterne, tirant au bout d'une corde un cheval triste qui ne venait pas volontiers. Il le plaça contre le timon[3], attacha les traits[4], tourna longtemps autour pour assurer les harnais, car il ne pouvait se servir que d'une main, l'autre

notes

1. complexion : constitution, tempérament.
2. harnais : équipements de chevaux de trait ou de selle.
3. timon : pièce de bois disposée à l'avant des voitures et servant à l'attelage des chevaux.
4. traits : lanières servant à tirer les voitures.

portant sa lumière. Comme il allait chercher la seconde bête, il remarqua tous ces voyageurs immobiles, déjà blancs de neige, et leur dit : – « Pourquoi ne montez-vous pas dans la voiture, vous serez à l'abri, au moins. »

Ils n'y avaient pas songé, sans doute, et ils se précipitèrent. Les trois hommes installèrent leurs femmes dans le fond, montèrent ensuite ; puis les autres formes indécises et voilées prirent à leur tour les dernières places sans échanger une parole.

Le plancher était couvert de paille où les pieds s'enfoncèrent. Les dames du fond, ayant apporté des petites chaufferettes en cuivre avec un charbon chimique, allumèrent ces appareils, et, pendant quelque temps, à voix basse, elles en énumérèrent les avantages, se répétant des choses qu'elles savaient déjà depuis longtemps.

Enfin, la diligence étant attelée avec six chevaux au lieu de quatre à cause du tirage plus pénible, une voix du dehors demanda : – « Tout le monde est-il monté ? » – Une voix du dedans répondit : – « Oui. » – On partit.

La voiture avançait lentement, lentement, à tout petits pas. Les roues s'enfonçaient dans la neige ; le coffre entier geignait avec des craquements sourds ; les bêtes glissaient, soufflaient, fumaient ; et le fouet gigantesque du cocher claquait sans repos, voltigeait de tous les côtés, se nouant et se déroulant comme un serpent mince, et cinglant brusquement quelque croupe rebondie qui se tendait alors sous un effort plus violent.

Mais le jour imperceptiblement grandissait. Ces flocons légers qu'un voyageur, Rouennais pur sang, avait comparés à une pluie de coton, ne tombaient plus. Une lueur sale filtrait à travers de gros nuages obscurs et lourds qui rendaient plus éclatante la blancheur de la campagne où apparaissaient tantôt une ligne de grands arbres vêtus de givre, tantôt une chaumière avec un capuchon de neige.

passage analysé

Dans la voiture on se regardait curieusement, à la triste clarté de cette aurore[1].

Tout au fond, aux meilleures places, sommeillaient, en face l'un de l'autre, M. et Mme Loiseau, des marchands de vin en gros de la rue Grand-Pont[2].

Ancien commis d'un patron ruiné dans les affaires, Loiseau avait acheté le fonds et fait fortune. Il vendait à très bon marché de très mauvais vins aux petits débitants des campagnes, et passait parmi ses connaissances et ses amis pour un fripon madré[3], un vrai Normand plein de ruses et de jovialité.

Sa réputation de filou était si bien établie, qu'un soir, à la préfecture, M. Tournel, auteur de fables et de chansons, esprit mordant et fin, une gloire locale, ayant proposé aux dames qu'il voyait un peu somnolentes de faire une partie de « Loiseau vole », le mot lui-même vola à travers les salons du préfet, puis, gagnant ceux de la ville, avait fait rire pendant un mois toutes les mâchoires de la province.

Loiseau était en outre célèbre par ses farces de toute nature, ses plaisanteries bonnes ou mauvaises ; et personne ne pouvait parler de lui sans ajouter immédiatement : – « Il est impayable ce Loiseau. »

De taille exiguë, il présentait un ventre en ballon surmonté d'une face rougeaude entre deux favoris[4] grisonnants.

Sa femme, grande, forte, résolue, avec la voix haute et la décision rapide, était l'ordre et l'arithmétique de la maison de commerce qu'il animait par son activité joyeuse.

À côté d'eux se tenait, plus digne, appartenant à une caste supérieure, M. Carré-Lamadon[5], homme considérable, posé dans les cotons, propriétaire de trois filatures, officier de la Légion d'honneur, et membre du Conseil général. Il était resté tout le

notes

1. **aurore :** lueur brillante et rosée qui suit l'aube et précède le lever du soleil.
2. **rue Grand-Pont :** du centre de Rouen, détruite en 1944.
3. **madré :** malin, rusé.
4. **favoris :** partie de la barbe que les hommes laissaient pousser de chaque côté du visage.
5. **Carré-Lamadon :** personnage inspiré du maire de Rouen, Pouyer-Quertier.

temps de l'Empire chef de l'opposition bienveillante, uniquement pour se faire payer plus cher son ralliement à la cause qu'il combattait avec des armes courtoises, selon sa propre expression. Mme Carré-Lamadon, beaucoup plus jeune que son mari, demeurait la consolation des officiers de bonne famille envoyés à Rouen en garnison.

Elle faisait vis-à-vis à son époux, toute petite, toute mignonne, toute jolie, pelotonnée dans ses fourrures, et regardait d'un œil navré l'intérieur lamentable de la voiture.

Ses voisins, le comte et la comtesse Hubert de Bréville, portaient un des noms les plus anciens et les plus nobles de Normandie. Le comte, vieux gentilhomme de grande tournure, s'efforçait d'accentuer, par les articles de sa toilette, sa ressemblance naturelle avec le roy Henry IV qui, suivant une légende glorieuse pour la famille, avait rendu grosse une dame de Bréville dont le mari, pour ce fait, était devenu comte et gouverneur de province.

Collègue de M. Carré-Lamadon au Conseil général, le comte Hubert représentait le Parti orléaniste[1] dans le département. L'histoire de son mariage avec la fille d'un petit armateur de Nantes était toujours demeurée mystérieuse. Mais comme la comtesse avait grand air, recevait mieux que personne, passait même pour avoir été aimée par un des fils de Louis-Philippe[2], toute la noblesse lui faisait fête, et son salon[3] demeurait le premier du pays, le seul où se conservât la vieille galanterie, et dont l'entrée fût difficile.

La fortune des Bréville, toute en biens-fonds[4], atteignait, disait-on, cinq cent mille livres de revenu.

notes

1. Le Parti orléaniste soutenait les droits de la branche cadette des Bourbons (la famille d'Orléans) au trône de France. De 1830 à 1848 (règne de Louis-Philippe), il soutint une politique intérieure ultraconservatrice.

2. Louis-Philippe, « roi des Français » (monarchie de Juillet, 1830-1848), est porté au pouvoir par la bourgeoisie d'affaires libérale après la révolution de juillet 1830.

3. salon : lieu consacré, dans une maison, à des réceptions mondaines régulières (souvent hebdomadaires).

4. biens-fonds : propriétés foncières.

passage analysé

Ces six personnes formaient le fond de la voiture, le côté de la société rentée, sereine et forte, des honnêtes gens autorisés qui ont de la Religion et des Principes.

Par un hasard étrange toutes les femmes se trouvaient sur le même banc ; et la comtesse avait encore pour voisines deux bonnes sœurs qui égrenaient de longs chapelets en marmottant[1] des *Pater* et des *Ave*. L'une était vieille avec une face défoncée par la petite vérole comme si elle eût reçu à bout portant une bordée de mitraille en pleine figure. L'autre, très chétive, avait une tête jolie et maladive sur une poitrine de phtisique[2] rongée par cette foi dévorante qui fait les martyrs et les illuminés.

En face des deux religieuses un homme et une femme attiraient les regards de tous.

L'homme, bien connu, était Cornudet[3] le démoc, la terreur des gens respectables. Depuis vingt ans il trempait sa grande barbe rousse dans les bocks[4] de tous les cafés démocratiques. Il avait mangé avec les frères et amis une assez belle fortune qu'il tenait de son père ancien confiseur, et il attendait impatiemment la République pour obtenir enfin la place méritée par tant de consommations révolutionnaires. Au quatre septembre[5], par suite d'une farce peut-être, il s'était cru nommé préfet, mais quand il voulut entrer en fonctions, les garçons de bureau, demeurés seuls maîtres de la place, refusèrent de le reconnaître, ce qui le contraignit à la retraite. Fort bon garçon du reste, inoffensif et serviable, il s'était occupé avec une ardeur incomparable d'organiser la défense. Il avait fait creuser des trous dans les plaines, coucher tous les jeunes arbres des forêts voisines, semé des pièges sur toutes les routes, et, à l'approche de l'ennemi, satisfait de ses préparatifs, il s'était vivement replié vers la ville. Il pensait maintenant se rendre plus

notes

1. marmottant : marmonnant, murmurant.
2. phtisique : tuberculeuse.
3. Le modèle de Cornudet est Charles Cord'homme, oncle de Maupassant.
4. bocks : verres à bière pourvus d'une anse et contenant un quart de litre environ.
5. Deux jours après la défaite de Sedan et la capitulation de Napoléon III (2 septembre), une journée insurrectionnelle aboutit à la proclamation de la IIIe République.

utile au Havre où de nouveaux retranchements allaient être nécessaires.

passage analysé

La femme, une de celles appelées galantes, était célèbre par son embonpoint précoce qui lui avait valu le surnom de Boule de suif[1]. Petite, ronde de partout, grasse à lard, avec des doigts bouffis, étranglés aux phalanges, pareils à des chapelets de courtes saucisses ; avec une peau luisante et tendue, une gorge énorme qui saillait sous sa robe, elle restait cependant appétissante et courue, tant sa fraîcheur faisait plaisir à voir. Sa figure était une pomme rouge, un bouton de pivoine prêt à fleurir ; et là-dedans s'ouvraient, en haut, deux yeux noirs magnifiques, ombragés de grands cils épais qui mettaient une ombre dedans ; en bas, une bouche charmante, étroite, humide pour le baiser, meublée de quenottes luisantes et microscopiques.

Elle était de plus, disait-on, pleine de qualités inappréciables.

Aussitôt qu'elle fut reconnue, des chuchotements coururent parmi les femmes honnêtes, et les mots de « prostituée », de « honte publique » furent chuchotés si haut qu'elle leva la tête. Alors elle promena sur ses voisins un regard tellement provoquant et hardi qu'un grand silence aussitôt régna, et tout le monde baissa les yeux à l'exception de Loiseau, qui la guettait d'un air émoustillé.

Mais bientôt la conversation reprit entre les trois dames que la présence de cette fille avait rendues subitement amies, presque intimes. Elles devaient faire, leur semblait-il, comme un faisceau[2] de leurs dignités d'épouses en face de cette vendue sans vergogne[3] ; car l'amour légal le prend toujours de haut avec son libre confrère.

Les trois hommes aussi, rapprochés par un instinct de conservateurs à l'aspect de Cornudet, parlaient argent d'un certain ton dédaigneux pour les pauvres. Le comte Hubert disait les dégâts

notes

1. Une prostituée de Rouen, Adrienne Legay (morte en 1892), était surnommée Boule de suif.

2. **faisceau :** éléments semblables liés ensemble.

3. **sans vergogne :** sans honte, sans pudeur.

que lui avaient fait subir les Prussiens, les pertes qui résulteraient du bétail volé et des récoltes perdues, avec une assurance de grand seigneur dix fois millionnaire que ces ravages gêneraient à peine une année. M. Carré-Lamadon, fort éprouvé dans l'industrie cotonnière, avait eu soin d'envoyer six cent mille francs en Angleterre, une poire pour la soif qu'il se ménageait à toute occasion. Quant à Loiseau, il s'était arrangé pour vendre à l'Intendance française tous les vins communs qui lui restaient en cave, de sorte que l'État lui devait une somme formidable qu'il comptait bien toucher au Havre.

Et tous les trois se jetaient des coups d'œil rapides et amicaux. Bien que de conditions différentes, ils se sentaient frères par l'argent, de la grande franc-maçonnerie[1] de ceux qui possèdent, qui font sonner de l'or en mettant la main dans la poche de leur culotte.

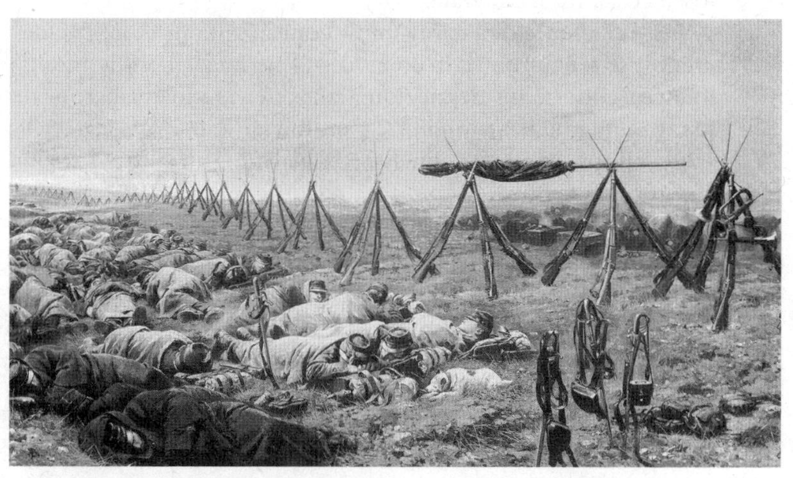

Le Rêve **(1888) par Édouard Detaille (1848-1912).**

note

1. franc-maçonnerie : confrérie réservée à des initiés.

La voiture allait si lentement qu'à dix heures du matin on n'avait pas fait quatre lieues. Les hommes descendirent trois fois pour monter des côtes à pied. On commençait à s'inquiéter, car on devait déjeuner à Tôtes[1] et l'on désespérait maintenant d'y parvenir avant la nuit. Chacun guettait pour apercevoir un cabaret sur la route, quand la diligence sombra dans un amoncellement de neige, et il fallut deux heures pour la dégager.

L'appétit grandissait, troublait les esprits ; et aucune gargote[2], aucun marchand de vin ne se montraient, l'approche des Prussiens et le passage des troupes françaises affamées ayant effrayé toutes les industries.

Les messieurs coururent aux provisions dans les fermes au bord du chemin, mais ils n'y trouvèrent pas même de pain, car le paysan défiant cachait ses réserves dans la crainte d'être pillé par les soldats qui, n'ayant rien à se mettre sous la dent, prenaient par force ce qu'ils découvraient.

Vers une heure de l'après-midi, Loiseau annonça que décidément il se sentait un rude creux dans l'estomac. Tout le monde souffrait comme lui depuis longtemps ; et le violent besoin de manger, augmentant toujours, avait tué les conversations.

De temps en temps quelqu'un bâillait ; un autre presque aussitôt l'imitait ; et chacun, à tour de rôle, suivant son caractère, son savoir-vivre et sa position sociale, ouvrait la bouche avec fracas ou modestement en portant vite sa main devant le trou béant d'où sortait une vapeur.

Boule de suif, à plusieurs reprises, se pencha comme si elle cherchait quelque chose sous ses jupons. Elle hésitait une seconde, regardait ses voisins, puis se redressait tranquillement. Les figures étaient pâles et crispées. Loiseau affirma qu'il payerait mille francs un jambonneau. Sa femme fit un geste comme pour

notes

1. **Tôtes** : village situé sur la route de Dieppe, à une trentaine de kilomètres de Rouen. Flaubert y situe la première partie de *Madame Bovary*.

2. **gargote** : auberge à bon marché, de qualité médiocre.

protester ; puis elle se calma. Elle souffrait toujours en entendant parler d'argent gaspillé, et ne comprenait même pas les plaisanteries sur ce sujet. – « Le fait est que je ne me sens pas bien, dit le comte, comment n'ai-je pas songé à apporter des provisions. » – Chacun se faisait le même reproche.

Cependant Cornudet avait une gourde pleine de rhum ; il en offrit ; on refusa froidement. Loiseau seul en accepta deux gouttes, et, lorsqu'il rendit la gourde, il remercia : – « C'est bon tout de même, ça réchauffe et ça trompe l'appétit. » – L'alcool le mit en belle humeur et il proposa de faire comme sur le petit navire de la chanson[1] : de manger le plus gras des voyageurs. Cette allusion indirecte à Boule de suif choqua les gens bien élevés. On ne répondit pas ; Cornudet seul eut un sourire. Les deux bonnes sœurs avaient cessé de marmotter leur rosaire[2], et, les mains enfoncées dans leurs grandes manches, elles se tenaient immobiles, baissant obstinément les yeux, offrant sans doute au Ciel la souffrance qu'il leur envoyait.

Enfin, à trois heures, comme on se trouvait au milieu d'une plaine interminable, sans un seul village en vue, Boule de suif se baissant vivement, retira de sous la banquette un large panier couvert d'une serviette blanche.

Elle en sortit d'abord une petite assiette de faïence[3], une fine timbale en argent, puis une vaste terrine dans laquelle deux poulets entiers, tout découpés, avaient confit sous leur gelée ; et l'on apercevait encore dans le panier d'autres bonnes choses enveloppées, des pâtés, des fruits, des friandises, les provisions préparées pour un voyage de trois jours afin de ne point toucher à la cuisine des auberges. Quatre goulots de bouteilles passaient entre les paquets de nourriture. Elle prit une aile de poulet et, délicatement, se mit à la manger avec un de ces petits pains qu'on appelle « Régence » en Normandie.

notes

1. Allusion à la chanson *Il était un petit navire*.
2. **rosaire** : grand chapelet.
3. **faïence** : poterie de terre, à pâte opaque, vernissée ou émaillée.

Tous les regards étaient tendus vers elle. Puis l'odeur se répandit, élargissant les narines, faisant venir aux bouches une salive abondante avec une contraction douloureuse de la mâchoire sous les oreilles. Le mépris des dames pour cette fille devenait féroce, comme une envie de la tuer, ou de la jeter en bas de la voiture, dans la neige, elle, sa timbale, son panier et ses provisions.

Mais Loiseau dévorait des yeux la terrine de poulet. Il dit : – « À la bonne heure, madame a eu plus de précaution que nous. Il y a des personnes qui savent toujours penser à tout. » – Elle leva la tête vers lui : – « Si vous en désirez, monsieur ? C'est dur de jeûner depuis le matin. » – Il salua : – « Ma foi, franchement, je ne refuse pas, je n'en peux plus. À la guerre comme à la guerre, n'est-ce pas, madame ? » – Et, jetant un regard circulaire, il ajouta : – « Dans des moments comme celui-ci on est bien aise de trouver des gens qui vous obligent[1]. » – Il avait un journal qu'il étendit pour ne point tacher son pantalon, et sur la pointe d'un couteau toujours logé dans sa poche, il enleva une cuisse toute vernie de gelée, la dépeça des dents, puis la mâcha avec une satisfaction si évidente qu'il y eut dans la voiture un grand soupir de détresse.

Mais Boule de suif, d'une voix humble et douce, proposa aux bonnes sœurs de partager sa collation. Elles acceptèrent toutes les deux instantanément, et, sans lever les yeux, se mirent à manger très vite après avoir balbutié des remerciements. Cornudet ne refusa pas non plus les offres de sa voisine, et l'on forma avec les religieuses une sorte de table en développant des journaux sur les genoux.

Les bouches s'ouvraient et se fermaient sans cesse, avalaient, mastiquaient, engloutissaient férocement. Loiseau, dans son coin, travaillait dur, et, à voix basse, il engageait sa femme à l'imiter. Elle résista longtemps, puis, après une crispation qui lui

note

1. **vous obligent :** vous rendent service, vous secourent.

parcourut les entrailles, elle céda. Alors son mari, arrondissant sa phrase, demanda à leur « charmante compagne » si elle lui permettait d'offrir un petit morceau à Mme Loiseau. Elle dit : – « Mais oui, certainement, monsieur », avec un sourire aimable, et tendit la terrine.

Un embarras se produisit lorsqu'on eut débouché la première bouteille de bordeaux : il n'y avait qu'une timbale. On se la passa après l'avoir essuyée. Cornudet seul, par galanterie sans doute, posa ses lèvres à la place humide encore des lèvres de sa voisine.

Alors, entourés de gens qui mangeaient, suffoqués par les émanations des nourritures, le comte et la comtesse de Bréville, ainsi que M. et Mme Carré-Lamadon souffrirent ce supplice odieux qui a gardé le nom de Tantale[1]. Tout d'un coup la jeune femme du manufacturier poussa un soupir qui fit retourner les têtes ; elle était aussi blanche que la neige du dehors ; ses yeux se fermèrent, son front tomba ; elle avait perdu connaissance. Son mari, affolé, implorait le secours de tout le monde. Chacun perdait l'esprit, quand la plus âgée des bonnes sœurs, soutenant la tête de la malade, glissa entre ses lèvres la timbale de Boule de suif et lui fit avaler quelques gouttes de vin. La jolie dame remua, ouvrit les yeux, sourit et déclara d'une voix mourante qu'elle se sentait fort bien maintenant. Mais afin que cela ne se renouvelât plus, la religieuse la contraignit à boire un plein verre de bordeaux, et elle ajouta : – « C'est la faim, pas autre chose. »

Alors Boule de suif, rougissante et embarrassée, balbutia en regardant les quatre voyageurs restés à jeun : – « Mon Dieu, si j'osais offrir à ces messieurs et à ces dames... » Elle se tut, craignant un outrage. Loiseau prit la parole : – « Eh parbleu, dans des cas pareils tout le monde est frère et doit s'aider. Allons mesdames, pas de cérémonie, acceptez, que diable ! Savons-nous si nous trouverons seulement une maison où passer la nuit ? Du train

note

1. Personnage de la mythologie grecque, Tantale immola son propre fils pour en faire un mets destiné aux dieux. Il fut condamné à une faim et à une soif éternelles, à proximité d'une source et d'un arbre chargé de fruits qui s'écartaient lorsqu'il tentait de les approcher.

dont nous allons nous ne serons pas à Tôtes avant demain midi. » – On hésitait, personne n'osant assumer la responsabilité du « oui ». Mais le comte trancha la question. Il se tourna vers la grosse fille intimidée, et prenant son grand air de gentilhomme, il lui dit : – « Nous acceptons avec reconnaissance, madame. »

Le premier pas seul coûtait. Une fois le Rubicon[1] passé on s'en donna carrément. Le panier fut vidé. Il contenait encore un pâté de foies gras, un pâté de mauviettes[2], un morceau de langue fumée, des poires de Crassane[3], un pavé de Pont-Lévèque[4], des petits-fours et une tasse pleine de cornichons et d'oignons au vinaigre : Boule de suif, comme toutes les femmes, adorant les crudités.

On ne pouvait manger les provisions de cette fille sans lui parler. Donc on causa, avec réserve d'abord, puis, comme elle se tenait fort bien, on s'abandonna davantage. Mesdames de Bréville et Carré-Lamadon, qui avaient un grand savoir-vivre, se firent gracieuses avec délicatesse. La comtesse surtout montra cette condescendance aimable des très nobles dames qu'aucun contact ne peut salir, et fut charmante. Mais la forte Mme Loiseau, qui avait une âme de gendarme, resta revêche[5], parlant peu et mangeant beaucoup.

On s'entretint de la guerre naturellement. On raconta des faits horribles des Prussiens, des traits de bravoure des Français : et tous ces gens qui fuyaient rendirent hommage au courage des autres. Les histoires personnelles commencèrent bientôt ; et Boule de suif raconta, avec une émotion vraie, avec cette chaleur de parole qu'ont parfois les filles pour exprimer leurs emportements naturels, comment elle avait quitté Rouen : – « J'ai cru

notes

1. **Rubicon** : fleuve qui marquait la limite entre la Gaule et l'Italie. En 50 av. J.-C., afin de poursuivre Pompée, César le franchit avec ses troupes sans l'autorisation du Sénat en disant : « *Alea jacta est !* » (« Le sort en est jeté ! »). L'expression *franchir le Rubicon* signifie « prendre une décision irrévocable et lourde de conséquences ».

2. **mauviettes** : alouettes grasses.

3. **poires de Crassane** : grosses poires arrondies et juteuses obtenues par un pépiniériste de Rouen.

4. **Pont-Lévèque** : localité normande qui donne son nom au fromage qui y est produit.

5. **revêche** : renfrognée, peu aimable.

d'abord que je pourrais rester, disait-elle. J'avais ma maison pleine de provisions, et j'aimais mieux nourrir quelques soldats que m'expatrier je ne sais où. Mais quand je les ai vus, ces Prussiens, ce fut plus fort que moi ! Ils m'ont tourné le sang de colère ; et j'ai pleuré de honte toute la journée. Oh ! si j'étais un homme, allez ! Je les regardais de ma fenêtre, ces gros porcs avec leur casque à pointe, et ma bonne me tenait les mains pour m'empêcher de leur jeter mon mobilier sur le dos. Puis il en est venu pour loger chez moi ; alors j'ai sauté à la gorge du premier. Ils ne sont pas plus difficiles à étrangler que d'autres ! Et je l'aurais terminé, celui-là, si l'on ne m'avait pas tirée par les cheveux. Il a fallu me cacher après ça. Enfin, quand j'ai trouvé une occasion, je suis partie, et me voici. »

On la félicita beaucoup. Elle grandissait dans l'estime de ses compagnons qui ne s'étaient pas montrés si crânes[1] ; et Cornudet, en l'écoutant, gardait un sourire approbateur et bienveillant d'apôtre[2] ; de même un prêtre entend un dévot louer Dieu, car les démocrates à longue barbe ont le monopole du patriotisme comme les hommes en soutane ont celui de la religion. Il parla à son tour d'un ton doctrinaire, avec l'emphase apprise dans les proclamations qu'on collait chaque jour aux murs, et il finit par un morceau d'éloquence où il étrillait magistralement cette « crapule de Badinguet[3] ».

Mais Boule de suif aussitôt se fâcha, car elle était bonapartiste. Elle devenait plus rouge qu'une guigne[4], et, bégayant d'indignation : – « J'aurais bien voulu vous voir à sa place, vous autres. Ça aurait été du propre, ah oui ! C'est vous qui l'avez trahi, cet homme ! On n'aurait plus qu'à quitter la France si l'on était gouvernés par des polissons comme vous ! » – Cornudet impassible gardait un sourire dédaigneux et supérieur, mais on sentait

notes

1. **crânes** : braves, courageux.
2. **apôtre** : porte-parole d'une doctrine, d'une opinion.
3. **Badinguet** : surnom de Napoléon III, qui lui vient du maçon dont il emprunta les vêtements pour s'évader du fort de Ham (1846) où l'avait fait emprisonner Louis-Philippe.
4. **guigne** : petite cerise très sucrée.

que les gros mots allaient arriver quand le comte s'interposa et calma, non sans peine, la fille exaspérée, en proclamant avec autorité que toutes les opinions sincères étaient respectables. Cependant la comtesse et la manufacturière, qui avaient dans l'âme la haine irraisonnée des gens comme il faut pour la République, et cette instinctive tendresse que nourrissent toutes les femmes pour les gouvernements à panache[1] et despotiques, se sentaient, malgré elles, attirées vers cette prostituée pleine de dignité, dont les sentiments ressemblaient si fort aux leurs.

Le panier était vide. À dix on l'avait tari sans peine, en regrettant qu'il ne fût pas plus grand. La conversation continua quelque temps, un peu refroidie néanmoins depuis qu'on avait fini de manger.

La nuit tombait, l'obscurité peu à peu devint profonde, et le froid, plus sensible pendant les digestions, faisait frissonner Boule de suif, malgré sa graisse. Alors Mme de Bréville lui proposa sa chaufferette dont le charbon depuis le matin avait été plusieurs fois renouvelé, et l'autre accepta tout de suite, car elle se sentait les pieds gelés. Mmes Carré-Lamadon et Loiseau donnèrent les leurs aux religieuses.

Le cocher avait allumé ses lanternes. Elles éclairaient d'une lueur vive un nuage de buée au-dessus de la croupe en sueur des timoniers[2], et, des deux côtés de la route, la neige qui semblait se dérouler sous le reflet mobile des lumières.

On ne distinguait plus rien dans la voiture ; mais tout à coup un mouvement se fit entre Boule de suif et Cornudet ; et Loiseau, dont l'œil fouillait l'ombre, crut voir l'homme à la grande barbe s'écarter vivement comme s'il eût reçu quelque bon coup lancé sans bruit.

Des petits points de feu parurent en avant sur la route. C'était Tôtes. On avait marché onze heures, ce qui, avec les deux heures

notes

1. **à panache** : qui ont fière allure, qui affichent leur bravoure.

2. **timoniers** : chevaux attelés de chaque côté du timon.

de repos laissées en quatre fois aux chevaux pour manger l'avoine et souffler, faisait quatorze[1]. On entra dans le bourg et devant l'hôtel du Commerce on s'arrêta.

La portière s'ouvrit ! Un bruit bien connu fit tressaillir tous les voyageurs ; c'étaient les heurts d'un fourreau de sabre sur le sol. Aussitôt la voix d'un Allemand cria quelque chose.

Bien que la diligence fût immobile personne ne descendait, comme si l'on se fût attendu à être massacré à la sortie. Alors le conducteur apparut tenant à la main une de ses lanternes qui éclaira subitement jusqu'au fond de la voiture les deux rangs de têtes effarées, dont les bouches étaient ouvertes et les yeux écarquillés de surprise et d'épouvante.

À côté du cocher se tenait, en pleine lumière, un officier allemand, un grand jeune homme excessivement mince et blond, serré dans son uniforme comme une fille en son corset, et portant sur le côté sa casquette plate et cirée qui le faisait ressembler au chasseur[2] d'un hôtel anglais. Sa moustache démesurée, à longs poils droits, s'amincissant indéfiniment de chaque côté et terminée par un seul fil blond si mince qu'on n'en apercevait pas la fin, semblait peser sur les coins de sa bouche, et, tirant la joue, imprimait aux lèvres un pli tombant.

Il invita en français d'Alsacien les voyageurs à sortir, disant d'un ton raide : – « Foulez-fous tescentre, messieurs et tames ? »

Les deux bonnes sœurs obéirent les premières avec une docilité de saintes filles habituées à toutes les soumissions. Le comte et la comtesse parurent ensuite, suivis du manufacturier et de sa femme, puis de Loiseau poussant devant lui sa grande moitié. Celui-ci, en mettant pied à terre, dit à l'officier : – « Bonjour monsieur », par un sentiment de prudence bien plus que de politesse. L'autre, insolent comme les gens tout-puissants, le regarda sans répondre.

notes

1. Erreur de Maupassant : 11 + 2 = 13 !

2. **chasseur :** domestique en livrée employé dans un hôtel, groom.

Boule de suif et Cornudet, bien que près de la portière, descendirent les derniers, graves et hautains devant l'ennemi. La grosse fille tâchait de se dominer et d'être calme : le démoc tourmentait d'une main tragique et un peu tremblante sa longue barbe roussâtre. Ils voulaient garder de la dignité, comprenant qu'en ces rencontres-là chacun représente un peu son pays ; et pareillement révoltés par la souplesse de leurs compagnons, elle, tâchait de se montrer plus fière que ses voisines les femmes honnêtes, tandis que lui, sentant bien qu'il devait l'exemple, continuait en toute son attitude sa mission de résistance commencée au défoncement des routes.

On entra dans la vaste cuisine de l'auberge, et l'Allemand, s'étant fait présenter l'autorisation de départ signée par le général en chef et où étaient mentionnés les noms, le signalement et la profession de chaque voyageur, examina longuement tout ce monde, comparant les personnes aux renseignements écrits.

Puis il dit brusquement : – « C'est pien », et il disparut.

Alors on respira. On avait faim encore ; le souper fut commandé. Une demi-heure était nécessaire pour l'apprêter ; et, pendant que deux servantes avaient l'air de s'en occuper, on alla visiter les chambres. Elles se trouvaient toutes dans un long couloir que terminait une porte vitrée marquée d'un numéro parlant[1].

Enfin on allait se mettre à table, quand le patron de l'auberge parut lui-même. C'était un ancien marchand de chevaux, un gros homme asthmatique, qui avait toujours des sifflements, des enrouements, des chants de glaires dans le larynx. Son père lui avait transmis le nom de Follenvie.

Il demanda :

– « Mademoiselle Élisabeth Rousset ? »

Boule de suif tressaillit, se retourna :

– « C'est moi. »

note

1. **numéro parlant :** numéro choisi en fonction de son homophonie avec un mot. Pour désigner les toilettes, « 100 » évoque « sent ».

Boule de suif

– Mademoiselle, l'officier prussien veut vous parler immédiatement.

– À moi ?

– Oui, si vous êtes bien mademoiselle Élisabeth Rousset. »

Elle se troubla, réfléchit une seconde, puis déclara carrément :

– « C'est possible, mais je n'irai pas. »

Un mouvement se fit autour d'elle ; chacun discutait, cherchait la cause de cet ordre. Le comte s'approcha :

– « Vous avez tort, madame, car votre refus peut amener des difficultés considérables, non seulement pour vous, mais même pour tous vos compagnons. Il ne faut jamais résister aux gens qui sont les plus forts. Cette démarche assurément ne peut présenter aucun danger ; c'est sans doute pour quelque formalité oubliée. »

Tout le monde se joignit à lui, on la pria, on la pressa, on la sermonna, et l'on finit par la convaincre ; car tous redoutaient les complications qui pourraient résulter d'un coup de tête. Elle dit enfin :

– « C'est pour vous que je le fais, bien sûr ! »

La comtesse lui prit la main :

– « Et nous vous en remercions. »

Elle sortit. On l'attendit pour se mettre à table. Chacun se désolait de n'avoir pas été demandé à la place de cette fille violente et irascible, et préparait mentalement des platitudes pour le cas où on l'appellerait à son tour.

Mais au bout de dix minutes elle reparut, soufflant, rouge à suffoquer, exaspérée. Elle balbutiait : – « Oh la canaille ! la canaille ! »

Tous s'empressaient pour savoir, mais elle ne dit rien ; et comme le comte insistait, elle répondit avec une grande dignité : – « Non, cela ne vous regarde pas, je ne peux pas parler. »

Alors on s'assit autour d'une haute soupière d'où sortait un parfum de choux. Malgré cette alerte, le souper fut gai. Le cidre était bon ; le ménage Loiseau et les bonnes sœurs en prirent, par économie. Les autres demandèrent du vin ; Cornudet réclama de la bière. Il avait une façon particulière de déboucher la bouteille, de faire mousser le liquide, de le considérer en penchant le verre, qu'il élevait ensuite entre la lampe et son œil pour bien apprécier la couleur. Quand il buvait, sa grande barbe, qui avait gardé la nuance de son breuvage aimé, semblait tressaillir de tendresse ; ses yeux louchaient pour ne point perdre de vue sa chope, et il avait l'air de remplir l'unique fonction pour laquelle il était né. On eût dit qu'il établissait en son esprit un rapprochement et comme une affinité entre les deux grandes passions qui occupaient toute sa vie : le Pale Ale[1] et la Révolution ; et assurément il ne pouvait déguster l'un sans songer à l'autre.

M. et Mme Follenvie dînaient tout au bout de la table. L'homme, râlant comme une locomotive crevée, avait trop de tirage dans la poitrine pour pouvoir parler en mangeant ; mais la femme ne se taisait jamais. Elle raconta toutes ses impressions à l'arrivée des Prussiens, ce qu'ils faisaient, ce qu'ils disaient, les exécrant d'abord parce qu'ils lui coûtaient de l'argent, et, ensuite, parce qu'elle avait deux fils à l'armée. Elle s'adressait surtout à la comtesse, flattée de causer avec une dame de qualité.

Puis elle baissait la voix pour dire les choses délicates, et son mari, de temps en temps, l'interrompait : – « Tu ferais mieux de te taire, madame Follenvie. » – Mais elle n'en tenait aucun compte, et continuait :

« Oui, madame, ces gens-là, ça ne fait que manger des pommes de terre et du cochon, et puis du cochon et des pommes de terre. Et il ne faut pas croire qu'ils sont propres – Oh non ! – Ils ordurent partout, sauf le respect que je vous dois. Et si vous les voyiez faire l'exercice pendant des heures et des jours ; ils sont là tous dans un champ : – et marche en avant, et marche en arrière, et tourne par-ci, et tourne par-là. – S'ils cultivaient la terre au moins, ou s'ils travaillaient aux routes dans leur pays ! – Mais non, madame, ces militaires ça n'est profitable à personne ! Faut-il que le pauvre peuple les nourrisse pour n'apprendre rien qu'à massa-

note

1. **Pale Ale** : variété de bière anglaise.

crer ! – Je ne suis qu'une vieille femme sans éducation, c'est vrai, mais en les voyant qui s'esquintent le tempérament à piétiner du matin au soir, je me dis : – Quand il y a des gens qui font tant de découvertes pour être utiles, faut-il que d'autres se donnent tant de mal pour être nuisibles. Vraiment, n'est-ce pas une abomination de tuer des gens, qu'ils soient prussiens, ou bien anglais, ou bien polonais, ou bien français ? Si l'on se revenge[1] sur quelqu'un qui vous a fait tort, c'est mal, puisqu'on vous condamne ; mais quand on extermine nos garçons comme du gibier, avec des fusils, c'est donc bien, puisqu'on donne des décorations à celui qui en détruit le plus ? – Non, voyez-vous, je ne comprendrai jamais ça ! »

Cornudet éleva la voix :

– « La guerre est une barbarie quand on attaque un voisin paisible ; c'est un devoir sacré quand on défend la patrie. »

La vieille femme baissa la tête :

– « Oui, quand on se défend, c'est autre chose ; mais si l'on ne devrait pas plutôt tuer tous les rois qui font ça pour leur plaisir ? »

L'œil de Cornudet s'enflamma.

– « Bravo citoyenne », dit-il.

M. Carré-Lamadon réfléchissait profondément. Bien qu'il fût fanatique des illustres capitaines, le bon sens de cette paysanne le faisait songer à l'opulence qu'apporteraient dans un pays tant de bras inoccupés et par conséquent ruineux, tant de forces qu'on entretient improductives, si on les employait aux grands travaux industriels qu'il faudra des siècles pour achever.

Mais Loiseau, quittant sa place, alla causer tout bas avec l'aubergiste. Le gros homme riait, toussait, crachait ; son énorme ventre sautillait de joie aux plaisanteries de son voisin, et il lui acheta six feuillettes[2] de bordeaux pour le printemps, quand les Prussiens seraient partis.

notes

1. se revenge : expression populaire issue d'une confusion entre *se venger* et *se revancher*.

2. feuillettes : tonneaux de vin dont la capacité varie de 114 à 140 litres.

Le souper à peine achevé, comme on était brisé de fatigue, on se coucha.

Cependant Loiseau, qui avait observé les choses, fit mettre au lit son épouse, puis colla tantôt son oreille et tantôt son œil au trou de la serrure, pour tâcher de découvrir ce qu'il appelait « les mystères du corridor ».

Au bout d'une heure environ, il entendit un frôlement, regarda bien vite, et aperçut Boule de suif qui paraissait plus replète encore sous un peignoir de cachemire bleu, bordé de dentelles blanches. Elle tenait un bougeoir à la main et se dirigeait vers le gros numéro tout au fond du couloir. Mais une porte, à côté, s'entr'ouvrit, et, quand elle revint, au bout de quelques minutes, Cornudet, en bretelles, la suivait. Ils parlaient bas, puis ils s'arrêtèrent. Boule de suif semblait défendre l'entrée de sa chambre avec énergie. Loiseau, malheureusement, n'entendait pas les paroles, mais à la fin, comme ils élevaient la voix, il put en saisir quelques-unes. Cornudet insistait avec vivacité. Il disait :

– « Voyons, vous êtes bête, qu'est-ce que ça vous fait ? »

Elle avait l'air indignée et répondit :

– « Non, mon cher, il y a des moments où ces choses-là ne se font pas ; et puis, ici, ce serait une honte. »

Il ne comprenait point, sans doute, et demanda pourquoi. Alors elle s'emporta, élevant encore le ton :

– « Pourquoi ? Vous ne comprenez pas pourquoi ? Quand il y a des Prussiens dans la maison, dans la chambre à côté peut-être ? »

Il se tut. Cette pudeur patriotique de catin[1] qui ne se laissait point caresser près de l'ennemi, dut réveiller en son cœur sa dignité défaillante, car, après l'avoir seulement embrassée, il regagna sa porte à pas de loup.

note

1. **catin** : femme de mauvaises mœurs, prostituée.

Loiseau, très allumé, quitta la serrure, battit un entrechat[1] dans sa chambre, mit son madras[2], souleva le drap sous lequel gisait la dure carcasse de sa compagne qu'il réveilla d'un baiser en murmurant : – « M'aimes-tu, chérie ? »

Alors toute la maison devint silencieuse. Mais bientôt s'éleva quelque part, dans une direction indéterminée qui pouvait être la cave aussi bien que le grenier, un ronflement puissant, monotone, régulier, un bruit sourd et prolongé, avec des tremblements de chaudière sous pression. M. Follenvie dormait.

Comme on avait décidé qu'on partirait à huit heures le lendemain, tout le monde se trouva dans la cuisine ; mais la voiture, dont la bâche avait un toit de neige, se dressait solitaire au milieu de la cour, sans chevaux et sans conducteur. On chercha en vain celui-ci dans les écuries, dans les fourrages, dans les remises. Alors tous les hommes se résolurent à battre le pays et ils sortirent. Ils se trouvèrent sur la place, avec l'église au fond et, des deux côtés, des maisons basses où l'on apercevait des soldats prussiens. Le premier qu'ils virent épluchait des pommes de terre. Le second, plus loin, lavait la boutique du coiffeur. Un autre, barbu jusqu'aux yeux, embrassait un mioche qui pleurait et le berçait sur ses genoux pour tâcher de l'apaiser ; et les grosses paysannes dont les hommes étaient à « l'armée de la guerre », indiquaient par signes à leurs vainqueurs obéissants le travail qu'il fallait entreprendre : fendre du bois, tremper la soupe, moudre le café ; un d'eux même lavait le linge de son hôtesse, une aïeule tout impotente.

Le comte, étonné, interrogea le bedeau[3] qui sortait du presbytère. Le vieux rat d'église lui répondit : – « Oh ! ceux-là ne sont pas méchants ; c'est pas des Prussiens à ce qu'on dit. Ils sont de plus loin ; je ne sais pas bien d'où ; et ils ont tous laissé une femme et des enfants au pays ; ça ne les amuse pas, la guerre, allez ! Je suis

notes

1. **entrechat :** saut, gambade.
2. **madras :** mouchoir noué sur la tête en guise de bonnet de nuit.
3. **bedeau :** employé laïc chargé de l'entretien d'une église.

sûr qu'on pleure bien aussi là-bas après les hommes ; et ça fournira une fameuse misère chez eux comme chez nous. Ici, encore, on n'est pas trop malheureux pour le moment, parce qu'ils ne font pas de mal et qu'ils travaillent comme s'ils étaient dans leurs maisons. Voyez-vous, monsieur, entre pauvres gens, faut bien qu'on s'aide... C'est les grands qui font la guerre. »

Cornudet, indigné de l'entente cordiale établie entre les vainqueurs et les vaincus, se retira, préférant s'enfermer dans l'auberge. Loiseau eut un mot pour rire : – « Ils repeuplent. » M. Carré-Lamadon eut un mot grave : – « Ils réparent. » Mais on ne trouvait pas le cocher. À la fin on le découvrit dans le café du village, attablé fraternellement avec l'ordonnance de l'officier. Le comte l'interpella :

– « Ne vous avait-t-on pas donné l'ordre d'atteler pour huit heures ?

– Ah bien oui, mais on m'en a donné un autre depuis.

– Lequel ?

– De ne pas atteler du tout.

– Qui vous a donné cet ordre ?

– Ma foi ! le commandant prussien.

– Pourquoi ?

– Je n'en sais rien. Allez lui demander. On me défend d'atteler, moi je n'attelle pas. – Voilà.

– C'est lui-même qui vous a dit cela ?

– Non, monsieur, c'est l'aubergiste qui m'a donné l'ordre de sa part.

– Quand ça ?

– Hier soir, comme j'allais me coucher. »

Les trois hommes rentrèrent fort inquiets.

On demanda M. Follenvie, mais la servante répondit que monsieur, à cause de son asthme, ne se levait jamais avant dix heures. Il avait même formellement défendu de le réveiller plus tôt, excepté en cas d'incendie.

On voulut voir l'officier, mais cela était impossible absolument, bien qu'il logeât dans l'auberge. M. Follenvie seul était autorisé à lui parler pour les affaires civiles. Alors on attendit. Les femmes remontèrent dans leurs chambres, et des futilités les occupèrent.

Cornudet s'installa sous la haute cheminée de la cuisine où flambait un grand feu. Il se fit apporter là une des petites tables du café, une canette[1], et il tira sa pipe qui jouissait parmi les démocrates d'une considération presque égale à la sienne, comme si elle avait servi la patrie en servant à Cornudet. C'était une superbe pipe en écume admirablement culottée[2], aussi noire que les dents de son maître, mais parfumée, recourbée, luisante, familière à sa main, et complétant sa physionomie. Et il demeura immobile, les yeux tantôt fixés sur la flamme du foyer, tantôt sur la mousse qui couronnait sa chope ; et chaque fois qu'il avait bu, il passait d'un air satisfait ses longs doigts maigres dans ses longs cheveux gras pendant qu'il humait sa moustache frangée d'écume.

Loiseau, sous prétexte de se dégourdir les jambes, alla placer du vin aux débitants du pays. Le comte et le manufacturier se mirent à causer politique. Ils prévoyaient l'avenir de la France. L'un croyait aux d'Orléans, l'autre à un sauveur inconnu[3], un héros qui se révélerait quand tout serait désespéré : un du Guesclin[4], une Jeanne d'Arc peut-être ? ou un autre Napoléon Ier ? Ah ! si le prince impérial[5] n'était pas si jeune ? Cornudet, les écoutant, souriait en homme qui sait le mot des destinées. Sa pipe embaumait la cuisine.

notes

1. canette : petite bouteille de bière.
2. Une pipe bien culottée a été suffisamment utilisée pour que s'y forme un résidu (un culot) qui la rend agréable à fumer.
3. Allusions à Mac-Mahon, placé à la tête de l'armée du Rhin au début de la guerre, porté à la présidence de la République par la coalition monarchiste en 1873, il fut forcé de démissionner en raison de la victoire des républicains aux élections sénatoriales. Allusion au général Boulanger, un ancien combattant de la guerre franco-allemande, qui a cristallisé autour de lui les revanchards et les nationalistes.
4. Bertrand du Guesclin (1315 ou 1320-1380), homme de guerre célèbre pour sa bravoure et son patriotisme, harcela les Anglais pendant la guerre de Cent Ans et les chassa, entre autres, de Normandie.
5. Le fils de Napoléon III, Eugène (1856-1879), est âgé de 14 ans en 1870.

Comme dix heures sonnaient, M. Follenvie parut. On l'interrogea bien vite ; mais il ne put que répéter deux ou trois fois, sans une variante, ces paroles : – L'officier m'a dit comme ça : « Monsieur Follenvie, vous défendrez qu'on attelle demain la voiture de ces voyageurs. Je ne veux pas qu'ils partent sans mon ordre. Vous entendez. Ça suffit. »

Alors on voulut voir l'officier. Le comte lui envoya sa carte où M. Carré-Lamadon ajouta son nom et tous ses titres. Le Prussien fit répondre qu'il admettrait ces deux hommes à lui parler quand il aurait déjeuné, c'est-à-dire vers une heure.

Les dames reparurent et l'on mangea quelque peu, malgré l'inquiétude. Boule de suif semblait malade et prodigieusement troublée.

On achevait le café quand l'ordonnance vint chercher ces messieurs.

Loiseau se joignit aux deux premiers ; mais comme on essayait d'entraîner Cornudet pour donner plus de solennité à leur démarche, il déclara fièrement qu'il entendait n'avoir jamais aucun rapport avec les Allemands ; et il se remit dans sa cheminée, demandant une autre canette.

Les trois hommes montèrent et furent introduits dans la plus belle chambre de l'auberge où l'officier les reçut, étendu dans un fauteuil, les pieds sur la cheminée, fumant une longue pipe de porcelaine, et enveloppé par une robe de chambre flamboyante, dérobée sans doute dans la demeure abandonnée de quelque bourgeois de mauvais goût. Il ne se leva pas, ne les salua pas, ne les regarda pas. Il présentait un magnifique échantillon de la goujaterie naturelle au militaire victorieux.

Au bout de quelques instants il dit enfin :

– « Qu'est-ce que fous foulez ? »

Le comte prit la parole : – « Nous désirons partir, monsieur.

– Non.

– Oserai-je vous demander la cause de ce refus ?

– Parce que che ne feux pas.

– Je vous ferai respectueusement observer, monsieur, que votre général en chef nous a délivré une permission de départ pour gagner Dieppe ; et je ne pense pas que nous ayons rien fait pour mériter vos rigueurs.

– Che ne feux pas... foilà tout... Fous poufez tescentre. »

S'étant inclinés tous les trois ils se retirèrent.

L'après-midi fut lamentable. On ne comprenait rien à ce caprice d'Allemand ; et les idées les plus singulières troublaient les têtes. Tout le monde se tenait dans la cuisine et l'on discutait sans fin, imaginant des choses invraisemblables. On voulait peut-être les garder comme otages – mais dans quel but ? – ou les emmener prisonniers ? ou, plutôt, leur demander une rançon considérable ? À cette pensée une panique les affola. Les plus riches étaient les plus épouvantés, se voyant déjà contraints, pour racheter leur vie, de verser des sacs pleins d'or entre les mains de ce soldat insolent. Ils se creusaient la cervelle pour découvrir des mensonges acceptables, dissimuler leurs richesses, se faire passer pour pauvres, très pauvres. Loiseau enleva sa chaîne de montre et la cacha dans sa poche. La nuit qui tombait augmenta les appréhensions. La lampe fut allumée, et comme on avait encore deux heures avant le dîner, Mme Loiseau proposa une partie de trente et un[1]. Ce serait une distraction. On accepta. Cornudet lui-même, ayant éteint sa pipe par politesse, y prit part.

Le comte battit les cartes – donna – Boule de suif avait trente et un d'emblée ; et bientôt l'intérêt de la partie apaisa la crainte qui hantait les esprits. Mais Cornudet s'aperçut que le ménage Loiseau s'entendait pour tricher.

Comme on allait se mettre à table, M. Follenvie reparut ; et de sa voix graillonnante[2] il prononça : « L'officier prussien fait demander à Mlle Élisabeth Rousset si elle n'a pas encore changé d'avis. »

notes

1. trente et un : jeu de cartes qui consiste à tenter de faire trente et un points avec trois cartes pour gagner.

2. voix graillonnante : voix grasse, enrouée.

Boule de suif resta debout, toute pâle ; puis devenant subitement cramoisie, elle eut un tel étouffement de colère qu'elle ne pouvait plus parler. Enfin elle éclata : – « Vous lui direz à cette crapule, à ce saligaud, à cette charogne de Prussien, que jamais je ne voudrai ; vous entendez bien, jamais, jamais, jamais. »

Le gros aubergiste sortit. Alors Boule de suif fut entourée, interrogée, sollicitée par tout le monde de dévoiler le mystère de sa visite. Elle résista d'abord ; mais l'exaspération l'emporta bientôt : – « Ce qu'il veut ?... ce qu'il veut ?... Il veut coucher avec moi ! » cria-t-elle. Personne ne se choqua du mot, tant l'indignation fut vive. Cornudet brisa sa chope en la reposant violemment sur la table. C'était une clameur de réprobation contre ce soudard[1] ignoble, un souffle de colère, une union de tous pour la résistance, comme si l'on eût demandé à chacun une partie du sacrifice exigé d'elle. Le comte déclara avec dégoût que ces gens-là se conduisaient à la façon des anciens barbares. Les femmes surtout témoignèrent à Boule de suif une commisération énergique et caressante. Les bonnes sœurs, qui ne se montraient qu'aux repas, avaient baissé la tête et ne disaient rien.

On dîna néanmoins lorsque la première fureur fut apaisée ; mais on parla peu, on songeait.

Les dames se retirèrent de bonne heure ; et les hommes, tout en fumant, organisèrent un écarté[2] auquel fut convié M. Follenvie qu'on avait l'intention d'interroger habilement sur les moyens à employer pour vaincre la résistance de l'officier. Mais il ne songeait qu'à ses cartes, sans rien écouter, sans rien répondre ; et il répétait sans cesse : « Au jeu, messieurs, au jeu. » Son attention était si tendue qu'il en oubliait de cracher, ce qui lui mettait parfois des points d'orgue dans la poitrine. Ses poumons sifflants donnaient toute la gamme de l'asthme, depuis les notes graves et profondes jusqu'aux enrouements aigus des jeunes coqs essayant de chanter.

notes

1. **soudard** : soldat brutal et grossier.

2. **écarté** : jeu de cartes dont la règle permet d'écarter certaines cartes.

Il refusa même de monter quand sa femme, qui tombait de sommeil, vint le chercher. Alors elle partit toute seule, car elle était « du matin », toujours levée avec le soleil, tandis que son homme était « du soir », toujours prêt à passer la nuit avec des amis. Il lui cria : « Tu placeras mon lait de poule[1] devant le feu », et se remit à sa partie. Quand on vit bien qu'on n'en pourrait rien tirer on déclara qu'il était temps de s'en aller, et chacun gagna son lit.

On se leva encore d'assez bonne heure le lendemain, avec un espoir indéterminé, un désir plus grand de s'en aller, une terreur du jour à passer dans cette horrible petite auberge.

Hélas ! les chevaux restaient à l'écurie, le cocher demeurait invisible. On alla, par désœuvrement, tourner autour de la voiture.

Le déjeuner fut bien triste ; et il s'était produit comme un refroidissement vis-à-vis de Boule de suif, car la nuit, qui porte conseil, avait un peu modifié les jugements. On en voulait presque à cette fille, maintenant, de n'avoir pas été trouver secrètement le Prussien, afin de ménager, au réveil, une bonne surprise à ses compagnons. Quoi de plus simple ? Qui l'eût su d'ailleurs ? Elle aurait pu sauver les apparences en faisant dire à l'officier qu'elle prenait en pitié leur détresse. Pour elle ça avait si peu d'importance !

Mais personne n'avouait encore ces pensées.

Dans l'après-midi, comme on s'ennuyait à périr, le comte proposa de faire une promenade aux alentours du village. Chacun s'enveloppa avec soin et la petite société partit, à l'exception de Cornudet, qui préférait rester près du feu, et des bonnes sœurs, qui passaient leurs journées dans l'église ou chez le curé.

Le froid, plus intense de jour en jour, piquait cruellement le nez et les oreilles ; les pieds devenaient si douloureux que chaque pas était une souffrance ; et lorsque la campagne se découvrit, elle

note

1. **lait de poule :** jaune d'œuf battu dans du lait chaud et sucré.

leur apparut si effroyablement lugubre sous cette blancheur illimitée que tout le monde aussitôt retourna, l'âme glacée et le cœur serré.

Les quatre femmes marchaient devant, les trois hommes suivaient, un peu derrière.

Loiseau, qui comprenait la situation, demanda tout à coup si cette « garce-là » allait les faire rester longtemps encore dans un pareil endroit. Le comte, toujours courtois, dit qu'on ne pouvait exiger d'une femme un sacrifice aussi pénible, et qu'il devait venir d'elle-même. M. Carré-Lamadon remarqua que, si les Français faisaient, comme il en était question, un retour offensif par Dieppe, la rencontre ne pourrait avoir lieu qu'à Tôtes. Cette réflexion rendit les deux autres soucieux. – « Si l'on se sauvait à pied », dit Loiseau. Le comte haussa les épaules : – « Y songez-vous, dans cette neige ? avec nos femmes ? Et puis nous serions tout de suite poursuivis, rattrapés en dix minutes, et ramenés prisonniers à la merci des soldats. » – C'était vrai ; on se tut.

Les dames parlaient toilette ; mais une certaine contrainte semblait les désunir.

Tout à coup, au bout de la rue, l'officier parut. Sur la neige qui fermait l'horizon il profilait sa grande taille de guêpe en uniforme, et marchait, les genoux écartés, de ce mouvement particulier aux militaires qui s'efforcent de ne point maculer leurs bottes soigneusement cirées.

Il s'inclina en passant près des dames, et regarda dédaigneusement les hommes qui eurent, du reste, la dignité de ne se point découvrir, bien que Loiseau ébauchât un geste pour retirer sa coiffure.

Boule de suif était devenue rouge jusqu'aux oreilles ; et les trois femmes mariées ressentaient une grande humiliation d'être ainsi rencontrées par ce soldat, dans la compagnie de cette fille qu'il avait si cavalièrement traitée.

Alors on parla de lui, de sa tournure, de son visage. Mme Carré-Lamadon, qui avait connu beaucoup d'officiers et qui les jugeait en connaisseur, trouvait celui-là pas mal du tout ; elle regrettait même qu'il ne fût pas français, parce qu'il ferait un fort joli hussard dont toutes les femmes assurément raffoleraient.

Une fois rentrés, on ne sut plus que faire. Des paroles aigres furent même échangées à propos de choses insignifiantes. Le dîner silencieux dura peu, et chacun monta se coucher, espérant dormir pour tuer le temps.

On descendit le lendemain avec des visages fatigués et des cœurs exaspérés. Les femmes parlaient à peine à Boule de suif.

Une cloche tinta. C'était pour un baptême. La grosse fille avait un enfant élevé chez des paysans d'Yvetot. Elle ne le voyait pas une fois l'an, et n'y songeait jamais ; mais la pensée de celui qu'on allait baptiser lui jeta au cœur une tendresse subite et violente pour le sien, et elle voulut absolument assister à la cérémonie.

Aussitôt qu'elle fut partie, tout le monde se regarda, puis on rapprocha les chaises, car on sentait bien qu'à la fin il fallait décider quelque chose. Loiseau eut une inspiration : il était d'avis de proposer à l'officier de garder Boule de suif toute seule, et de laisser partir les autres.

M. Follenvie se chargea encore de la commission, mais il redescendit presque aussitôt. L'Allemand, qui connaissait la nature humaine, l'avait mis à la porte. Il prétendait retenir tout le monde tant que son désir ne serait pas satisfait.

Alors le tempérament populacier de Mme Loiseau éclata : – « Nous n'allons pourtant pas mourir de vieillesse ici. Puisque c'est son métier, à cette gueuse[1], de faire ça avec tous les hommes, je trouve qu'elle n'a pas le droit de refuser l'un plutôt que l'autre. Je vous demande un peu, ça a pris tout ce qu'elle a trouvé dans Rouen, même des cochers ! oui, madame, le cocher de la préfecture ! Je le sais bien, moi, il achète son vin à la maison. Et aujourd'hui qu'il s'agit de nous tirer d'embarras, elle fait la mijaurée[2], cette morveuse !... Moi, je trouve qu'il se conduit très bien, cet officier. Il est peut-être privé depuis longtemps ; et nous

notes

1. **gueuse** : femme de mauvaise vie.

2. **mijaurée** : orgueilleuse, prétentieuse.

étions là trois qu'il aurait sans doute préférées. Mais non, il se contente de celle à tout le monde. Il respecte les femmes mariées. Songez donc, il est le maître. Il n'avait qu'à dire : "Je veux", et il pouvait nous prendre de force avec ses soldats. »

Les deux femmes eurent un petit frisson. Les yeux de la jolie Mme Carré-Lamadon brillaient, et elle était un peu pâle, comme si elle se sentait déjà prise de force par l'officier.

Les hommes, qui discutaient à l'écart, se rapprochèrent. Loiseau, furibond, voulait livrer « cette misérable » pieds et poings liés à l'ennemi. Mais le comte, issu de trois générations d'ambassadeurs, et doué d'un physique de diplomate, était partisan de l'habileté : – « Il faudrait la décider », – dit-il.

Alors on conspira.

Les femmes se serrèrent, le ton de la voix fut baissé, et la discussion devint générale, chacun donnant son avis. C'était fort convenable du reste. Ces dames surtout trouvaient des délicatesses de tournures, des subtilités d'expression charmantes, pour dire les choses les plus scabreuses. Un étranger n'aurait rien compris tant les précautions du langage étaient observées. Mais la légère tranche de pudeur dont est bardée toute femme du monde ne recouvrant que la surface, elles s'épanouissaient dans cette aventure polissonne, s'amusaient follement au fond, se sentant dans leur élément, tripotant de l'amour avec la sensualité d'un cuisinier gourmand qui prépare le souper d'un autre.

La gaieté revenait d'elle-même, tant l'histoire leur semblait drôle à la fin. Le comte trouva des plaisanteries un peu risquées, mais si bien dites qu'elles faisaient sourire. À son tour Loiseau lâcha quelques grivoiseries[1] plus raides dont on ne se blessa point ; et la pensée brutalement exprimée par sa femme dominait tous les esprits : « Puisque c'est son métier à cette fille, pourquoi refuserait-elle celui-là plus qu'un autre ? » La gentille Mme Carré-Lamadon semblait même penser qu'à sa place elle

note

1. **grivoiseries** : propos, plaisanteries osés.

refuserait celui-là moins qu'un autre. On prépara longuement le blocus, comme pour une forteresse investie. Chacun convint du rôle qu'il jouerait, des arguments dont il s'appuierait, des manœuvres qu'il devrait exécuter. On régla le plan des attaques, les ruses à employer, et les surprises de l'assaut, pour forcer cette citadelle vivante à recevoir l'ennemi dans la place.

Cornudet cependant restait à l'écart, complètement étranger à cette affaire.

Une attention si profonde tendait les esprits, qu'on n'entendit point rentrer Boule de suif. Mais le comte souffla un léger : « Chut » qui fit relever tous les yeux. Elle était là. On se tut brusquement, et un certain embarras empêcha d'abord de lui parler. La comtesse, plus assouplie que les autres aux duplicités[1] des salons, l'interrogea : – « Était-ce amusant, ce baptême ? »

La grosse fille, encore émue, raconta tout, et les figures, et les attitudes, et l'aspect même de l'église. Elle ajouta : – « C'est si bon de prier quelquefois. »

Cependant, jusqu'au déjeuner, ces dames se contentèrent d'être aimables avec elle, pour augmenter sa confiance et sa docilité à leurs conseils.

Aussitôt à table, on commença les approches. Ce fut d'abord une conversation vague sur le dévouement. On cita des exemples anciens : Judith et Holopherne[2], puis, sans aucune raison, Lucrèce avec Sextus[3], Cléopâtre[4] faisant passer par sa couche tous les généraux ennemis, et les y réduisant à des servilités d'esclave. Alors se déroula une histoire fantaisiste, éclose dans l'imagination de ces millionnaires ignorants, où les citoyennes de Rome

notes

1. duplicités : dissimulations, fourberies.
2. Judith est une héroïne légendaire de l'Ancien Testament. Après avoir séduit et enivré le général assyrien Holopherne, elle lui coupe la tête pour sauver la ville de Béthulie.
3. Lucrèce, jeune patricienne romaine, fut violée par Sextus, fils du roi Tarquin le Superbe, et se suicida. Cet événement aurait eu pour conséquence la chute de la royauté et l'établissement de la république à Rome.
4. Reine d'Égypte, Cléopâtre VII (69-30) fut la maîtresse de César puis d'Antoine qui l'épousa et l'aida à préserver la suprématie de son pays en Orient. Après la victoire d'Octave et le suicide d'Antoine, elle se donna la mort en raison de l'inflexibilité du vainqueur.

allaient endormir à Capoue[1] Annibal entre leurs bras, et, avec lui, ses lieutenants, et les phalanges[2] des mercenaires. On cita toutes les femmes qui ont arrêté des conquérants, fait de leur corps un champ de bataille, un moyen de dominer, une arme, qui ont vaincu par leurs caresses héroïques des êtres hideux ou détestés, et sacrifié leur chasteté, à la vengeance et au dévouement.

On parla même en termes voilés de cette Anglaise de grande famille qui s'était laissé inoculer une horrible et contagieuse maladie pour la transmettre à Bonaparte sauvé miraculeusement, par une faiblesse subite, à l'heure du rendez-vous fatal.

Et tout cela s'était raconté d'une façon convenable et modérée, où parfois éclatait un enthousiasme voulu propre à exciter l'émulation.

On aurait pu croire, à la fin, que le seul rôle de la femme, ici-bas, était un perpétuel sacrifice de sa personne, un abandon continu aux caprices des soldatesques[3].

Les deux bonnes sœurs ne semblaient point entendre, perdues en des pensées profondes. Boule de suif ne disait rien.

Pendant toute l'après-midi on la laissa réfléchir. Mais au lieu de l'appeler « madame » comme on avait fait jusque-là, on lui disait simplement « mademoiselle », sans que personne sût bien pourquoi, comme si l'on avait voulu la faire descendre d'un degré dans l'estime qu'elle avait escaladée, lui faire sentir sa situation honteuse.

Au moment où l'on servit le potage, M. Follenvie reparut, répétant sa phrase de la veille : – « L'officier prussien fait demander à Mlle Élisabeth Rousset si elle n'a point encore changé d'avis. »

Boule de suif répondit sèchement : – « Non, monsieur. »

notes

1. **Capoue** : ville italienne où séjourna le général carthaginois Hannibal avec ses troupes pendant la deuxième guerre punique. Ses « délices » auraient affaibli la combativité des soldats et permis à Rome de reprendre la ville en 211 av. J.-C.

2. **phalanges** : troupes.

3. **soldatesques** : groupes de soldats brutaux et grossiers.

Mais au dîner la coalition[1] faiblit. Loiseau eut trois phrases malheureuses. Chacun se battait les flancs pour découvrir des exemples nouveaux et ne trouvait rien, quand la comtesse, sans préméditation peut-être, éprouvant un vague besoin de rendre hommage à la Religion, interrogea la plus âgée des bonnes sœurs sur les grands faits de la vie des saints. Or beaucoup avaient commis des actes qui seraient des crimes à nos yeux ; mais l'Église absout sans peine ces forfaits quand ils sont accomplis pour la gloire de Dieu, ou pour le bien du prochain. C'était un argument puissant ; la comtesse en profita. Alors, soit par une de ces ententes tacites, de ces complaisances voilées, où excelle quiconque porte un habit ecclésiastique, soit simplement par l'effet d'une inintelligence heureuse, d'une secourable bêtise, la vieille religieuse apporta à la conspiration un formidable appui. On la croyait timide, elle se montra hardie, verbeuse, violente. Celle-là n'était pas troublée par les tâtonnements de la casuistique[2] ; sa doctrine semblait une barre de fer ; sa foi n'hésitait jamais ; sa conscience n'avait point de scrupules. Elle trouvait tout simple le sacrifice d'Abraham[3], car elle aurait immédiatement tué père et mère sur un ordre venu d'en haut ; et rien, à son avis, ne pouvait déplaire au Seigneur quand l'intention était louable. La comtesse, mettant à profit l'autorité sacrée de sa complice inattendue, lui fit faire comme une paraphrase[4] édifiante de cet axiome[5] de morale : « La fin justifie les moyens. »

Elle l'interrogeait.

– « Alors, ma sœur, vous pensez que Dieu accepte toutes les voies, et pardonne le fait quand le motif est pur.

– Qui pourrait en douter, madame ? Une action blâmable en soi devient souvent méritoire par la pensée qui l'inspire. »

notes

1. **coalition :** entente, alliance.
2. **casuistique :** partie de la théologie qui traite des cas de conscience et peut transformer un acte apparemment coupable en acte acceptable, voire héroïque.
3. **Abraham :** patriarche biblique prêt à sacrifier son fils Isaac pour obéir à Dieu.
4. **paraphrase :** commentaire, développement explicatif.
5. **axiome :** vérité présentée comme évidente et ne nécessitant aucune démonstration.

Et elles continuaient ainsi, démêlant les volontés de Dieu, prévoyant ses décisions, le faisant s'intéresser à des choses qui, vraiment, ne le regardaient guère.

Tout cela était enveloppé, habile, discret. Mais chaque parole de la sainte fille en cornette[1] faisait brèche dans la résistance indignée de la courtisane. Puis, la conversation se détournant un peu, la femme aux chapelets[2] pendants parla des maisons de son ordre, de sa supérieure, d'elle-même, et de sa mignonne voisine la chère sœur Saint-Nicéphore. On les avait demandées au Havre pour soigner dans les hôpitaux des centaines de soldats atteints de la petite vérole[3]. Elle les dépeignit, ces misérables, détailla leur maladie. Et tandis qu'elles étaient arrêtées en route par les caprices de ce Prussien, un grand nombre de Français pouvaient mourir qu'elles auraient sauvés peut-être ! C'était sa spécialité, à elle, de soigner les militaires ; elle avait été en Crimée[4], en Italie, en Autriche, et, racontant ses campagnes, elle se révéla tout à coup une de ces religieuses à tambours et à trompettes qui semblent faites pour suivre les camps, ramasser des blessés dans les remous des batailles, et, mieux qu'un chef, dompter d'un mot les grands soudards indisciplinés ; une vraie bonne sœur Ran-tan-plan[5] dont la figure ravagée, crevée de trous sans nombre, paraissait une image des dévastations de la guerre.

Personne ne dit rien après elle, tant l'effet semblait excellent.

Aussitôt le repas terminé on remonta bien vite dans les chambres pour ne descendre, le lendemain, qu'assez tard dans la matinée.

Le déjeuner fut tranquille. On donnait à la graine semée la veille le temps de germer et de pousser ses fruits.

notes

1. cornette : coiffure blanche et arrondie de certaines religieuses.
2. chapelets : chaînes de grains enfilés que l'on fait passer d'un doigt à l'autre pendant la prière.
3. petite vérole : nom populaire de la syphilis, maladie vénérienne grave et contagieuse.
4. Crimée (guerre de) : conflit qui, en 1854-1855, oppose la France, la Grande-Bretagne, l'Empire ottoman et le Piémont à la Russie.
5. Ran-tan-plan : onomatopée imitant le roulement des tambours.

La comtesse proposa de faire une promenade dans l'après-midi ; alors le comte, comme il était convenu, prit le bras de Boule de suif, et demeura derrière les autres, avec elle.

Il lui parla de ce ton familier, paternel, un peu dédaigneux, que les hommes posés emploient avec les filles, l'appelant « ma chère enfant », la traitant du haut de sa position sociale, de son honorabilité indiscutée. Il pénétra tout de suite au vif de la question :

– « Donc vous préférez nous laisser ici, exposés comme vous-même à toutes les violences qui suivraient un échec des troupes prussiennes, plutôt que de consentir à une de ces complaisances que vous avez eues si souvent en votre vie. »

Boule de suif ne répondit rien.

Il la prit par la douceur, par le raisonnement, par les sentiments. Il sut rester « monsieur le comte », tout en se montrant galant quand il le fallut, complimenteur, aimable enfin. Il exalta le service qu'elle leur rendrait, parla de leur reconnaissance ; puis soudain, la tutoyant gaiement : – « Et tu sais, ma chère, il pourrait se vanter d'avoir goûté d'une jolie fille comme il n'en trouvera pas beaucoup dans son pays. »

Boule de suif ne répondit pas et rejoignit la société.

Aussitôt rentrée, elle monta chez elle et ne reparut plus. L'inquiétude était extrême. Qu'allait-elle faire ? Si elle résistait, quel embarras !

L'heure du dîner sonna ; on l'attendit en vain. M. Follenvie, entrant alors, annonça que Mlle Rousset se sentait indisposée, et qu'on pouvait se mettre à table. Tout le monde dressa l'oreille. Le comte s'approcha de l'aubergiste, et, tout bas : – « Ça y est ? » – « Oui. » – Par convenance, il ne dit rien à ses compagnons, mais il leur fit seulement un léger signe de la tête. Aussitôt un grand soupir de soulagement sortit de toutes les poitrines, une allégresse[1] parut sur les visages. Loiseau cria : – « Saperlipopette[2] ! je paye du champagne si l'on en trouve dans l'établissement » ; – et

notes

1. **allégresse :** joie vive et visible.

2. **Saperlipopette :** juron familier et vieilli.

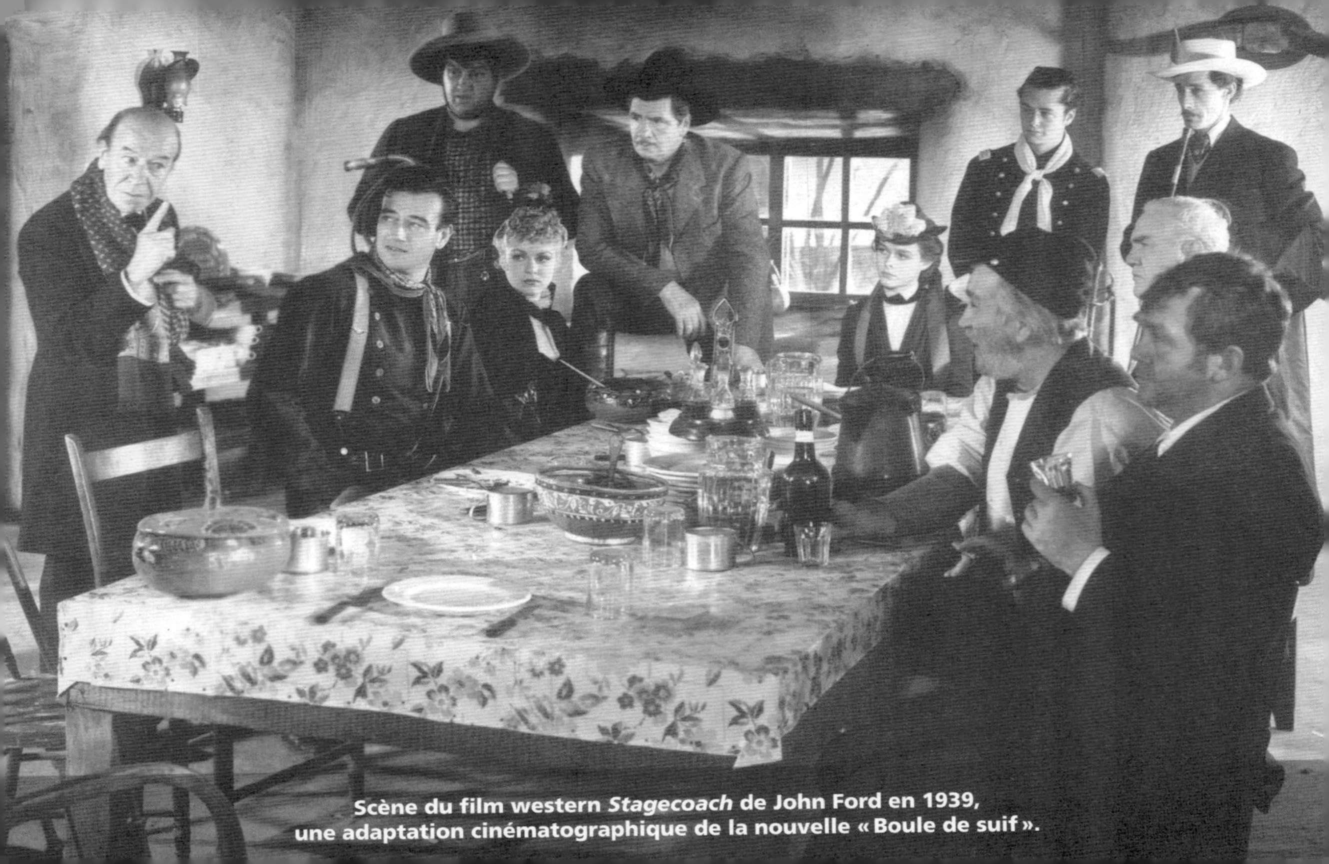

Scène du film western *Stagecoach* de John Ford en 1939, une adaptation cinématographique de la nouvelle « Boule de suif ».

Mme Loiseau eut une angoisse lorsque le patron revint avec quatre bouteilles aux mains. Chacun était devenu subitement communicatif et bruyant ; une joie égrillarde[1] emplissait les cœurs. Le comte parut s'apercevoir que Mme Carré-Lamadon était charmante, le manufacturier fit des compliments à la comtesse. La conversation fut vive, enjouée, pleine de traits[2].

Tout à coup, Loiseau, la face anxieuse et levant les bras, hurla : – « Silence ! » – Tout le monde se tut, surpris, presque effrayé déjà. Alors il tendit l'oreille en faisant « Chut » des deux mains, leva les yeux vers le plafond, écouta de nouveau, et reprit, de sa voix naturelle : – « Rassurez-vous, tout va bien. »

On hésitait à comprendre, mais bientôt un sourire passa.

Au bout d'un quart d'heure il recommença la même farce, la renouvela souvent dans la soirée ; et il faisait semblant d'interpeller quelqu'un à l'étage au-dessus, en lui donnant des conseils à double sens puisés dans son esprit de commis voyageur. Par moments il prenait un air triste pour soupirer : – « Pauvre fille » ; – ou bien il murmurait entre ses dents d'un air rageur : – « Gueux de Prussien, va ! » – Quelquefois, au moment où l'on n'y songeait plus, il poussait d'une voix vibrante plusieurs : – « Assez ! assez ! » – et ajoutait, comme se parlant à lui-même : – « Pourvu que nous la revoyions ; qu'il ne l'en fasse pas mourir, le misérable ! »

Bien que ces plaisanteries fussent d'un goût déplorable, elles amusaient et ne blessaient personne, car l'indignation dépend des milieux comme le reste, et l'atmosphère qui s'était peu à peu créée autour d'eux était chargée de pensées grivoises[3].

Au dessert, les femmes elles-mêmes firent des allusions spirituelles et discrètes. Les regards luisaient ; on avait bu beaucoup. Le comte, qui conservait même en ses écarts sa grande apparence de gravité, trouva une comparaison fort goûtée sur la fin des

notes

1. **égrillarde** : friponne, gaillarde.
2. **traits** : remarques vives et spirituelles.
3. **grivoises** : osées, hardies.

hivernages au Pôle et la joie des naufragés qui voient s'ouvrir une route vers le sud.

Loiseau, lancé, se leva, un verre de champagne à la main : – « Je bois à notre délivrance ! » – Tout le monde fut debout ; on l'acclamait. Les deux bonnes sœurs, elles-mêmes, sollicitées par ces dames, consentirent à tremper leurs lèvres dans ce vin mousseux dont elles n'avaient jamais goûté. Elles déclarèrent que cela ressemblait à la limonade gazeuse, mais que c'était plus fin cependant.

Loiseau résuma la situation.

– « C'est malheureux de ne pas avoir de piano parce qu'on pourrait pincer un quadrille[1]. »

Cornudet n'avait pas dit un mot, pas fait un geste ; il paraissait même plongé dans des pensées très graves, et tirait parfois, d'un geste furieux, sa grande barbe qu'il semblait vouloir allonger encore. Enfin, vers minuit, comme on allait se séparer, Loiseau qui titubait, lui tapa soudain sur le ventre et lui dit en bredouillant : – « Vous n'êtes pas farce, vous, ce soir ; vous ne dites rien, citoyen ? » – Mais Cornudet releva brusquement la tête, et parcourant la société d'un regard luisant et terrible : – « Je vous dis à tous que vous venez de faire une infamie ! » – Il se leva, gagna la porte, répéta encore une fois : « Une infamie ! » et disparut.

Cela jeta un froid d'abord. Loiseau interloqué restait bête ; mais il reprit son aplomb, puis, tout à coup, se tordit en répétant : – « Ils sont trop verts, mon vieux, ils sont trop verts. » – Comme on ne comprenait pas, il raconta les « mystères du corridor ». Alors il y eut une reprise de gaieté formidable. Ces dames s'amusaient comme des folles. Le comte et M. Carré-Lamadon pleuraient à force de rire. Ils ne pouvaient croire.

– « Comment. Vous êtes sûr ? Il voulait...

– Je vous dis que je l'ai vu.

note

1. pincer un quadrille : jouer l'air d'un quadrille, danse à la mode au XIXe siècle.

– Et, elle a refusé...

– Parce que le Prussien était dans la chambre à côté.

– Pas possible ?

– Je vous le jure. »

Le comte étouffait. L'industriel se comprimait le ventre à deux mains. Loiseau continuait :

« Et, vous comprenez, ce soir, il ne la trouve pas drôle, mais pas du tout. »

Et tous les trois repartaient, malades, essoufflés, toussant.

On se sépara là-dessus. Mais Mme Loiseau, qui était de la nature des horties[1], fit remarquer à son mari, au moment où ils se couchaient, que « cette chipie » de petite Carré-Lamadon avait ri jaune toute la soirée : – « Tu sais, les femmes, quand ça en tient pour l'uniforme, qu'il soit français ou bien prussien ça leur est, ma foi, bien égal. Si ce n'est pas une pitié, Seigneur Dieu ! »

Et toute la nuit, dans l'obscurité du corridor coururent comme des frémissements, des bruits légers, à peine sensibles, pareils à des souffles, des effleurements de pieds nus, d'imperceptibles craquements. Et l'on ne dormit que très tard, assurément, car des filets de lumière glissèrent longtemps sous les portes. Le champagne a de ces effets-là ; il trouble, dit-on, le sommeil.

Le lendemain, un clair soleil d'hiver rendait la neige éblouissante. La diligence, attelée enfin, attendait devant la porte, tandis qu'une armée de pigeons blancs, rengorgés dans leurs plumes épaisses, avec un œil rose, taché, au milieu, d'un point noir, se promenaient gravement entre les jambes des six chevaux, et cherchaient leur vie dans le crottin fumant qu'ils éparpillaient.

Le cocher, enveloppé dans sa peau de mouton, grillait une pipe sur le siège, et tous les voyageurs radieux faisaient rapidement empaqueter des provisions pour le reste du voyage.

note

1. horties : faute courante pour *orties*.

passage analysé

On n'attendait plus que Boule de suif. Elle parut.

Elle semblait un peu troublée, honteuse ; et elle s'avança timidement vers ses compagnons, qui, tous, d'un même mouvement, se détournèrent comme s'ils ne l'avaient pas aperçue. Le comte prit avec dignité le bras de sa femme et l'éloigna de ce contact impur.

La grosse fille s'arrêta, stupéfaite ; alors, ramassant tout son courage, elle aborda la femme du manufacturier d'un : « bonjour, madame » humblement murmuré. L'autre fit de la tête seule un petit salut impertinent qu'elle accompagna d'un regard de vertu outragée. Tout le monde semblait affairé, et l'on se tenait loin d'elle comme si elle eût apporté une infection dans ses jupes. Puis on se précipita vers la voiture où elle arriva seule, la dernière, et reprit en silence la place qu'elle avait occupée pendant la première partie de la route.

On semblait ne pas la voir, ne pas la connaître ; mais Mme Loiseau, la considérant de loin avec indignation, dit à mi-voix à son mari : – « Heureusement que je ne suis pas à côté d'elle. »

La lourde voiture s'ébranla, et le voyage recommença.

On ne parla point d'abord. Boule de suif n'osait pas lever les yeux. Elle se sentait en même temps indignée contre tous ses voisins, et humiliée d'avoir cédé, souillée par les baisers de ce Prussien entre les bras duquel on l'avait hypocritement jetée.

Mais la comtesse, se tournant vers Mme Carré-Lamadon, rompit bientôt ce pénible silence.

– « Vous connaissez, je crois, Mme d'Étrelles ?

– Oui, c'est une de mes amies.

– Quelle charmante femme !

– Ravissante ! Une vraie nature d'élite, fort instruite d'ailleurs, et artiste jusqu'au bout des doigts ; elle chante à ravir et dessine dans la perfection. »

Le manufacturier causait avec le comte, et au milieu du fracas des vitres un mot parfois jaillissait : « Coupon – échéance – prime – à terme. »

Loiseau, qui avait chipé le vieux jeu de cartes de l'auberge engraissé par cinq ans de frottement sur les tables mal essuyées, attaqua un bésigue[1] avec sa femme.

Les bonnes sœurs prirent à leur ceinture le long rosaire qui pendait, firent ensemble le signe de la croix, et tout à coup leurs lèvres se mirent à remuer vivement, se hâtant de plus en plus, précipitant leur vague murmure comme pour une course d'*oremus*[2] ; et de temps en temps elles baisaient une médaille, se signaient de nouveau, puis recommençaient leur marmottement rapide et continu.

Cornudet songeait, immobile.

Au bout de trois heures de route, Loiseau ramassa ses cartes : – « Il fait faim », dit-il.

Alors sa femme atteignit un paquet ficelé d'où elle fit sortir un morceau de veau froid. Elle le découpa proprement par tranches minces et fermes, et tous deux se mirent à manger.

– « Si nous en faisions autant », – dit la comtesse. On y consentit et elle déballa les provisions préparées pour les deux ménages. C'était, dans un de ces vases allongés dont le couvercle porte un lièvre en faïence, pour indiquer qu'un lièvre en pâté gît au-dessous, une charcuterie succulente, où de blanches rivières de lard traversaient la chair brune du gibier, mêlée à d'autres viandes hachées fin. Un beau carré de gruyère, apporté dans un journal, gardait imprimé : « faits divers » sur sa pâte onctueuse.

Les deux bonnes sœurs développèrent un rond de saucisson qui sentait l'ail ; et Cornudet, plongeant les deux mains en même temps dans les vastes poches de son paletot-sac, tira de l'une quatre œufs durs et de l'autre le croûton d'un pain. Il détacha la coque, la jeta sous ses pieds dans la paille et se mit à mordre à

notes

1. **bésigue** : jeu nécessitant trente-deux cartes par joueur.

2. ***oremus*** : verbe latin employé à la messe pour inviter les fidèles à prier ; il désigne aussi, familièrement, les prières elles-mêmes.

même les œufs, faisant tomber sur sa vaste barbe des parcelles de jaune clair qui semblaient, là-dedans, des étoiles.

Boule de suif, dans la hâte et l'effarement de son lever, n'avait pu songer à rien ; et elle regardait, exaspérée, suffoquant de rage, tous ces gens qui mangeaient placidement. Une colère tumultueuse la crispa d'abord, et elle ouvrit la bouche pour leur crier leur fait avec un flot d'injures qui lui montait aux lèvres ; mais elle ne pouvait pas parler tant l'exaspération l'étranglait.

Personne ne la regardait, ne songeait à elle. Elle se sentait noyée dans le mépris de ces gredins[1] honnêtes qui l'avaient sacrifiée d'abord, rejetée ensuite, comme une chose malpropre et inutile. Alors elle songea à son grand panier tout plein de bonnes choses qu'ils avaient goulûment dévorées, à ses deux poulets luisants de gelée, à ses pâtés, à ses poires, à ses quatre bouteilles de bordeaux ; et sa fureur tombant soudain, comme une corde trop tendue qui casse, elle se sentit prête à pleurer. Elle fit des efforts terribles, se raidit, avala ses sanglots comme les enfants, mais les pleurs montaient, luisaient au bord de ses paupières, et bientôt deux grosses larmes se détachant des yeux roulèrent lentement sur ses joues. D'autres les suivirent plus rapides, coulant comme les gouttes d'eau qui filtrent d'une roche, et tombant régulièrement sur la courbe rebondie de sa poitrine. Elle restait droite, le regard fixe, la face rigide et pâle, espérant qu'on ne la verrait pas.

Mais la comtesse s'en aperçut et prévint son mari d'un signe. Il haussa les épaules comme pour dire : « Que voulez-vous, ce n'est pas ma faute. » Mme Loiseau eut un rire muet de triomphe et murmura : – « Elle pleure sa honte. »

Les deux bonnes sœurs s'étaient remises à prier après avoir roulé dans un papier le reste de leur saucisson.

Alors Cornudet, qui digérait ses œufs, étendit ses longues jambes sous la banquette d'en face, se renversa, croisa ses bras,

passage analysé

note

1. **gredins** : bandits, voyous.

sourit comme un homme qui vient de trouver une bonne farce, et se mit à siffloter la *Marseillaise*[1].

Toutes les figures se rembrunirent[2]. Le chant populaire, assurément, ne plaisait point à ses voisins. Ils devinrent nerveux, agacés, et avaient l'air prêts à hurler comme des chiens qui entendent un orgue de Barbarie. Il s'en aperçut, ne s'arrêta plus. Parfois même il fredonnait les paroles :

Amour sacré de la patrie,
Conduis, soutiens, nos bras vengeurs,
Liberté, liberté chérie,
Combats avec les défenseurs !

On fuyait plus vite, la neige étant plus dure ; et jusqu'à Dieppe[3], pendant les longues heures mornes du voyage, à travers les cahots du chemin, par la nuit tombante, puis dans l'obscurité profonde de la voiture, il continua, avec une obstination féroce, son sifflement vengeur et monotone, contraignant les esprits las et exaspérés à suivre le chant d'un bout à l'autre, à se rappeler chaque parole qu'ils appliquaient sur chaque mesure.

Et Boule de suif pleurait toujours ; et parfois un sanglot qu'elle n'avait pu retenir passait, entre deux couplets, dans les ténèbres.

notes

1. **la *Marseillaise*** : chant patriotique, qui aurait été chanté pour la première fois par le groupe de fédérés marseillais, arrivés à Paris lors de l'insurrection de 1792, d'où son nom. Il a été proscrit pendant le Premier Empire. Il devient l'hymne national français en février 1879.

2. **se rembrunirent** : s'assombrirent.

3. **Dieppe** : sur la Manche, à l'embouchure de l'Arques, port de pêche et de commerce.

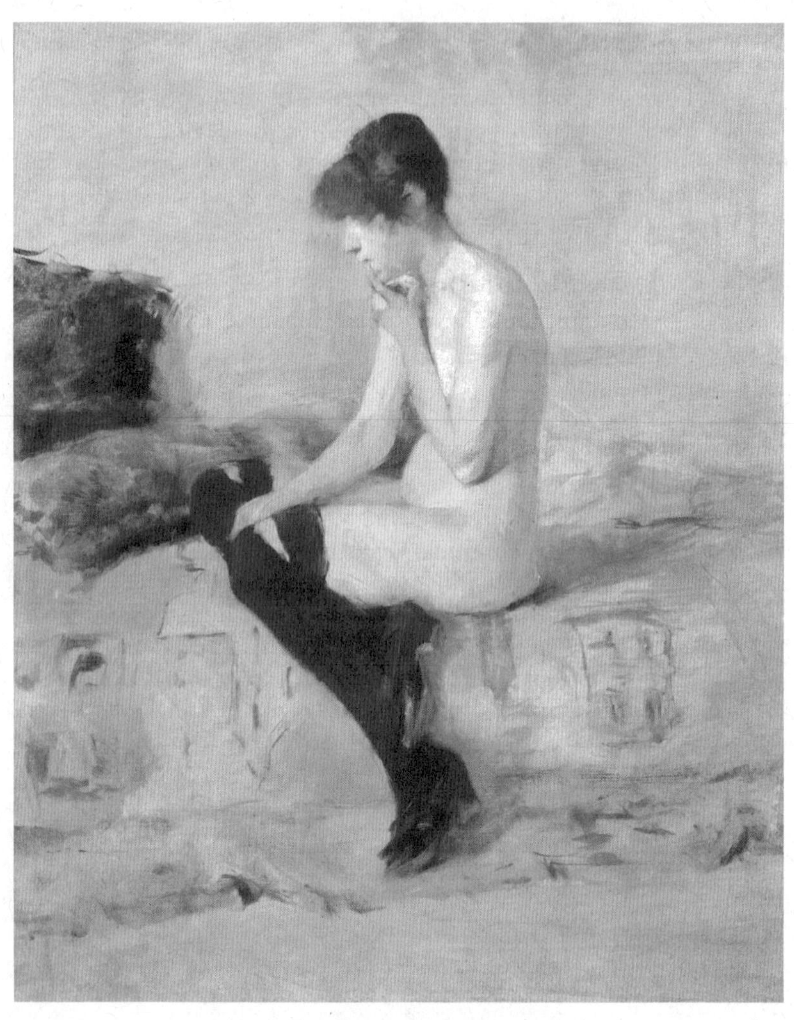

Étude de nu. Femme assise sur un divan,
tableau de Toulouse-Lautrec, 1882.

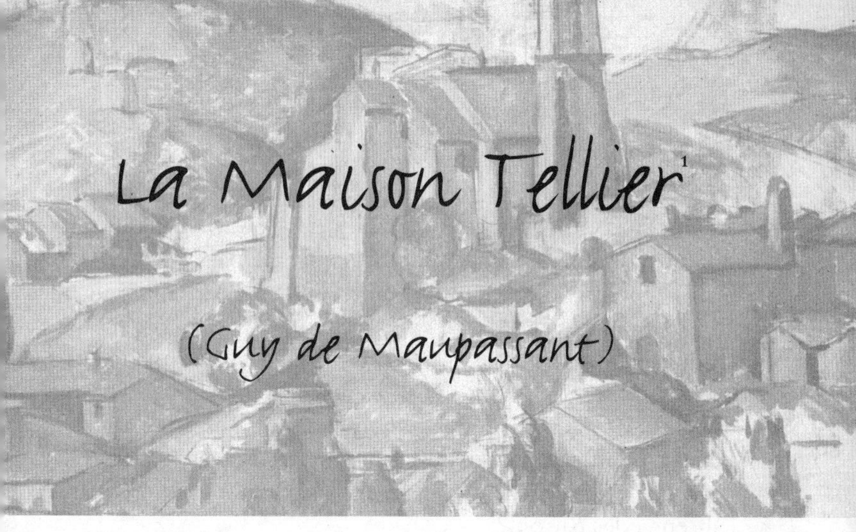

La Maison Tellier[1]

(Guy de Maupassant)

I

On allait là, chaque soir, vers onze heures, comme au café, simplement.

Ils s'y retrouvaient à six ou huit, toujours les mêmes, non pas des noceurs, mais des hommes honorables, des commerçants, des jeunes gens de la ville ; et l'on prenait sa chartreuse en lutinant quelque peu les filles, ou bien on causait sérieusement avec *Madame*, que tout le monde respectait.

Puis on rentrait se coucher avant minuit. Les jeunes gens quelquefois restaient.

La maison était familiale, toute petite, peinte en jaune, à l'encoignure d'une rue derrière l'église Saint-Étienne ; et, par les fenêtres, on apercevait le bassin plein de navires qu'on déchargeait, le grand marais salant appelé « la Retenue » et, derrière, la côte de la Vierge avec sa vieille chapelle toute grise.

note

1. L'histoire de la maison Tellier a été racontée à Guy de Maupassant par un de ses amis rouennais. Cette maison aurait été située sur la rue des Cordeliers, à Rouen.

Madame, issue d'une bonne famille de paysans du département de l'Eure[1], avait accepté cette profession absolument comme elle serait devenue modiste ou lingère. Le préjugé du déshonneur attaché à la prostitution, si violent et si vivace dans les villes, n'existe pas dans la campagne normande. Le paysan dit : – « C'est un bon métier » ; – et il envoie son enfant tenir un harem[2] de filles comme il l'enverrait diriger un pensionnat de demoiselles.

Cette maison, du reste, était venue par héritage d'un vieil oncle qui la possédait. *Monsieur* et *Madame*, autrefois aubergistes près d'Yvetot[3], avaient immédiatement liquidé, jugeant l'affaire de Fécamp[4] plus avantageuse pour eux ; et ils étaient arrivés un beau matin prendre la direction de l'entreprise qui périclitait en l'absence des patrons.

C'étaient de braves gens qui se firent aimer tout de suite de leur personnel et des voisins.

Monsieur mourut d'un coup de sang deux ans plus tard. Sa nouvelle profession l'entretenant dans la mollesse et l'immobilité, il était devenu très gros, et la santé l'avait étouffé.

Madame, depuis son veuvage, était vainement désirée par tous les habitués de l'établissement ; mais on la disait absolument sage, et ses pensionnaires elles-mêmes n'étaient parvenues à rien découvrir.

Elle était grande, charnue, avenante. Son teint, pâli dans l'obscurité de ce logis toujours clos, luisait comme sous un vernis gras. Une mince garniture de cheveux follets, faux et frisés, entourait son front, et lui donnait un aspect juvénile qui jurait avec la maturité de ses formes. Invariablement gaie et la figure

notes

1. **Eure** : département du nord-ouest de la France, région de la Haute-Normandie.
2. **harem** : appartement de femmes chez les peuples musulmans.
3. **Yvetot** : arrondissement de Rouen, dans le pays de Caux. Maupassant a étudié au collège d'Yvetot.
4. **Fécamp** : chef lieu de la Seine-Maritime, arrondissement du Havre, sur la côte du pays de Caux.

ouverte, elle plaisantait volontiers, avec une nuance de retenue que ses occupations nouvelles n'avaient pas encore pu lui faire perdre. Les gros mots la choquaient toujours un peu; et quand un garçon mal élevé appelait de son nom propre l'établissement qu'elle dirigeait, elle se fâchait, révoltée. Enfin elle avait l'âme délicate, et bien que traitant ses femmes en amies, elle répétait volontiers qu'elles «n'étaient point du même panier».

Parfois, durant la semaine, elle partait en voiture de louage avec une fraction de sa troupe; et l'on allait folâtrer sur l'herbe au bord de la petite rivière qui coule dans les fonds de Valmont. C'étaient alors des parties de pensionnaires échappées, des courses folles, des jeux enfantins, toute une joie de recluses grisées par le grand air. On mangeait de la charcuterie sur le gazon en buvant du cidre, et l'on rentrait à la nuit tombante avec une fatigue délicieuse, un attendrissement doux; et dans la voiture on embrassait Madame comme une mère très bonne, pleine de mansuétude et de complaisance.

La maison avait deux entrées. À l'encoignure, une sorte de café borgne s'ouvrait, le soir, aux gens du peuple et aux matelots. Deux des personnes chargées du commerce spécial du lieu étaient particulièrement destinées aux besoins de cette partie de la clientèle. Elles servaient, avec l'aide du garçon, nommé Fréderic, un petit blond imberbe et fort comme un bœuf, les chopines de vin et les canettes sur les tables de marbre branlantes, et, les bras jetés au cou des buveurs, assises en travers de leurs jambes, elles poussaient à la consommation.

Les trois autres dames (elles n'étaient que cinq) formaient une sorte d'aristocratie, et demeuraient réservées à la compagnie du premier, à moins pourtant qu'on n'eût besoin d'elles en bas et que le premier fût vide.

Le salon de Jupiter, où se réunissaient les bourgeois de l'endroit, était tapissé de papier bleu et agrémenté d'un grand dessin représentant Léda étendue sous un cygne[1]. On parvenait dans ce lieu au moyen d'un escalier tournant terminé par une porte étroite, humble d'apparence, donnant sur la rue, et au-dessus de laquelle brillait toute la nuit, derrière un treillage, une petite lanterne comme celles qu'on allume encore en certaines villes aux pieds des madones encastrées dans les murs.

Le bâtiment, humide et vieux, sentait légèrement le moisi. Par moments, un souffle d'eau de Cologne passait dans les couloirs, ou bien une porte entr'ouverte en bas faisait éclater dans toute la demeure, comme une explosion de tonnerre, les cris populaciers des hommes attablés au rez-de-chaussée, et mettait sur la figure des messieurs du premier une moue inquiète et dégoûtée.

Madame, familière avec les clients ses amis, ne quittait point le salon, et s'intéressait aux rumeurs de la ville qui lui parvenaient par eux. Sa conversation grave faisait diversion aux propos sans suite des trois femmes ; elle était comme un repos dans le badinage polisson des particuliers ventrus qui se livraient chaque soir à cette débauche honnête et médiocre de boire un verre de liqueur en compagnie de filles publiques.

Les trois dames du premier s'appelaient Fernande, Raphaële et Rosa la Rosse.

Le personnel étant restreint, on avait tâché que chacune d'elles fût comme un échantillon, un résumé de type féminin, afin que tout consommateur pût trouver là, à peu près du moins, la réalisation de son idéal.

Fernande représentait la *belle blonde*, très grande, presque obèse, molle, fille des champs dont les taches de rousseur se refusaient à disparaître, et dont la chevelure filasse, écourtée, claire et sans couleur, pareille à du chanvre peigné, lui couvrait insuffisamment le crâne.

note

1. **Léda étendue sous un cygne :** Léda, princesse légendaire d'Étolie, épouse de Tyndare, roi de Sparte. Zeus s'est métamorphosé en cygne pour la séduire.

Raphaële, une Marseillaise, roulure des ports de mer, jouait le rôle indispensable de la *belle Juive*, maigre, avec des pommettes saillantes plâtrées de rouge. Ses cheveux noirs, lustrés à la moelle de bœuf, formaient des crochets sur ses tempes. Ses yeux eussent paru beaux si le droit n'avait été marqué d'une taie. Son nez arqué tombait sur une mâchoire accentuée où deux dents neuves, en haut, faisaient tache à côté de celles du bas qui avaient pris en vieillissant une teinte foncée comme les bois anciens.

Rosa la Rosse, une petite boule de chair tout en ventre avec des jambes minuscules, chantait du matin au soir, d'une voix éraillée, des couplets alternativement grivois ou sentimentaux, racontait des histoires interminables et insignifiantes, ne cessait de parler que pour manger et de manger que pour parler, remuait toujours, souple comme un écureuil malgré sa graisse et l'exiguïté de ses pattes; et son rire, une cascade de cris aigus, éclatait sans cesse, de-ci, de-là, dans une chambre, au grenier, dans le café, partout, à propos de rien.

Les deux femmes du rez-de-chaussée, Louise, surnommée Cocote[1], et Flora, dite Balançoire parce qu'elle boitait un peu, l'une toujours en *Liberté*[2] avec une ceinture tricolore, l'autre en Espagnole de fantaisie avec des sequins de cuivre qui dansaient dans ses cheveux carotte à chacun de ses pas inégaux, avaient l'air de filles de cuisine habillées pour un carnaval. Pareilles à toutes les femmes du peuple, ni plus laides, ni plus belles, vraies servantes d'auberge, on les désignait dans le port sous le sobriquet des deux Pompes[3].

notes

1. Cocote: jeu de mots avec cocotte, qui veut dire « femme de mœurs légères ».

2. *Liberté*: on fait ici référence à la peinture d'Eugène Delacroix (1831) *La liberté guidant le peuple*. Ce tableau commémore la révolution de juillet 1830. La femme à la poitrine dénudée évoque la victoire et porte le drapeau tricolore français.

3. deux Pompes: jeu de mots ; surnom donné aux filles qui poussent les clients à boire.

Une paix jalouse, mais rarement troublée, régnait entre ces cinq femmes, grâce à la sagesse conciliante de madame et à son intarissable bonne humeur.

L'établissement, unique dans la petite ville, était assidûment fréquenté. Madame avait su lui donner une tenue si comme il faut ; elle se montrait si aimable, si prévenante envers tout le monde ; son bon cœur était si connu, qu'une sorte de considération l'entourait. Les habitués faisaient des frais pour elle, triomphaient quand elle leur témoignait une amitié plus marquée ; et lorsqu'ils se rencontraient dans le jour pour leurs affaires ils se disaient : « À ce soir, où vous savez », comme on se dit : « Au café, n'est-ce pas ? après dîner. »

Enfin la maison Tellier était une ressource, et rarement quelqu'un manquait au rendez-vous quotidien.

Or, un soir, vers la fin du mois de mai, le premier arrivé, M. Poulin, marchand de bois et ancien maire, trouva la porte close. La petite lanterne, derrière son treillage, ne brillait point ; aucun bruit ne sortait du logis, qui semblait mort. Il frappa, doucement d'abord, avec plus de force ensuite ; personne ne répondit. Alors il remonta la rue à petits pas, et, comme il arrivait sur la place du Marché, il rencontra M. Duvert, l'armateur, qui se rendait au même endroit. Ils y retournèrent ensemble sans plus de succès. Mais un grand bruit éclata soudain tout près d'eux, et, ayant tourné la maison, ils aperçurent un rassemblement de matelots anglais et français qui heurtaient à coups de poing les volets fermés du café.

Les deux bourgeois aussitôt s'enfuirent pour n'être pas compromis ; mais un léger « pss't » les arrêta ; c'était M. Tournevau, saleur de poisson, qui, les ayant reconnus, les hélait. Ils lui dirent la chose, dont il fut d'autant plus affecté que lui, marié, père de famille et fort surveillé, ne venait là que le samedi, « *securitatis causa* » disait-il, faisant allusion à une mesure de police sanitaire dont le docteur Borde[1], son ami, lui avait révélé les périodiques retours. C'était justement son soir et il allait se trouver ainsi privé pour toute la semaine.

Les trois hommes firent un grand crochet jusqu'au quai, trouvèrent en route le jeune M. Philippe, fils du banquier, un habitué, et M. Pimpesse, le percepteur. Tous ensemble revinrent alors par la rue « aux Juifs » pour essayer une dernière tentative. Mais les matelots exaspérés faisaient le siège de la maison, jetaient des pierres, hurlaient ; et les cinq clients du premier étage, rebroussant chemin le plus vite possible, se mirent à errer par les rues.

Ils rencontrèrent encore M. Dupuis, l'agent d'assurances, puis M. Vasse, le juge au tribunal de commerce ; et une longue promenade commença qui les conduisit à la jetée d'abord. Ils s'assirent en ligne sur le parapet de granit et regardèrent moutonner les flots. L'écume sur la crête des vagues faisait dans l'ombre des blancheurs lumineuses, éteintes presque aussitôt qu'apparues, et le bruit monotone de la mer brisant contre les rochers se prolongeait dans la nuit tout le long de la falaise. Lorsque les tristes promeneurs furent restés là quelque temps, M. Tournevau déclara : – « Ça n'est pas gai. » – « Non certes », – reprit M, Pimpesse ; et ils repartirent à petits pas.

Après avoir longé la rue que domine la côte et qu'on appelle : « Sous-le-bois[2] », ils revinrent par le pont de planches sur la Retenue, passèrent près du chemin de fer et débouchèrent de nouveau place du Marché, où une querelle commença tout à coup entre le percepteur, M. Pimpesse, et le saleur, M. Tournevau, à propos d'un champignon comestible que l'un d'eux affirmait avoir trouvé dans les environs.

notes

1. Les filles des maisons closes subissaient à l'époque des visites médicales périodiques.

2. **Sous-le-Bois** : rue où se trouve la maison de la mère de Guy de Maupassant et où est né l'écrivain. Le nom de cette rue est actuellement « Quai Guy-de-Maupassant ».

Les esprits étant aigris par l'ennui, on en serait peut-être venu aux voies de fait si les autres ne s'étaient interposés. M. Pimpesse, furieux, se retira ; et aussitôt une nouvelle altercation s'éleva entre l'ancien maire, M. Poulin, et l'agent d'assurances, M. Dupuis, au sujet des appointements du percepteur et des bénéfices qu'il pouvait se créer. Les propos injurieux pleuvaient des deux côtés, quand une tempête de cris formidables se déchaîna, et la troupe des matelots, fatigués d'attendre en vain devant une maison fermée, déboucha sur la place. Ils se tenaient par le bras, deux par deux, formant une longue procession, et ils vociféraient furieusement. Le groupe des bourgeois se dissimula sous une porte, et la horde hurlante disparut dans la direction de l'abbaye. Longtemps encore on entendit la clameur qui diminuait comme un orage qui s'éloigne, et le silence se rétablit.

M. Poulin et M. Dupuis, enragés l'un contre l'autre, partirent, chacun de son côté, sans se saluer.

Les quatre autres se remirent en marche, et redescendirent instinctivement vers l'établissement Tellier. Il était toujours clos, muet, impénétrable. Un ivrogne tranquille et obstiné, tapait des petits coups dans la devanture du café, puis s'arrêtait pour appeler à mi-voix le garçon Fréderic. Voyant qu'on ne lui répondait point, il prit le parti de s'asseoir sur la marche de la porte, et d'attendre les événements.

Les bourgeois allaient se retirer quand la bande tumultueuse des hommes du port reparut au bout de la rue. Les matelots français braillaient la *Marseillaise*[1], les anglais le *Rule Britannia*[2]. Il y eut un ruement général contre les murs, puis le flot de brutes reprit son cours vers le quai, où une bataille éclata entre les marins

notes

1. la ***Marseillaise*** : chant patriotique, qui aurait été chanté pour la première fois par le groupe de fédérés marseillais, arrivés à Paris lors de l'insurrection de 1792, d'où son nom. Il devient l'hymne national français en février 1879.

2. ***Rule Britannia*** : hymne assez populaire chez les Anglais.

des deux nations. Dans la rixe, un Anglais eut le bras cassé, et un Français le nez fendu.

L'ivrogne, qui était resté devant la porte, pleurait maintenant comme pleurent les pochards ou les enfants contrariés.

Les bourgeois, enfin, se dispersèrent.

Peu à peu le calme revint sur la cité troublée. De place en place, encore par instants, un bruit de voix s'élevait, puis s'éteignait dans le lointain.

Seul, un homme errait toujours, M. Tournevau, le saleur, désolé d'attendre au prochain samedi ; et il espérait on ne sait quel hasard, ne comprenant pas, s'exaspérant que la police laissât fermer ainsi un établissement d'utilité publique qu'elle surveille et tient sous sa garde.

Il y retourna, flairant les murs, cherchant la raison ; et il s'aperçut que sur l'auvent une pancarte était collée. Il alluma bien vite une allumette-bougie, et lut ces mots tracés d'une grande écriture inégale : « *Fermé pour cause de première communion.* »

Alors il s'éloigna, comprenant bien que c'était fini.

L'ivrogne maintenant dormait, étendu tout de son long en travers de la porte inhospitalière.

Et le lendemain, tous les habitués, l'un après l'autre, trouvèrent moyen de passer dans la rue avec des papiers sous le bras pour se donner une contenance ; et, d'un coup d'œil furtif, chacun lisait l'avertissement mystérieux : « *Fermé pour cause de première communion.* »

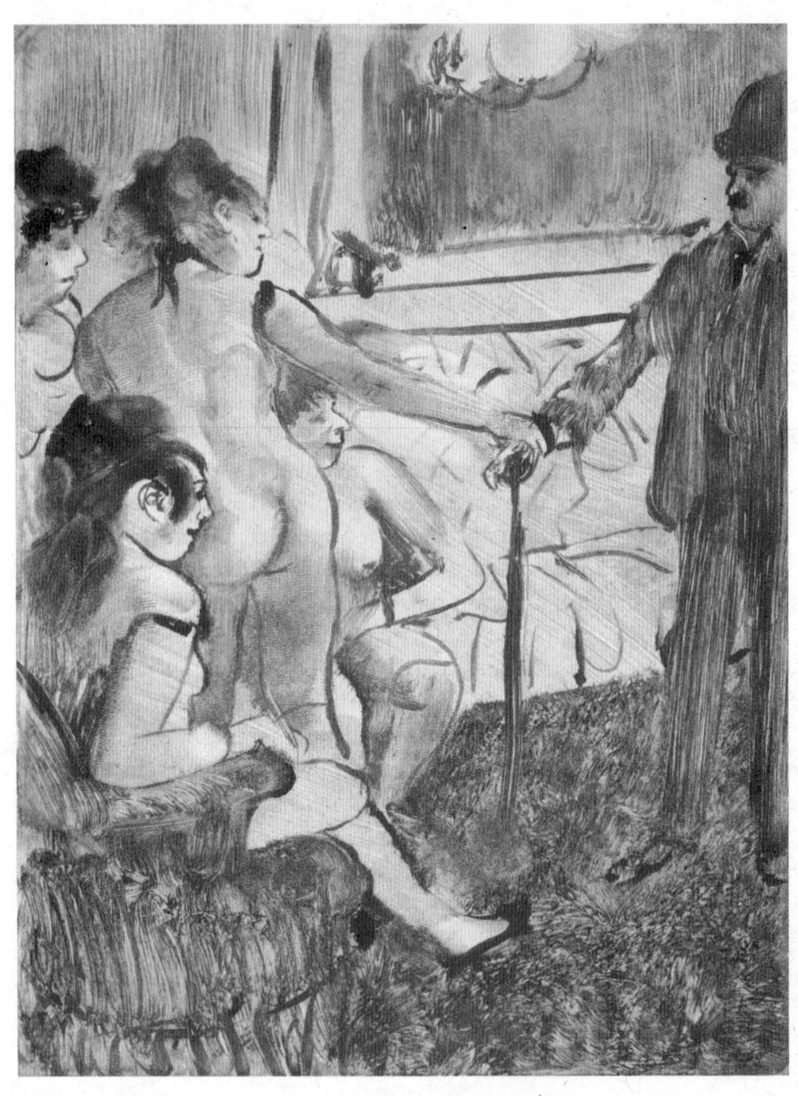

La Maison Tellier, tableau de Edgar Degas, 1890.

II

C'est que Madame avait un frère établi menuisier en leur pays natal, Virville[1], dans l'Eure. Du temps que Madame était encore aubergiste à Yvetot, elle avait tenu sur les fonts baptismaux la fille de ce frère qu'elle nomma Constance, Constance Rivet; étant elle-même une Rivet par son père. Le menuisier, qui savait sa sœur en bonne position, ne la perdait pas de vue, bien qu'ils ne se rencontrassent pas souvent, retenus tous les deux par leurs occupations et habitant du reste loin l'un de l'autre. Mais comme la fillette allait avoir douze ans, et faisait, cette année-là, sa première communion, il saisit cette occasion d'un rapprochement, et il écrivit à sa sœur qu'il comptait sur elle pour la cérémonie. Les vieux parents étaient morts; elle ne pouvait refuser à sa filleule; elle accepta. Son frère, qui s'appelait Joseph, espérait qu'à force de prévenances il arriverait peut-être à obtenir qu'on fît un testament en faveur de la petite, Madame étant sans enfants.

La profession de sa sœur ne gênait nullement ses scrupules, et, du reste, personne dans le pays ne savait rien. On disait seulement en parlant d'elle: «Madame Tellier est une bourgeoise de Fécamp», ce qui laissait supposer qu'elle pouvait vivre de ses rentes. De Fécamp à Virville on comptait au moins vingt lieues; et vingt lieues de terre pour des paysans sont plus difficiles à franchir que l'Océan pour un civilisé. Les gens de Virville n'avaient jamais dépassé Rouen; rien n'attirait ceux de Fécamp dans un petit village de cinq cents feux, perdu au milieu des plaines et faisant partie d'un autre département. Enfin on ne savait rien.

Mais, l'époque de la communion approchant, Madame éprouva un grand embarras. Elle n'avait point de sous-maîtresse, et ne se souciait nullement de laisser sa maison, même pendant un jour. Toutes les rivalités entre les dames d'en haut et celles d'en bas

note

1. **Virville**: cette ville n'existe pas dans l'Eure. L'écrivain a imaginé ce village.

éclateraient infailliblement ; puis Frédéric se griserait sans doute, et, quand il était gris, il assommait les gens pour un oui ou pour un non. Enfin elle se décida à emmener tout son monde, sauf le garçon à qui elle donna sa liberté jusqu'au surlendemain.

Le frère consulté ne fit aucune opposition, et se chargea de loger la compagnie entière pour une nuit. Donc, le samedi matin, le train express de huit heures emportait Madame et ses compagnes dans un wagon de seconde classe[1].

Jusqu'à Beuzeville elles furent seules et jacassèrent comme des pies. Mais à cette gare un couple monta. L'homme, vieux paysan vêtu d'une blouse bleue, avec un col plissé, des manches larges serrées aux poignets et ornées d'une petite broderie blanche, couvert d'un antique chapeau de forme haute dont le poil roussi semblait hérissé, tenait d'une main un immense parapluie vert, et de l'autre un vaste panier qui laissait passer les têtes effarées de trois canards. La femme, raide en sa toilette rustique, avait une physionomie de poule avec un nez pointu comme un bec. Elle s'assit en face de son homme et demeura sans bouger, saisie de se trouver au milieu d'une aussi belle société.

Et c'était, en effet, dans le wagon un éblouissement de couleurs éclatantes. Madame, tout en bleu, en soie bleue des pieds à la tête, portait là-dessus un châle de faux cachemire français, rouge, aveuglant, fulgurant. Fernande soufflait dans une robe écossaise dont le corsage, lacé à toute force par ses compagnes, soulevait sa croulante poitrine en un double dôme toujours agité qui semblait liquide sous l'étoffe.

Raphaële, avec une coiffure emplumée simulant un nid plein d'oiseaux, portait une toilette lilas, pailletée d'or, quelque chose d'oriental qui seyait à sa physionomie de Juive. Rosa la Rosse, en jupe rose à larges volants, avait l'air d'une enfant trop grasse, d'une

note

1. wagon de seconde classe : indique un désir de paraître, car Madame aurait pu choisir la troisième classe.

naine obèse; et les deux Pompes semblaient s'être taillé des accoutrements étranges au milieu de vieux rideaux de fenêtre, ces vieux rideaux à ramages datant de la Restauration[1].

Sitôt qu'elles ne furent plus seules dans le compartiment, ces dames prirent une contenance grave, et se mirent à parler de choses relevées pour donner bonne opinion d'elles. Mais à Bolbec[2] apparut un monsieur à favoris blonds, avec des bagues et une chaîne en or, qui mit dans le filet sur sa tête plusieurs paquets enveloppés de toile cirée. Il avait un air farceur et bon enfant. Il salua, sourit et demanda avec aisance: – « Ces dames changent de garnison? » – Cette question jeta dans le groupe une confusion embarrassée. Madame enfin reprit contenance, et elle répondit sèchement, pour venger l'honneur du corps: – « Vous pourriez bien être poli! » – Il s'excusa: – « Pardon, je voulais dire de monastère. » – Madame ne trouvant rien à répliquer, ou jugeant peut-être la rectification suffisante, fit un salut digne en pinçant les lèvres.

Alors le monsieur, qui se trouvait assis entre Rosa la Rosse et le vieux paysan, se mit à cligner de l'œil aux trois canards dont les têtes sortaient du grand panier; puis, quand il sentit qu'il captivait déjà son public, il commença à chatouiller ces animaux sous le bec, en leur tenant des discours drôles pour dérider la société: – « Nous avons quitté notre petite ma-mare! couen! couen! couen! – pour faire connaissance avec la petite bro-broche, – couen! couen! couen! » Les malheureuses bêtes tournaient le cou afin d'éviter ses caresses, faisaient des efforts affreux pour sortir de leur prison d'osier, puis soudain toutes trois ensemble poussèrent un lamentable cri de détresse: – Couen! couen!

notes

1. **Restauration**: régime politique de la France. Après l'abdication de Napoléon Bonaparte, deux rois se succèdent: Louis XVIII de 1814 à 1824, puis Charles X de 1824 à 1830. La première Restauration a été interrompue par le retour de l'Empereur de l'île d'Elbe (les Cent-Jours).

2. **Bolbec**: arrondissement du Havre, dans le pays de Caux.

couen! couen! –Alors ce fut une explosion de rires parmi les femmes. Elles se penchaient, elles se poussaient pour voir; on s'intéressait follement aux canards; et le monsieur redoublait de grâce, d'esprit et d'agaceries.

Rosa s'en mêla, et, se penchant par-dessus les jambes de son voisin, elle embrassa les trois bêtes sur le nez. Aussitôt chaque femme voulut les baiser à son tour; et le monsieur asseyait ces dames sur ses genoux, les faisait sauter, les pinçait; tout à coup il les tutoya.

Les deux paysans, plus affolés encore que leurs volailles, roulaient des yeux de possédés sans oser faire un mouvement, et leurs vieilles figures plissées n'avaient pas un sourire, pas un tressaillement.

Alors le monsieur, qui était commis-voyageur, offrit par farce des bretelles à ces dames, et, s'emparant d'un de ses paquets, il l'ouvrit. C'était une ruse, le paquet contenait des jarretières.

Il y en avait en soie bleue, en soie rose, en soie rouge, en soie violette, en soie mauve, en soie ponceau[1], avec des boucles de métal formées par deux amours enlacés et dorés. Les filles poussèrent des cris de joie, puis examinèrent les échantillons, reprises par la gravité naturelle à toute femme qui tripote un objet de toilette. Elles se consultaient de l'œil ou d'un mot chuchoté, se répondaient de même, et Madame maniait avec envie une paire de jarretières orangées, plus larges, plus imposantes que les autres: de vraies jarretières de patronne.

Le monsieur attendait, nourrissant une idée: – « Allons, mes petites chattes, dit-il, il faut les essayer. » – Ce fut une tempête d'exclamations; et elles serraient leurs jupes entre leurs jambes comme si elles eussent craint des violences. Lui, tranquille, attendait son heure. Il déclara: – « Vous ne voulez pas, je remballe. » Puis, finement: – «J'offrirai une paire, au choix, à celles qui

note

1. **ponceau**: de la couleur rouge vif foncé d'un coquelicot.

feront l'essai. » – Mais elles ne voulaient pas, très dignes, la taille redressée. Les deux Pompes cependant semblaient si malheureuses qu'il leur renouvela la proposition. Flora Balançoire surtout, torturée de désir, hésitait visiblement. Il la pressa : – « Vas-y, ma fille, un peu de courage ; tiens, la paire lilas, elle ira bien avec ta toilette. » Alors elle se décida, et, relevant sa robe, montra une forte jambe de vachère[1], mal serrée en un bas grossier. Le monsieur, se baissant, accrocha la jarretière sous le genou d'abord, puis au-dessus ; et il chatouillait doucement la fille pour lui faire pousser des petits cris avec de brusques tressaillements. Quand il eut fini, il donna la paire lilas et demanda : – « À qui le tour ? » Toutes ensemble s'écrièrent : – « À Moi ! à moi ! » Il commença par Rosa la Rosse qui découvrit une chose informe, toute ronde, sans cheville, un vrai « boudin de jambe » comme disait Raphaële. Fernande fut complimentée par le commis-voyageur qu'enthousiasmèrent ses puissantes colonnes. Les maigres tibias de la belle Juive eurent moins de succès. Louise Cocote, par plaisanterie, coiffa le monsieur de sa jupe ; et Madame fut obligée d'intervenir pour arrêter cette farce inconvenante. Enfin Madame elle-même tendit sa jambe, une belle jambe normande, grasse et musclée ; et le voyageur, surpris et ravi, ôta galamment son chapeau pour saluer ce maître mollet en vrai chevalier français.

Les deux paysans, figés dans l'ahurissement, regardaient de côté, d'un seul œil ; et ils ressemblaient si absolument à des poulets que l'homme aux favoris blonds, en se relevant, leur fit dans le nez « Co-co-ri-co ». Ce qui déchaîna de nouveau un ouragan de gaieté.

Les vieux descendirent à Motteville[2], avec leur panier, leurs canards et leur parapluie ; et l'on entendit la femme dire à son homme en s'éloignant : – « C'est des traînées qui s'en vont encore à ce satané Paris. »

notes

1. **vachère** : personne qui mène paître les vaches et les soigne.

2. **Motteville** : se trouve à trente kilomètres de Rouen.

Le plaisant commis porte-balle descendit lui-même à Rouen, après s'être montré si grossier que Madame se vit obligée de le remettre vertement à sa place. Elle ajouta, comme morale : – « Ça nous apprendra à causer au premier venu. »

À Oissel[1], elles changèrent de train, et trouvèrent à une gare suivante M. Joseph Rivet qui les attendait avec une grande charrette pleine de chaises et attelée d'un cheval blanc.

Le menuisier embrassa poliment toutes ces dames et les aida à monter dans sa carriole. Trois s'assirent sur trois chaises au fond ; Raphaële, Madame et son frère, sur les trois chaises de devant, et Rosa, n'ayant point de siège, se plaça tant bien que mal sur les genoux de la grande Fernande ; puis l'équipage se mit en route. Mais, aussitôt, le trot saccadé du bidet secoua si terriblement la voiture que les chaises commencèrent à danser, jetant les voyageuses en l'air, à droite, à gauche, avec des mouvements de pantins, des grimaces effarées, des cris d'effroi, coupés soudain par une secousse plus forte. Elles se cramponnaient aux côtés du véhicule ; les chapeaux tombaient dans le dos, sur le nez ou vers l'épaule ; et le cheval blanc allait toujours, allongeant la tête et la queue droite, une petite queue de rat sans poil dont il se battait les fesses de temps en temps. Joseph Rivet, un pied tendu sur le brancard, l'autre jambe repliée sous lui, les coudes très élevés, tenait les rênes, et de sa gorge s'échappait à tout instant une sorte de gloussement qui, faisant dresser les oreilles au bidet, accélérait son allure.

Des deux côtés de la route la campagne verte se déroulait. Les colzas[2] en fleur mettaient de place en place une grande nappe jaune ondulante d'où s'élevait une saine et puissante odeur, une odeur pénétrante et douce, portée très loin par le vent. Dans les seigles déjà grands des bluets montraient leurs petites têtes azurées

notes

1. Oissel : commune de la Seine-Maritime, arrondissement de Rouen.

2. colzas : plantes à fleurs jaunes (variété de chou).

que les femmes voulaient cueillir, mais M. Rivet refusa d'arrêter. Puis parfois, un champ tout entier semblait arrosé de sang tant les coquelicots l'avaient envahi. Et au milieu de ces plaines colorées ainsi par les fleurs de la terre, la carriole, qui paraissait porter elle-même un bouquet de fleurs aux teintes plus ardentes, passait au trot du cheval blanc, disparaissait derrière les grands arbres d'une ferme, pour reparaître au bout du feuillage et promener de nouveau à travers les récoltes jaunes et vertes, piquées de rouge ou de bleu, cette éclatante charretée de femmes qui fuyait sous le soleil.

Une heure sonnait quand on arriva devant la porte du menuisier.

Elles étaient brisées de fatigue et pâles de faim, n'ayant rien pris depuis le départ. Mme Rivet se précipita, les fit descendre l'une après l'autre, les embrassant aussitôt qu'elles touchaient terre ; et elle ne se lassait point de bécoter sa belle-sœur, qu'elle désirait accaparer. On mangea dans l'atelier débarrassé des établis pour le dîner du lendemain.

Une bonne omelette que suivit une andouille grillée, arrosée de bon cidre piquant, rendit la gaieté à tout le monde. Rivet, pour trinquer, avait pris un verre, et sa femme servait, faisait la cuisine, apportait les plats, les enlevait, murmurant à l'oreille de chacune : – « En avez-vous à votre désir ? » – Des tas de planches dressées contre les murs et des empilements de copeaux balayés dans les coins répandaient un parfum de bois varlopé[1], une odeur de menuiserie, ce souffle résineux qui pénètre au fond des poumons.

On réclama la petite, mais elle était à l'église, ne devant rentrer que le soir.

La compagnie alors sortit pour faire un tour dans le pays.

C'était un tout petit village que traversait une grand'route. Une dizaine de maisons rangées le long de cette voie unique abritaient

note

1. **bois varlopé** : bois travaillé avec un grand rabot à poignées, qui se manie à deux mains.

les commerçants de l'endroit, le boucher, l'épicier, le menuisier, le cafetier, le savetier et le boulanger. L'église, au bout de cette sorte de rue, était entourée d'un étroit cimetière ; et quatre tilleuls démesurés, plantés devant son portail, l'ombrageaient tout entière. Elle était bâtie en silex taillé, sans style aucun, et coiffée d'un clocher d'ardoises. Après elle la campagne recommençait, coupée çà et là de bouquets d'arbres cachant les fermes.

Rivet, par cérémonie, et bien qu'en vêtement d'ouvrier, avait pris le bras de sa sœur qu'il promenait avec majesté. Sa femme, tout émue par la robe à filets d'or de Raphaële, s'était placée entre elle et Fernande. La boulotte Rosa trottait derrière avec Louise Cocote et Flora Balançoire, qui boitillait, exténuée.

Les habitants venaient aux portes, les enfants arrêtaient leurs jeux, un rideau soulevé laissait entrevoir une tête coiffée d'un bonnet d'indienne ; une vieille à béquille et presque aveugle se signa comme devant une procession ; et chacun suivait longtemps du regard toutes les belles dames de la ville qui étaient venues de si loin pour la première communion de la petite à Joseph Rivet. Une immense considération rejaillissait sur le menuisier.

En passant devant l'église, elles entendirent des chants d'enfants : un cantique crié vers le ciel par des petites voix aiguës ; mais Madame empêcha qu'on entrât, pour ne point troubler ces chérubins.

Après un tour dans la campagne, et l'énumération des principales propriétés, du rendement de la terre et de la production du bétail, Joseph Rivet ramena son troupeau de femmes et l'installa dans son logis.

La place étant fort restreinte, on les avait réparties deux par deux dans les pièces.

Rivet, pour cette fois, dormirait dans l'atelier, sur les copeaux ; sa femme partagerait son lit avec sa belle-sœur, et, dans la chambre à côté, Fernande et Raphaële reposeraient ensemble. Louise et Flora se trouvaient installées dans la cuisine sur un matelas jeté par terre ; et Rosa occupait seule un petit cabinet noir au-dessus de l'escalier, contre l'entrée d'une soupente étroite où coucherait, cette nuit-là, la communiante.

Lorsque rentra la petite fille, ce fut sur elle une pluie de baisers ; toutes les femmes la voulaient caresser, avec ce besoin d'expansion tendre, cette habitude professionnelle de chatteries qui, dans le wagon, les avait fait toutes embrasser les canards. Chacune l'assit sur ses genoux, mania ses fins cheveux blonds, la serra dans ses bras en des élans d'affection véhémente et spontanée. L'enfant bien sage, toute pénétrée de piété, comme fermée par l'absolution, se laissait faire, patiente et recueillie.

La journée ayant été pénible pour tout le monde, on se coucha bien vite après dîner. Ce silence illimité des champs qui semble presque religieux enveloppait le petit village, un silence tranquille, pénétrant, et large jusqu'aux astres. Les filles, accoutumées aux soirées tumultueuses du logis public, se sentaient émues par ce muet repos de la campagne endormie. Elles avaient des frissons sur la peau, non de froid, mais des frissons de solitude venus du cœur inquiet et troublé.

Sitôt qu'elles furent en leur lit, deux par deux, elles s'étreignirent comme pour se défendre contre cet envahissement du calme et profond sommeil de la terre. Mais Rosa la Rosse, seule en son cabinet noir, et peu habituée à dormir les bras vides, se sentit saisie par une émotion vague et pénible. Elle se retournait sur sa couche, ne pouvant obtenir le sommeil, quand elle entendit derrière la cloison de bois contre sa tête, de faibles sanglots comme ceux d'un enfant qui pleure. Effrayée, elle appela faiblement, et une petite voix entrecoupée lui répondit. C'était la fillette qui, couchant toujours dans la chambre de sa mère, avait peur en sa soupente étroite.

Rosa, ravie, se leva, et doucement, pour ne réveiller personne, alla chercher l'enfant. Elle l'amena dans son lit bien chaud, la pressa contre sa poitrine en l'embrassant, la dorlota, l'enveloppa de sa tendresse aux manifestations exagérées, puis, calmée elle-même, s'endormit. Et jusqu'au jour la communiante reposa son front sur le sein nu de la prostituée.

Dès cinq heures, à l'*Angelus*[1], la petite cloche de l'église sonnant à toute volée réveilla ces dames qui dormaient ordinairement leur matinée entière, seul repos des fatigues nocturnes. Les paysans dans le village étaient déjà debout. Les femmes du pays allaient affairées de porte en porte, causant vivement, apportant avec précaution de courtes robes de mousseline empesées comme du carton, ou des cierges démesurés, avec un nœud de soie frangée d'or au milieu, et des découpures de cire indiquant la place de la main. Le soleil déjà haut rayonnait dans un ciel tout bleu qui gardait vers l'horizon une teinte un peu rosée, comme une trace affaiblie de l'aurore. Des familles de poules se promenaient devant leurs maisons; et, de place en place, un coq noir au cou luisant levait sa tête coiffée de pourpre, battait des ailes, et jetait au vent son chant de cuivre que répétaient les autres coqs.

Des carrioles arrivaient des communes voisines, déchargeant au seuil des portes les hautes Normandes en robes sombres, au fichu croisé sur la poitrine et retenu par un bijou d'argent séculaire. Les hommes avaient passé la blouse bleue sur la redingote neuve ou sur le vieil habit de drap vert dont les deux basques passaient.

Quand les chevaux furent à l'écurie, il y eut ainsi tout le long de la grande route une double ligne de guimbardes rustiques, charrettes, cabriolets, tilburys[2], chars à bancs, voitures de toute forme et de tout âge, penchées sur le nez ou bien cul par terre et les brancards au ciel.

La maison du menuisier était pleine d'une activité de ruche. Ces dames, en caraco[3] et en jupon, les cheveux répandus sur le

notes

1. ***Angelus*** : son de la cloche qui annonce la prière de dévotion qui se dit le matin, à midi et le soir.
2. **tilburys** : voitures à cheval, cabriolets à deux places, découverts et légers.
3. **caraco** : corsage de femme, blouse droite et assez ample.

dos, des cheveux maigres et courts qu'on aurait dits ternis et rongés par l'usage, s'occupaient à habiller l'enfant.

La petite, debout sur une table, ne remuait pas, tandis que Mme Tellier dirigeait les mouvements de son bataillon volant. On la débarbouilla, on la peigna, on la coiffa, on la vêtit, et, à l'aide d'une multitude d'épingles, on disposa les plis de la robe, on pinça la taille trop large, on organisa l'élégance de la toilette. Puis, quand ce fut terminé, on fit asseoir la patiente en lui recommandant de ne plus bouger; et la troupe agitée des femmes courut se parer à son tour.

La petite église recommençait à sonner. Son tintement frêle de cloche pauvre montait se perdre à travers le ciel, comme une voix trop faible, vite noyée dans l'immensité bleue.

Les communiants sortaient des portes, allaient vers le bâtiment communal qui contenait les deux écoles et la mairie, et situé tout au bout du pays, tandis que la «maison de Dieu» occupait l'autre bout.

Les parents, en tenue de fête, avec une physionomie gauche et ces mouvements inhabiles des corps toujours courbés sur le travail, suivaient leurs mioches. Les petites filles disparaissaient dans un nuage de tulle neigeux semblable à de la crème fouettée, tandis que les petits hommes, pareils à des embryons de garçons de café, la tête encollée de pommade, marchaient les jambes écartées, pour ne point tacher leur culotte noire.

C'était une gloire pour une famille quand un grand nombre des parents, venus de loin, entouraient l'enfant: aussi le triomphe du menuisier fut-il complet. Le régiment Tellier, patronne en tête, suivait Constance; et le père donnant le bras à sa sœur, la mère marchant à côté de Raphaële, Fernande avec Rosa, et des deux Pompes ensemble, la troupe se déployait majestueusement comme un état-major en grand uniforme.

L'effet dans le village fut foudroyant.

À l'école, les filles se rangèrent sous la cornette de la bonne sœur, les garçons sous le chapeau de l'instituteur, un bel homme qui représentait ; et l'on partit en attaquant un cantique.

Les enfants mâles en tête allongeaient leurs deux files entre les deux rangs de voitures dételées, les filles suivaient dans le même ordre ; et tous les habitants ayant cédé le pas aux dames de la ville par considération, elles arrivaient immédiatement après les petites, prolongeant encore la double ligne de la procession, trois à gauche et trois à droite, avec leurs toilettes éclatantes comme un bouquet de feu d'artifice.

Leur entrée dans l'église affola la population. On se pressait, on se retournait, on se poussait pour les voir. Et des dévotes parlaient presque haut, stupéfaites par le spectacle de ces dames plus chamarrées que les chasubles des chantres[1]. Le maire offrit son banc, le premier banc à droite auprès du chœur, et Mme Tellier y prit place avec sa belle-sœur, Fernande et Raphaële. Rosa la Rosse et les deux Pompes occupèrent le second banc en compagnie du menuisier.

Le chœur de l'église était plein d'enfants à genoux, filles d'un côté, garçons de l'autre, et les longs cierges qu'ils tenaient en main semblaient des lances inclinées en tous sens.

Devant le lutrin, trois hommes debout chantaient d'une voix pleine. Ils prolongeaient indéfiniment les syllabes du latin sonore, éternisant les *Amen* avec des *a-a* indéfinis que le serpent soutenait de sa note monotone poussée sans fin, mugie par l'instrument de cuivre à large gueule. La voix pointue d'un enfant donnait la réplique, et, de temps en temps, un prêtre assis dans une stalle et coiffé d'une barrette carrée se levait, bredouillait quelque chose et s'asseyait de nouveau, tandis que les trois chantres repartaient, l'œil fixé sur le gros livre de plain-chant ouvert devant eux et porté par les ailes déployées d'un aigle de bois monté sur pivot.

note

1. chantres : ceux dont la fonction est de chanter dans les services religieux.

Puis un silence se fit. Toute l'assistance, d'un seul mouvement, se mit à genoux, et l'officiant parut, vieux, vénérable, avec des cheveux blancs, incliné sur le calice qu'il portait de sa main gauche. Devant lui marchaient les deux servants en robe rouge, et, derrière, apparut une foule de chantres à gros souliers qui s'alignèrent des deux côtés du chœur.

Une petite clochette tinta au milieu du grand silence. L'office divin commençait. Le prêtre circulait lentement devant le tabernacle d'or, faisait des génuflexions, psalmodiait de sa voix cassée, chevrotante de vieillesse, les prières préparatoires. Aussitôt qu'il s'était tu, tous les chantres et le serpent éclataient d'un seul coup, et des hommes aussi chantaient dans l'église, d'une voix moins forte, plus humble, comme doivent chanter les assistants.

Soudain le *Kyrie Eleison* jaillit vers le ciel, poussé par toutes les poitrines et tous les cœurs. Des grains de poussière et des fragments de bois vermoulu tombèrent même de la voûte ancienne secouée par cette explosion de cris. Le soleil qui frappait sur les ardoises du toit faisait une fournaise de la petite église ; et une grande émotion, une attente anxieuse, les approches de l'ineffable mystère, étreignaient le cœur des enfants, serraient la gorge de leurs mères.

Le prêtre, qui s'était assis quelque temps, remonta vers l'autel, et, tête nue, couvert de ses cheveux d'argent, avec des gestes tremblants, il approchait de l'acte surnaturel.

Il se tourna vers les fidèles, et, les mains tendues vers eux, prononça : « *Orate, fratres* », « priez, mes frères ». Ils priaient tous. Le vieux curé balbutiait maintenant tout bas les paroles mystérieuses et suprêmes ; la clochette tintait coup sur coup ; la foule prosternée appelait Dieu ; les enfants défaillaient d'une anxiété démesurée.

C'est alors que Rosa, le front dans ses mains, se rappela tout à coup sa mère, l'église de son village, sa première communion. Elle se crut revenue à ce jour-là, quand elle était si petite, toute noyée en sa robe blanche ; et elle se mit à pleurer. Elle pleura doucement d'abord : les larmes lentes sortaient de ses paupières, puis, avec ses souvenirs, son émotion grandit, et, le cou gonflé, la poitrine battante, elle sanglota. Elle avait tiré son mouchoir, s'essuyait les yeux, se tamponnait le nez et la bouche pour ne point crier : ce fut en vain ; une espèce de râle sortit de sa gorge, et deux autres soupirs profonds, déchirants, lui répondirent ; car ses deux voisines, abattues près d'elle, Louise et Flora, étreintes des mêmes souvenances lointaines, gémissaient aussi avec des torrents de larmes.

Mais comme les larmes sont contagieuses, Madame à son tour sentit bientôt ses paupières humides, et, se tournant vers sa belle-sœur, elle vit que tout son banc pleurait aussi.

Le prêtre engendrait le corps de Dieu. Les enfants n'avaient plus de pensée, jetés sur les dalles par une dévotion brûlante ; et, dans l'église, de place en place, une femme, une mère, une sœur, saisie par l'étrange sympathie des émotions poignantes, bouleversée aussi par ces belles dames à genoux que secouaient des frissons et des hoquets, trempait son mouchoir d'indienne à carreaux et, de la main gauche, pressait violemment son cœur bondissant.

Comme la flammèche qui jette le feu à travers un champ mûr, les larmes de Rosa et de ses compagnes gagnèrent en un instant toute la foule. Hommes, femmes, vieillards, jeunes gars en blouse neuve, tous bientôt sanglotèrent, et sur leur tête semblait planer quelque chose de surhumain, une âme épandue, le souffle prodigieux d'un être invisible et tout-puissant.

Alors, dans le chœur de l'église, un petit coup sec retentit : la bonne sœur, en frappant sur son livre, donnait le signal de la communion ; et les enfants, grelottant d'une fièvre divine, s'approchèrent de la table sainte.

Toute une file s'agenouillait. Le vieux curé, tenant en main le ciboire d'argent doré, passait devant eux, leur offrant, entre deux doigts, l'hostie sacrée, le corps du Christ, la rédemption du monde. Ils ouvraient la bouche avec des spasmes, des grimaces nerveuses, les yeux fermés, la face toute pâle; et la longue nappe étendue sous leurs mentons frémissait comme de l'eau qui coule.

Soudain dans l'église une sorte de folie courut, une rumeur de foule en délire, une tempête de sanglots avec des cris étouffés. Cela passa comme ces coups de vent qui courbent les forêts; et le prêtre restait debout, immobile, une hostie à la main, paralysé par l'émotion, se disant: « C'est Dieu, c'est Dieu qui est parmi nous, qui manifeste sa présence, qui descend à ma voix sur son peuple agenouillé. » Et il balbutiait des prières affolées, sans trouver les mots, des prières de l'âme, dans un élan furieux vers le ciel.

Il acheva de donner la communion avec une telle surexcitation de foi que ses jambes défaillaient sous lui, et quand lui-même eut bu le sang de son Seigneur, il s'abîma dans un acte de remerciement éperdu.

Derrière lui le peuple peu à peu se calmait. Les chantres, relevés dans la dignité du surplis blanc, repartaient d'une voix moins sûre, encore mouillée; et le serpent aussi semblait enroué comme si l'instrument lui-même eût pleuré.

Alors, le prêtre, levant les mains, leur fit signe de se taire, et passant entre les deux haies de communiants perdus en des extases de bonheur, il s'approcha jusqu'à la grille du chœur.

L'assemblée s'était assise au milieu d'un bruit de chaises, et tout le monde à présent se mouchait avec force. Dès qu'on aperçut le curé, on fit silence, et il commença à parler d'un ton très bas, hésitant, voilé. – « Mes chers frères, mes chères sœurs, mes enfants, je vous remercie du fond du cœur: vous venez de me donner la plus grande joie de ma vie. J'ai senti Dieu qui descendait sur nous à mon appel. Il est venu, il était là, présent, qui emplissait vos âmes, faisait déborder vos yeux. Je suis le plus vieux prêtre du diocèse, j'en suis aussi, aujourd'hui, le plus heureux. Un miracle s'est fait parmi nous, un vrai, un grand, un sublime miracle. Pendant que Jésus-Christ pénétrait pour la première fois dans le corps de ces petits, le Saint-Esprit, l'oiseau céleste, le souffle de Dieu, s'est abattu sur vous, s'est emparé de vous, vous a saisis, courbés comme des roseaux sous la brise. »

Puis, d'une voix plus claire, se tournant vers les deux bancs où se trouvaient les invitées du menuisier : – « Merci surtout à vous, mes chères sœurs, qui êtes venues de si loin, et dont la présence parmi nous, dont la foi visible, dont la piété si vive ont été pour tous un salutaire exemple. Vous êtes l'édification de ma paroisse ; votre émotion a échauffé les cœurs ; sans vous, peut-être, ce grand jour n'aurait pas eu ce caractère vraiment divin. Il suffit parfois d'une seule brebis d'élite pour décider le Seigneur à descendre sur le troupeau. »

La voix lui manquait. Il ajouta : « C'est la grâce que je vous souhaite. Ainsi soit-il. » Et il remonta vers l'autel pour terminer l'office.

passage analysé

Maintenant on avait hâte de partir. Les enfants eux-mêmes s'agitaient, las d'une si longue tension d'esprit. Ils avaient faim d'ailleurs, et les parents peu à peu s'en allaient, sans attendre le dernier évangile, pour terminer les apprêts du repas.

Ce fut une cohue à la sortie, une cohue bruyante, un charivari de voix criardes où chantait l'accent normand. La population formait deux haies, et lorsque parurent les enfants, chaque famille se précipita sur le sien.

Constance se trouva saisie, entourée, embrassée par toute la maisonnée de femmes. Rosa surtout ne se lassait pas de l'étreindre. Enfin elle lui prit une main, Mme Tellier s'empara de l'autre ; Raphaële et Fernande relevèrent sa longue jupe de mousseline pour qu'elle ne trainât point dans la poussière ; Louise et Flora fermaient la marche avec Mme Rivet ; et l'enfant, recueillie, toute pénétrée par le Dieu qu'elle portait en elle, se mit en route au milieu de cette escorte d'honneur.

Le festin était servi dans l'atelier sur de longues planches portées par des traverses.

La porte ouverte, donnant sur la rue, laissait entrer toute la joie du village. On se régalait partout. Par chaque fenêtre on apercevait des tablées de monde endimanché, et des cris sortaient des maisons en goguette. Les paysans, en bras de chemise, buvaient du cidre pur à plein verre, et au milieu de chaque compagnie on apercevait deux enfants, ici deux filles, là deux garçons, dînant dans l'une des deux familles.

Quelquefois, sous la lourde chaleur de midi, un char à bancs traversait le pays au trot sautillant d'un vieux bidet, et l'homme en blouse qui conduisait jetait un regard d'envie sur toute cette ripaille étalée.

Dans la demeure du menuisier la gaieté gardait un certain air de réserve, un reste de l'émotion du matin. Rivet seul était en train et buvait outre mesure. Mme Tellier regardait l'heure à tout moment, car pour ne point chômer deux jours de suite on devait reprendre le train de 3 h 55 qui les mettrait à Fécamp vers le soir.

Le menuisier faisait tous ses efforts pour détourner l'attention et garder son monde jusqu'au lendemain ; mais Madame ne se laissait point distraire ; et elle ne plaisantait jamais quand il s'agissait des affaires.

Aussitôt que le café fut pris, elle ordonna à ses pensionnaires de se préparer bien vite ; puis se tournant vers son frère : – « Toi, tu vas atteler tout de suite » ; et elle-même alla terminer ses derniers préparatifs.

Quand elle redescendit, sa belle-sœur l'attendait pour lui parler de la petite ; et une longue conversation eut lieu où rien ne fut résolu. La paysanne finassait, faussement attendrie, et Mme Tellier, qui tenait l'enfant sur ses genoux, ne s'engageait à rien, promettait vaguement : on s'occuperait d'elle, on avait du temps, on se reverrait d'ailleurs.

Cependant la voiture n'arrivait point, et les femmes ne descendaient pas. On entendait même en haut de grands rires, des bousculades, des poussées de cris, des battements de mains. Alors,

passage analysé

tandis que l'épouse du menuisier se rendait à l'écurie pour voir si l'équipage était prêt, Madame, à la fin, monta.

Rivet, très pochard et à moitié dévêtu, essayait, mais en vain, de violenter Rosa qui défaillait de rire. Les deux Pompes le retenaient par les bras, et tentaient de le calmer, choquées de cette scène après la cérémonie du matin ; mais Raphaële et Fernande l'excitaient, tordues de gaieté, se tenant les côtes ; et elles jetaient des cris aigus à chacun des efforts inutiles de l'ivrogne. L'homme furieux, la face rouge, tout débraillé, secouant en des efforts violents les deux femmes cramponnées à lui, tirait de toutes ses forces sur la jupe de Rosa en bredouillant : – « Salope, tu ne veux pas ? » – Mais Madame, indignée, s'élança, saisit son frère par les épaules, et le jeta dehors si violemment qu'il alla frapper contre le mur.

Une minute plus tard, on l'entendait dans la cour qui se pompait de l'eau sur la tête ; et quand il reparut dans sa carriole, il était déjà tout apaisé.

On se remit en route comme la veille, et le petit cheval blanc repartit de son allure vive et dansante.

Sous le soleil ardent, la joie assoupie pendant le repas se dégageait. Les filles s'amusaient maintenant des cahots de la guimbarde, poussaient même les chaises des voisines, éclataient de rire à tout instant, mises en train d'ailleurs par les vaines tentatives de Rivet.

Une lumière folle emplissait les champs, une lumière miroitant aux yeux ; et les roues soulevaient deux sillons de poussière qui voltigeaient longtemps derrière la voiture sur la grand'route.

Tout à coup Fernande, qui aimait la musique, supplia Rosa de chanter ; et celle-ci entama gaillardement le *Gros Curé de Meudon*. Mais Madame tout de suite la fit taire, trouvant cette chanson peu convenable en ce jour. Elle ajouta : – « Chante-nous plutôt quelque chose de Béranger[1]. » – Alors Rosa, après avoir hésité

note

1. **Béranger (Pierre Jean de) :** poète et chansonnier français, très populaire, que Guy de Maupassant n'appréciait pas.

quelques secondes, fixa son choix, et de sa voix usée commença la *Grand'mère*:

Ma grand'mère, un soir à sa fête,
De vin pur ayant bu deux doigts,
Nous disait, en branlant la tête:
Que d'amoureux j'eus autrefois!
Combien je regrette
Mon bras si dodu,
Ma jambe bien faite,
Et le temps perdu!

Et le chœur des filles, que Madame elle-même conduisait, reprit:

Combien je regrette
Mon bras si dodu,
Ma jambe bien faite,
Et le temps perdu!

Ça, c'est tapé! déclara Rivet, allumé par la cadence; et Rosa aussitôt continua:

Quoi, maman, vous n'étiez pas sage?
– Non vraiment! et de mes appas,
Seule, à quinze ans, j'appris l'usage,
Car, la nuit, je ne dormais pas.

Tous ensemble hurlèrent le refrain; et Rivet tapait du pied sur son brancard, battait la mesure avec les rênes sur le dos du bidet blanc qui, comme s'il eût été lui-même enlevé par l'entrain du rythme, prit le galop, un galop de tempête, précipitant ces dames en tas les unes sur les autres dans le fond de la voiture.

Elles se relevèrent en riant comme des folles. Et la chanson continua, braillée à tue-tête à travers la campagne, sous le ciel brûlant, au milieu des récoltes mûrissantes, au train enragé du petit cheval qui s'emballait maintenant à tous les retours du refrain, et piquait chaque fois ses cent mètres de galop, à la grande joie des voyageurs.

De place en place, quelque casseur de cailloux se redressait, et regardait à travers son loup[1] de fil de fer cette carriole enragée et hurlante emportée dans la poussière.

Quand on descendit devant la gare, le menuisier s'attendrit: – « C'est dommage que vous partiez, on aurait bien rigolé. »

Madame lui répondit sensément: – « Toute chose a son temps, on ne peut pas s'amuser toujours. » – Alors une idée illumina l'esprit de Rivet: – « Tiens, dit-il, j'irai vous voir à Fécamp le mois prochain. » – Et il regarda Rosa d'un air rusé, avec un œil brillant et polisson. – « Allons, conclut Madame, il faut être sage ; tu viendras si tu veux, mais tu ne feras point de bêtises. »

Il ne répondit pas, et comme on entendait siffler le train, il se mit immédiatement à embrasser tout le monde. Quand ce fut au tour de Rosa, il s'acharna à trouver sa bouche que celle-ci, riant derrière ses lèvres fermées, lui dérobait chaque fois par un rapide mouvement de côté. Il la tenait en ses bras, mais il n'en pouvait venir à bout, gêné par son grand fouet qu'il avait gardé à sa main et que, dans ses efforts, il agitait désespérément derrière le dos de la fille.

– Les voyageurs pour Rouen, en voiture ! cria l'employé. Elles montèrent.

Un mince coup de sifflet partit, répété tout de suite par le sifflement puissant de la machine qui cracha bruyamment son premier jet de vapeur pendant que les roues commençaient à tourner un peu avec un effort visible.

note

1. **loup**: demi-masque de protection.

Rivet, quittant l'intérieur de la gare, courut à la barrière pour voir encore une fois Rosa; et comme le wagon plein de cette marchandise humaine passait devant lui, il se mit à faire claquer son fouet en sautant et chantant de toutes ses forces:

Combien je regrette
Mon bras si dodu,
Ma jambe bien faite
Et le temps perdu!

Puis il regarda s'éloigner un mouchoir blanc qu'on agitait.

III

Elles dormirent jusqu'à l'arrivée du sommeil paisible des consciences satisfaites; et quand elles rentrèrent au logis, rafraîchies, reposées pour la besogne de chaque soir, Madame ne put s'empêcher de dire: « C'est égal, il m'ennuyait déjà de la maison. »

On soupa vite, puis, quand on eut repris le costume de combat, on attendit les clients habituels; et la petite lanterne allumée, la petite lanterne de madone, indiquait aux passants que dans la bergerie le troupeau était revenu.

En un clin d'œil la nouvelle se répandit, on ne sait comment, on ne sait par qui. M. Philippe, le fils du banquier, poussa même la complaisance jusqu'à prévenir par un exprès M. Tournevau, emprisonné dans sa famille.

Le saleur avait justement chaque dimanche plusieurs cousins à dîner, et l'on prenait le café quand un homme se présenta avec une lettre à la main. M. Tournevau, très ému, rompit l'enveloppe et devint pâle: il n'y avait que ces mots tracés au crayon: « *Chargement de morues retrouvé; navire entré au port; bonne affaire pour vous. Venez vite.* »

Il fouilla dans ses poches, donna vingt centimes au porteur, et rougissant soudain jusqu'aux oreilles : « Il faut, dit-il, que je sorte. » Et il tendit à sa femme le billet laconique et mystérieux. Il sonna, puis, lorsque parut la bonne : – « Mon pardessus, vite, vite, et mon chapeau. » – À peine dans la rue il se mit à courir en sifflant un air, et le chemin lui parut deux fois plus long tant son impatience était vive.

L'établissement Tellier avait un air de fête. Au rez-de-chaussée les voix tapageuses des hommes du port faisaient un assourdissant vacarme. Louise et Flora ne savaient à qui répondre, buvaient avec l'un, buvaient avec l'autre, méritaient mieux que jamais leur sobriquet des « deux Pompes ». On les appelait partout à la fois ; elles ne pouvaient déjà suffire à la besogne, et la nuit pour elle s'annonçait laborieuse.

Le cénacle[1] du premier fut au complet dès neuf heures. M. Vasse, le juge au tribunal de commerce, le soupirant attitré mais platonique de Madame, causait tout bas avec elle dans un coin ; et ils souriaient tous les deux comme si une entente était près de se faire. M. Poulin, l'ancien maire, tenait Rosa à cheval sur ses jambes ; et elle, nez à nez avec lui, promenait ses mains courtes dans les favoris blancs du bonhomme. Un bout de cuisse nue passait sous la jupe de soie jaune relevée, coupant le drap noir du pantalon, et les bas rouges étaient serrés par une jarretière bleue, cadeau du commis-voyageur.

La grande Fernande, étendue sur le sopha, avait les deux pieds sur le ventre de M. Pimpesse, le percepteur, et le torse sur le gilet du jeune M. Philippe dont elle accrochait le cou de sa main droite, tandis que de la gauche elle tenait une cigarette.

Raphaële semblait en pourparlers avec M. Dupuis, l'agent d'assurances, et elle termina l'entretien par ces mots : – « Oui, mon

note

1. **cénacle** : réunion d'un petit nombre d'hommes.

chéri, ce soir je veux bien. » – Puis, faisant seule un tour de valse rapide à travers le salon : – « Ce soir, tout ce qu'on voudra », cria-t-elle.

La porte s'ouvrit brusquement et M. Tournevau parut. Des cris enthousiastes éclatèrent : – « Vive Tournevau ! » – Et Raphaële, qui pivotait toujours, alla tomber sur son cœur. Il la saisit d'un enlacement formidable, et, sans dire un mot, l'enlevant de terre comme une plume, il traversa le salon, gagna la porte du fond, et disparut dans l'escalier des chambres avec son fardeau vivant, au milieu des applaudissements.

Rosa, qui allumait l'ancien maire, l'embrassant coup sur coup et tirant sur ses deux favoris en même temps pour maintenir droite sa tête, profita de l'exemple : – « Allons, fais comme lui », – dit-elle. Alors le bonhomme se leva, et, rajustant son gilet, suivit la fille en fouillant dans la poche où dormait son argent.

Fernande et Madame restèrent seules avec les quatre hommes, et M. Philippe s'écria : – « Je paye du champagne ; Mme Tellier, envoyez chercher trois bouteilles. » – Alors Fernande l'étreignant lui demanda dans l'oreille : – « Fais-nous danser, dis, tu veux ? » – Il se leva, et, s'asseyant devant l'épinette séculaire endormie en un coin, fit sortir une valse, une valse enrouée, larmoyante, du ventre geignant de la machine. La grande fille enlaça le percepteur, Madame s'abandonna aux bras de M. Vasse ; et les deux couples tournèrent en échangeant des baisers. M. Vasse, qui avait jadis dansé dans le monde, faisait des grâces, et Madame le regardait d'un œil captivé, de cet œil qui répond « oui », un « oui » plus discret et plus délicieux qu'une parole !

Frédéric apporta le champagne. Le premier bouchon partit, et M. Philippe exécuta l'invitation d'un quadrille.

Les quatre danseurs le marchèrent à la façon mondaine, convenablement, dignement, avec des manières, des inclinations et des saluts.

Après quoi l'on se mit à boire. Alors M. Tournevau reparut, satisfait, soulagé, radieux. Il s'écria : – « Je ne sais pas ce qu'a Raphaële, mais elle est parfaite ce soir. » – Puis, comme on lui tendait un verre, il le vida d'un trait en murmurant : – « Bigre, rien que ça de luxe ! »

Sur-le-champ M. Philippe entama une polka[1] vive, et M. Tournevau s'élança avec la belle Juive qu'il tenait en l'air, sans laisser ses pieds toucher terre. M. Pimpesse et M. Vasse étaient repartis d'un nouvel élan. De temps en temps un des couples s'arrêtait près de la cheminée pour lamper une flûte de vin mousseux ; et cette danse menaçait de s'éterniser, quand Rosa entr'ouvrit la porte avec un bougeoir à la main. Elle était en cheveux, en savates, en chemise, tout animée, toute rouge : – « Je veux danser », cria-t-elle. Raphaële demanda : – « Et ton vieux ? » – Rosa s'esclaffa : – « Lui ? il dort déjà, il dort tout de suite. » – Elle saisit M. Dupuis, resté sans emploi sur le divan, et la polka recommença.

Mais les bouteilles étaient vides : – « J'en paye une », déclara M. Tournevau. – « Moi aussi », annonça M. Vasse. – « Moi de même », conclut M. Dupuis. Alors tout le monde applaudit.

Cela s'organisait, devenait un vrai bal. De temps en temps même, Louise et Flora montaient bien vite, faisaient rapidement un tour de valse pendant que leurs clients, en bas, s'impatientaient ; puis elles retournaient en courant à leur café, avec le cœur gonflé de regrets.

À minuit, on dansait encore. Parfois une des filles disparaissait, et quand on la cherchait pour faire un vis-à-vis, on s'apercevait tout à coup qu'un des hommes aussi manquait.

– « D'où venez-vous, donc ? » demanda plaisamment M. Philippe, juste au moment où M. Pimpesse rentrait avec Fernande. – « De

note

1. **polka** : danse d'origine polonaise ou tchèque, à l'allure vive et très rythmée.

voir dormir M. Poulin », répondit le percepteur. Le mot eut un succès énorme ; et tous, à tour de rôle, montaient voir dormir M. Poulin avec l'une ou l'autre des demoiselles, qui se montrèrent, cette nuit-là, d'une complaisance inconcevable. Madame fermait les yeux ; et elle avait dans les coins de longs apartés avec M. Vasse comme pour régler les derniers détails d'une affaire entendue déjà.

Enfin, à une heure, les deux hommes mariés, M. Tournevau et M. Pimpesse, déclarèrent qu'ils se retiraient, et voulurent régler leur compte. On ne compta que le champagne, et, encore, à six francs la bouteille au lieu de dix francs, prix ordinaire. Et comme ils s'étonnaient de cette générosité, Madame, radieuse, leur répondit :

– Ça n'est pas tous les jours fête.

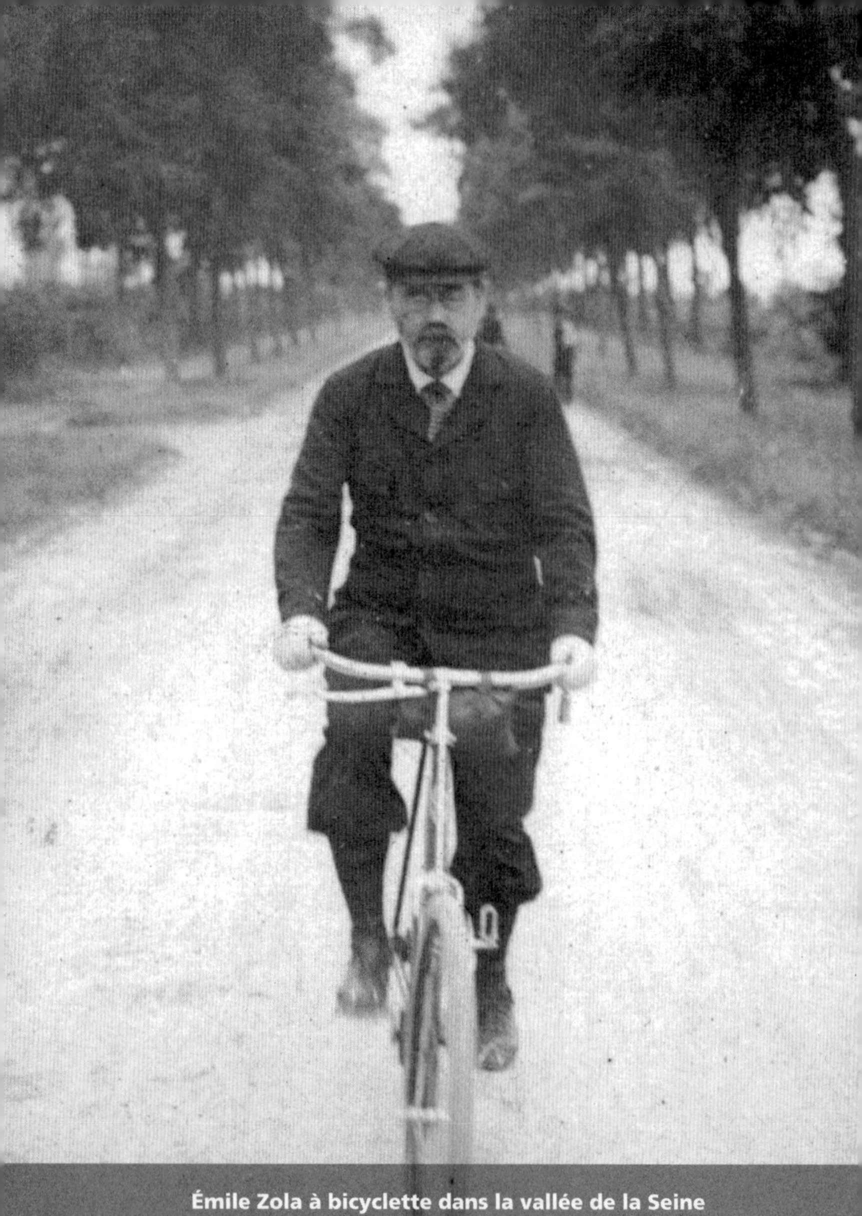

Émile Zola à bicyclette dans la vallée de la Seine près de sa maison à Médan, 1898.

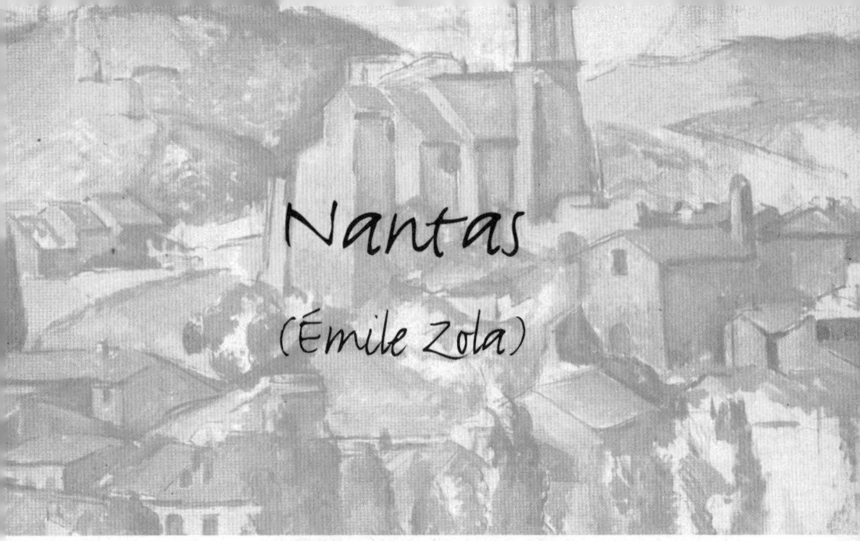

Nantas

(Émile Zola)

I

La chambre que Nantas habitait depuis son arrivée de Marseille se trouvait au dernier étage d'une maison de la rue de Lille, à côté de l'hôtel du baron Danvilliers, membre du Conseil d'État[1]. Cette maison appartenait au baron, qui l'avait fait construire sur d'anciens communs. Nantas, en se penchant, pouvait apercevoir un coin du jardin de l'hôtel, où des arbres superbes jetaient leur ombre. Au-delà, par-dessus les cimes vertes, une échappée s'ouvrait sur Paris, on voyait la trouée de la Seine[2], les Tuileries[3], le Louvre[4], l'enfilade des quais, toute une mer de toitures, jusqu'aux lointains perdus du Père-Lachaise[5].

notes

1. Conseil d'État : grand corps de l'État, consulté pour avis par le gouvernement, notamment sur les projets de loi et les règlements administratifs.
2. Seine : fleuve de France, drainant une partie du bassin parisien.
3.Tuileries (Palais des) : résidence jadis édifiée à Paris sur la rive de la Seine, entre le Louvre et les Champs-Élysées. Il a été démoli en 1882. Les jardins, conçus par Le Nôtre, subsistent.
4. Louvre (Palais du) : résidence royale à Paris. Elle devient un musée en 1791-1793. Actuellement, le palais abrite une des plus riches collections publiques d'œuvres d'art du monde.
5. Père-Lachaise : cimetière de Paris ouvert en 1804 sur l'emplacement d'un ancien domaine du père de La Chaise, confesseur de Louis XIV.

C'était une étroite chambre mansardée[1], avec une fenêtre taillée dans les ardoises. Nantas l'avait simplement meublée d'un lit, d'une table et d'une chaise. Il était descendu là, cherchant le bon marché, décidé à camper tant qu'il n'aurait pas trouvé une situation quelconque. Le papier sali, le plafond noir, la misère et la nudité de ce cabinet où il n'y avait pas de cheminée, ne le blessaient point. Depuis qu'il s'endormait en face du Louvre et des Tuileries, il se comparait à un général qui couche dans quelque misérables auberge, au bord d'une route, devant la ville riche et immense, qu'il doit prendre d'assaut le lendemain.

L'histoire de Nantas était courte. Fils d'un maçon de Marseille[2], il avait commencé ses études au lycée de cette ville, poussé par l'ambitieuse tendresse de sa mère, qui rêvait de faire de lui un monsieur. Les parents s'étaient saignés pour le mener jusqu'au baccalauréat[3]. Puis, la mère étant morte, Nantas dut accepter un petit emploi chez un négociant, où il traîna pendant douze années une vie dont la monotonie l'exaspérait. Il se serait enfui vingt fois, si son devoir de fils ne l'avait cloué à Marseille, près de son père tombé d'un échafaudage et devenu impotent. Maintenant, il devait suffire à tous les besoins. Mais un soir, en rentrant, il trouva le maçon mort, sa pipe encore chaude à côté de lui. Trois jours plus tard, il vendait les quatre nippes du ménage, et partait pour Paris, avec deux cents francs dans sa poche.

Il y avait, chez Nantas, une ambition entêtée de fortune, qu'il tenait de sa mère. C'était un garçon de décision prompte, de volonté froide. Tout jeune, il disait être une force. On avait souvent ri de lui, lorsqu'il s'oubliait à faire des confidences et à répéter sa phrase favorite : « Je suis une force », phrase qui devenait

notes

1. **chambre mansardée :** pièce de comble, en principe sous le toit, avec un mur incliné.

2. **Marseille :** région très peuplée de la France, et principal port de commerce.

3. **baccalauréat :** au Canada, diplôme universitaire de premier cycle. En France, diplôme qui marque la fin des études secondaires.

comique, quand on le voyait avec sa mince redingote noire, craquée aux épaules, et dont les manches lui remontaient au-dessus des poignets. Peu à peu, il s'était ainsi fait une religion de la force, ne voyant qu'elle dans le monde, convaincu que les forts sont quand même les victorieux. Selon lui, il suffisait de vouloir et de pouvoir. Le reste n'avait pas d'importance.

Le dimanche, lorsqu'il se promenait seul dans la banlieue brûlée de Marseille, il se sentait du génie ; au fond de son être, il y avait comme une impulsion instinctive qui le jetait en avant ; et il rentrait manger quelque platée de pommes de terre avec son père infirme, en se disant qu'un jour il saurait bien se tailler sa part, dans cette société où il n'était rien encore à trente ans. Ce n'était point une envie basse, un appétit des jouissances vulgaires ; c'était le sentiment très net d'une intelligence et d'une volonté qui, n'étant pas à leur place, entendaient monter tranquillement à cette place, par un besoin naturel de logique.

Dès qu'il toucha le pavé de Paris, Nantas crut qu'il lui suffirait d'allonger les mains, pour trouver une situation digne de lui. Le jour même, il se mit en campagne. On lui avait donné des lettres de recommandation, qu'il porta à leur adresse ; en outre, il frappa chez quelques compatriotes, espérant leur appui. Mais, au bout d'un mois, il n'avait obtenu aucun résultat : le moment était mauvais, disait-on ; ailleurs, on lui faisait des promesses qu'on ne tenait point. Cependant, sa petite bourse se vidait, il lui restait une vingtaine de francs, au plus. Et ce fut avec ces vingt francs qu'il dut vivre tout un mois encore, ne mangeant que du pain, battant Paris du matin au soir, et revenant se coucher sans lumière, brisé de fatigue, toujours les mains vides. Il ne se décourageait pas ; seulement, une sourde colère montait en lui. La destinée lui semblait illogique et injuste.

Un soir, Nantas rentra sans avoir mangé. La veille, il avait fini son dernier morceau de pain. Plus d'argent et pas un ami pour lui prêter vingt sous. La pluie était tombée toute la journée, une de ces pluies grises de Paris qui sont si froides. Un fleuve de boue coulait dans les rues. Nantas, trempé jusqu'aux os, était allé à Bercy[1], puis à Montmartre[2], où on lui avait indiqué des emplois; mais, à Bercy, la place était prise, et l'on n'avait pas trouvé son écriture assez belle, à Montmartre. C'étaient ses deux dernières espérances. Il aurait accepté n'importe quoi, avec la certitude qu'il taillerait sa fortune dans la première situation venue. Il ne demandait d'abord que du pain, de quoi vivre à Paris, un terrain quelconque pour bâtir ensuite pierre à pierre. De Montmartre à la rue de Lille, il marcha lentement, le cœur noyé d'amertume. La pluie avait cessé, une foule affairée le bousculait sur les trottoirs. Il s'arrêta plusieurs minutes devant la boutique d'un changeur: cinq francs lui auraient peut-être suffi pour être un jour maître de tout ce monde; avec cinq francs on peut vivre huit jours, et en huit jours on fait bien des choses. Comme il rêvait ainsi, une voiture l'éclaboussa, il dut s'essuyer le front qu'un jet de boue avait souffleté. Alors, il marcha plus vite, serrant les dents, pris d'une envie féroce de tomber à coups de poing sur la foule qui barrait les rues: cela l'aurait vengé de la bêtise du destin. Un omnibus faillit l'écraser, rue Richelieu. Au milieu de la place du Carrousel, il jeta aux Tuileries un regard jaloux. Sur le pont des Saints-Pères, une petite fille bien mise l'obligea à s'écarter de son droit chemin, qu'il suivait avec la raideur d'un sanglier traqué par une meute; et ce détour lui parut une suprême humiliation: jusqu'aux enfants qui l'empêchaient de passer! Enfin, quand il se fut réfugié dans sa chambre, ainsi qu'une bête blessée revient mourir au gîte[3], il s'assit lourdement sur sa chaise, assommé,

notes

1. **Bercy**: quartier de Paris où de nombreuses et belles demeures furent élevées à partir du XVIIe siècle.
2. **Montmartre**: haute colline de la partie nord de Paris. La partie culminante de la colline, autour de la basilique du Sacré-Cœur et de la place du Tertre, forme l'un des quartiers les plus pittoresques de Paris.
3. **gîte**: lieu où s'abrite le gibier.

examinant son pantalon que la crotte avait raidi, et ses souliers éculés[1] qui laissaient couler une mare sur le carreau.

Cette fois, c'était bien la fin. Nantas se demandait comment il se tuerait. Son orgueil restait debout, il jugeait que son suicide allait punir Paris. Être une force, sentir en soi une puissance, et ne pas trouver une personne qui vous devine, qui vous donne le premier écu dont vous avez besoin! Cela lui semblait d'une sottise monstrueuse, son être entier se soulevait de colère. Puis c'était en lui un immense regret, lorsque ses regards tombaient sur ses bras inutiles. Aucune besogne pourtant ne lui faisait peur; du bout de son petit doigt, il aurait soulevé un monde; et il demeurait là, rejeté dans son coin, réduit à l'impuissance, se dévorant comme un lion en cage. Mais, bientôt, il se calmait, il trouvait la mort plus grande. On lui avait conté, quand il était petit, l'histoire d'un inventeur qui, ayant construit une merveilleuse machine, la cassa un jour à coups de marteau, devant l'indifférence de la foule. Eh bien! il était cet homme, il apportait en lui une force nouvelle, un mécanisme rare d'intelligence et de volonté, et il allait détruire cette machine, en se brisant le crâne sur le pavé de la rue.

Le soleil se couchait derrière les grands arbres de l'hôtel Danvilliers, un soleil d'automne dont les rayons d'or allumaient les feuilles jaunies. Nantas se leva comme attiré par cet adieu de l'astre. Il allait mourir, il avait besoin de lumière. Un instant, il se pencha. Souvent, entre les masses des feuillages, au détour d'une allée, il avait aperçu une jeune fille blonde, très grande, marchant avec un orgueil princier. Il n'était point romanesque, il avait passé l'âge où les jeunes hommes rêvent, dans les mansardes, que les demoiselles du monde viennent leur apporter de grandes passions et de grandes fortunes. Pourtant, il arriva, à cette heure suprême du suicide, qu'il se rappela tout d'un coup cette belle fille blonde, si hautaine. Comment pouvait-elle se nommer? Mais,

note

1. **souliers éculés**: souliers dont les talons sont usés, déformés.

au même instant, il serra les poings, car il ne se sentait que de la haine pour les gens de cet hôtel dont les fenêtres entr'ouvertes lui laissaient apercevoir des coins de luxe sévère, et il murmura dans un élan de rage :

– Oh ! je me vendrais, je me vendrais, si l'on me donnait les premiers cent sous de ma fortune future !

Cette idée de se vendre l'occupa un moment. S'il y avait eu quelque part un Mont-de-Piété[1] où l'on prêtât sur la volonté et l'énergie, il serait allé s'y engager. Il imaginait des marchés, un homme politique venait l'acheter pour faire de lui un instrument, un banquier le prenait pour user à toute heure de son intelligence ; et il acceptait, ayant le dédain de l'honneur, se disant qu'il suffisait d'être fort et de triompher un jour. Puis, il eut un sourire. Est-ce qu'on trouve à se vendre ? Les coquins, qui guettent les occasions, crèvent de misère, sans mettre jamais la main sur un acheteur. Il craignit d'être lâche, il se dit qu'il inventait là des distractions. Et il s'assit de nouveau, en jurant qu'il se précipiterait de la fenêtre, lorsqu'il ferait nuit noire.

Cependant, sa fatigue était telle, qu'il s'endormit sur sa chaise. Brusquement, il fut réveillé par un bruit de voix. C'était sa concierge qui introduisait chez lui une dame.

– Monsieur, commença-t-elle, je me suis permis de faire monter…

Et, comme elle s'aperçut qu'il n'y avait pas de lumière dans la chambre, elle redescendit vivement chercher une bougie. Elle paraissait connaître la personne qu'elle amenait, à la fois complainte et respectueuse.

– Voilà, reprit-elle en se retirant. Vous pouvez causer, personne ne vous dérangera.

note

1. **Mont-de-Piété** : établissement public où les gens peuvent obtenir un prêt moyennant la mise en gage d'objets mobiliers ou autres.

Nantas, qui s'était éveillé en sursaut, regardait la dame avec surprise. Elle avait levé sa voilette. C'était une personne de quarante-cinq ans, petite, très grasse, d'une figure poupine et blanche de vieille dévote. Il ne l'avait jamais vue. Lorsqu'il lui offrit l'unique chaise, en l'interrogeant du regard, elle se nomma :

– Mademoiselle Chuin… Je viens, monsieur, pour vous entretenir d'une affaire importante.

Lui, avait dû s'asseoir sur le bord du lit. Le nom de mademoiselle Chuin ne lui apprenait rien. Il prit le parti d'attendre qu'elle voulût bien s'expliquer. Mais elle ne se pressait pas ; elle avait fait d'un coup d'œil le tour de l'étroite pièce, et semblait hésiter sur la façon dont elle entamerait l'entretien. Enfin, elle parla, d'une voix très douce, en appuyant d'un sourire les phrase délicates.

– Monsieur, je viens en amie… On m'a donné sur votre compte les renseignements les plus touchants. Certes, ne croyez pas à un espionnage. Il n'y a, dans tout ceci, que le vif désir de vous être utile. Je sais combien la vie vous a été rude jusqu'à présent, avec quel courage vous avez lutté pour trouver une situation, et quel est aujourd'hui le résultat fâcheux de tant d'efforts… Pardonnez-moi une fois encore, monsieur, de m'introduire ainsi dans votre existence. Je vous jure que la sympathie seule…

Nantas ne l'interrompait pas, pris de curiosité, pensant que sa concierge avait dû fournir tous ces détails. Mademoiselle Chuin pouvait continuer, et pourtant elle cherchait de plus en plus des compliments, des façons caressantes de dire les choses.

– Vous êtes un garçon d'un grand avenir, monsieur. Je me suis permis de suivre vos tentatives et j'ai été vivement frappée par votre louable fermeté dans le malheur. Enfin, il me semble que vous iriez loin, si quelqu'un vous tendait la main…

Elle s'arrêta encore. Elle attendait un mot. Le jeune homme crut que cette dame venait lui offrir une place. Il répondit qu'il accepterait tout. Mais elle, maintenant que la glace était rompue, lui demanda carrément :

– Éprouveriez-vous quelque répugnance à vous marier ?

– Me marier ! s'écria Nantas. Eh ! bon Dieu ! qui voudrait de moi, madame ?... Quelque pauvre fille que je ne pourrais seulement pas nourrir.

– Non, une jeune fille très belle, très riche, magnifiquement apparentée, qui vous mettra d'un coup dans la main les moyens d'arriver à la situation la plus haute.

Nantas ne riait plus.

– Alors, quel est le marché ? demanda-t-il, en baissant instinctivement la voix.

– Cette jeune fille est enceinte, et il faut reconnaître l'enfant, dit nettement mademoiselle Chuin, qui oubliait ses tournures onctueuses pour aller plus vite en affaire.

Le premier mouvement de Nantas fut de jeter l'entremetteuse à la porte.

– C'est une infamie que vous me proposez là, murmura-t-il.

– Oh ! une infamie, s'écria mademoiselle Chuin, retrouvant sa voix mielleuse, je n'accepte pas ce vilain mot... La vérité, monsieur, est que sauverez une famille du désespoir. Le père ignore tout, la grossesse n'est encore que peu avancée ; et c'est moi qui ai conçu l'idée de marier le plus tôt possible la pauvre fille, en présentant le mari comme l'auteur de l'enfant. Je connais le père, il en mourrait. Ma combinaison amortira le coup, il croira à une réparation... Le malheur est que le véritable séducteur est marié. Ah ! monsieur, il y a des hommes qui manquent vraiment de sens moral...

Elle aurait pu aller longtemps ainsi. Nantas ne l'écoutait plus. Pourquoi donc refuserait-il ? Ne demandait-il pas à se vendre tout à l'heure ? Eh bien ! on venait l'acheter. Donnant, donnant. Il donnait son nom, on lui donnait une situation. C'était un contrat comme un autre. Il regarda son pantalon crotté[1] par la boue de

note

1. **crotté** : sali par la boue des chemins et des rues.

Paris, il sentit qu'il n'avait pas mangé depuis la veille, toute la colère de ses deux mois de recherches et d'humiliations lui revint au cœur. Enfin! il allait donc mettre le pied sur ce monde qui le repoussait et le jetait au suicide!

– J'accepte, dit-il crûment[1].

Puis, il exigea de mademoiselle Chuin des explications claires. Que voulait-elle pour son entremise? Elle se récria, elle ne voulait rien. Pourtant, elle finit par demander vingt mille francs, sur l'apport que l'on constituerait au jeune homme. Et, comme il ne marchandait pas, elle se montra expansive.

– Écoutez, c'est moi qui ai songé à vous. La jeune personne n'a pas dit non, lorsque je vous ai nommé... Oh! c'est une bonne affaire, vous me remercierez plus tard. J'aurais pu trouver un homme titré, j'en connais un qui m'aurait baisé les mains. Mais j'ai préféré choisir en dehors du monde de cette pauvre enfant. Cela paraîtra plus romanesque... Puis, vous me plaisez. Vous êtes gentil, vous avez la tête solide. Oh! vous irez loin. Ne m'oubliez pas, je suis tout à vous.

Jusque-là, aucun nom n'avait été prononcé. Sur une interrogation de Nantas, la vieille fille se leva et dit en se présentant de nouveau:

– Mademoiselle Chuin... Je suis chez le baron Danvilliers depuis la mort de la baronne, en qualité de gouvernante. C'est moi qui ai élevé mademoiselle Flavie, la fille de monsieur le baron... Mademoiselle Flavie est la jeune personne en question.

Et elle se retira, après avoir discrètement déposé sur la table une enveloppe qui contenait un billet de cinq cents francs. C'était une avance faite par elle, pour subvenir aux premiers frais. Quand il fut seul, Nantas alla se mettre à la fenêtre. La nuit était très noire; on ne distinguait plus que la masse des arbres, à l'épaississement de

notes

1. **crûment**: d'une manière sèche et dure, sans ménagement.

2. **hôtel**: demeure citadine d'un riche particulier.

l'ombre ; une fenêtre luisait sur la façade sombre de l'hôtel[2]. Ainsi, c'était cette grande fille blonde, qui marchait d'un pas de reine et qui ne daignait point l'apercevoir. Elle ou une autre, qu'importait, d'ailleurs ! La femme n'entrait pas dans le marché. Alors, Nantas leva les yeux plus haut, sur Paris grondant dans les ténèbres, sur les quais, les rues, les carrefours de la rive gauche, éclairés des flammes dansantes du gaz ; et il tutoya Paris, il devint familier et supérieur.

– Maintenant, tu es à moi !

II

Le baron Danvilliers était dans le salon qui lui servait de cabinet, une haute pièce sévère, tendue de cuir, garnie de meubles antiques. Depuis l'avant-veille, il restait comme foudroyé par l'histoire que mademoiselle Chuin lui avait contée du déshonneur de Flavie. Elle avait eu beau amener les faits de loin, les adoucir, le vieillard était tombé sous le coup, et, seule, la pensée que le séducteur pouvait offrir une suprême réparation, le tenait debout encore. Ce matin-là, il attendait la visite de cet homme qu'il ne connaissait point et qui lui prenait ainsi sa fille. Il sonna.

– Joseph, il va venir un jeune homme que vous introduirez… Je n'y suis pour personne d'autre.

Et il songeait amèrement, seul au coin de son feu. Le fils d'un maçon, un meurt-de-faim qui n'avait aucune situation avouable ! Mademoiselle Chuin le donnait bien comme un garçon d'avenir, mais que de honte, dans une famille où il n'y avait pas eu une tache jusque-là ! Flavie s'était accusée avec une sorte d'emportement, pour épargner à sa gouvernante le moindre reproche. Depuis cette explication pénible, elle gardait la chambre, le baron avait refusé de la revoir. Il voulait, avant de pardonner, régler lui-même cette abominable affaire. Toutes ses dispositions étaient prises. Mais ses cheveux avaient achevé de blanchir, un tremblement sénile agitait sa tête.

– Monsieur Nantas, annonça Joseph.

Le baron ne se leva pas. Il tourna seulement la tête et regarda fixement Nantas qui s'avançait. Celui-ci avait eu l'intelligence de ne pas céder au désir de s'habiller en neuf; il avait acheté une redingote[1] et un pantalon noir encore propres, mais très râpés; et cela lui donnait l'apparence d'un étudiant pauvre et soigneux, ne sentant en rien l'aventurier. Il s'arrêta au milieu de la pièce, et attendit, debout, sans humilité pourtant.

– C'est donc vous, monsieur, bégaya le vieillard.

Mais il ne put continuer, l'émotion l'étranglait; il craignait de céder à quelque violence. Après un silence, il dit simplement:

– Monsieur vous avez commis une mauvaise action.

Et, comme Nantas allait s'excuser, il répéta avec plus de force:

– Une mauvaise action… Je ne veux rien savoir, je vous prie de ne pas chercher à m'expliquer les choses. Ma fille se serait jetée à votre cou, que votre crime resterait le même… Il n'y a que les voleurs qui s'introduisent ainsi violemment dans les familles.

Nantas avait de nouveau baissé la tête.

– C'est une dot gagnée aisément, c'est un guet-apens où vous étiez certain de prendre la fille et le père…

– Permettez, monsieur, interrompit le jeune homme qui se révoltait.

Mais le baron eut un geste terrible.

– Quoi? que voulez-vous que je permette?... Ce n'est pas à vous de parler ici. Je vous dis ce que je dois vous dire et ce que vous devez entendre, puisque vous venez à moi comme un coupable… Vous m'avez outragé. Voyez cette maison, notre famille y a vécu pendant plus de trois siècles sans une souillure; n'y sentez-vous pas un honneur séculaire, une tradition de dignité et de respect? Eh bien! monsieur, vous avez souffleté tout cela. J'ai failli en

note

1. **redingote**: vêtement d'homme, longue veste croisée à basques.

mourir, et aujourd'hui mes mains tremblent, comme si j'avais brusquement vieilli de dix ans… Taisez-vous et écoutez-moi.

Nantas était devenu très pâle. Il avait accepté là un rôle bien lourd. Pourtant, il voulut prétexter l'aveuglement de la passion.

– J'ai perdu la tête, murmura-t-il en tâchant d'inventer un roman. Je n'ai pu voir mademoiselle Flavie…

Au nom de sa fille, le baron se leva et cria d'une voix de tonnerre :

– Taisez-vous ! Je vous ai dit que je ne voulais rien savoir. Que ma fille soit allée vous chercher, ou que ce soit vous qui soyez venu à elle, cela ne me regarde pas. Je ne lui ai rien demandé, je ne vous demande rien. Gardez tous les deux vos confessions, c'est une ordure où je n'entrerai pas.

Il se rassit, tremblant, épuisé. Nantas s'inclinait, troublé profondément, malgré l'empire qu'il avait sur lui-même. Au bout d'un silence, le vieillard reprit de la voix sèche d'un homme qui traite une affaire :

– Je vous demande pardon, monsieur. Je m'étais promis de garder mon sang-froid. Ce n'est pas vous qui m'appartenez, c'est moi qui vous appartiens, puisque je suis à votre discrétion. Vous êtes ici pour m'offrir une transaction devenue nécessaire. Transigeons, monsieur.

Et il affecta dès lors de parler comme un avoué qui arrange à l'amiable quelque procès honteux, où il ne met les mains qu'avec dégoût. Il disait posément :

– Mademoiselle Flavie Danvilliers a hérité, à la mort de sa mère, d'une somme de deux cent mille francs, qu'elle ne devait toucher que le jour de son mariage. Cette somme a déjà produit des intérêts. Voici, d'ailleurs, mes comptes de tutelle, que je veux vous communiquer.

Il avait ouvert un dossier, il lut des chiffres. Nantas tenta vainement de l'arrêter. Maintenant, une émotion le prenait, en face de ce vieillard, si droit et si simple, qui lui paraissait très grand, depuis qu'il était calme.

– Enfin, conclut celui-ci, je vous reconnais dans le contrat que mon notaire a dressé ce matin, un apport de deux cent mille francs. Je sais que vous n'avez rien. Vous toucherez les deux cent mille francs chez mon banquier, le lendemain du mariage.

– Mais, monsieur, dit Nantas, je ne vous demande pas votre argent, je ne veux que votre fille…

Le baron lui coupa la parole.

– Vous n'avez pas le droit de refuser, et ma fille ne saurait épouser un homme moins riche qu'elle… Je vous donne la dot que je lui destinais, voilà tout. Peut-être aviez-vous compté trouver davantage, mais on me croit plus riche que je ne le suis réellement, monsieur.

Et, comme le jeune homme restait muet sous cette dernière cruauté, le baron termina l'entrevue, en sonnant le domestique.

– Joseph, dites à mademoiselle que je l'attends tout de suite dans mon cabinet.

Il s'était levé, il ne prononça plus un mot, marchant lentement. Nantas demeurait debout et immobile. Il trompait ce vieillard, il se sentait petit et sans force devant lui. Enfin, Flavie entra.

– Ma fille, dit le baron, voici cet homme. Le mariage aura lieu dans le délai légal.

Et il s'en alla, il les laissa seuls, comme si, pour lui, le mariage était conclu. Quand la porte se fut refermée, un silence régna. Nantas et Flavie se regardaient. Ils ne s'étaient point vus encore. Elle lui parut très belle, avec son visage pâle et hautain, dont les grands yeux gris ne se baissaient pas. Peut-être avait-elle pleuré depuis trois jours qu'elle n'avait pas quitté sa chambre ; mais la froideur de ses joues devait avoir glacé ses larmes. Ce fut elle qui parla la première.

– Alors, monsieur, cette affaire est terminée ?

– Oui, madame, répondit simplement Nantas.

Elle eut une moue involontaire, en l'enveloppant d'un long regard, qui semblait chercher en lui sa bassesse.

– Allons, tant mieux, reprit-elle. Je craignais de ne trouver personne pour un tel marché.

Nantas sentit, à sa voix, tout le mépris dont elle l'accablait. Mais il releva la tête. S'il avait tremblé devant le père, en sachant qu'il le trompait, il entendait être solide et carré en face de la fille, qui était sa complice.

– Pardon, madame, dit-il tranquillement, avec une grande politesse, je crois que vous vous méprenez sur la situation que nous fait à tous deux ce que vous venez d'appeler très justement un marché. J'entends que, dès aujourd'hui, nous nous mettions sur un pied d'égalité…

– Ah! vraiment, interrompit Flavie, avec un sourire dédaigneux.

– Oui, sur un pied d'égalité complète… Vous avez besoin d'un nom pour cacher une faute que je ne me permets pas de juger, et je vous donne le mien. De mon côté, j'ai besoin d'une mise de fonds[1], d'une certaine position sociale, pour mener à bien de grandes entreprises, et vous m'apportez ces fonds. Nous sommes dès aujourd'hui deux associés dont les apports se balancent, nous avons seulement à nous remercier pour le service que nous nous rendons mutuellement.

Elle ne souriait plus. Un pli d'orgueil irrité lui barrait le front. Pourtant, elle ne répondit pas. Au bout d'un silence, elle reprit:

– Vous connaissez mes conditions?

– Non, madame, dit Nantas, qui conservait un calme parfait. Veuillez me les dicter et je m'y soumets d'avance.

Alors, elle s'exprima nettement, sans une hésitation ni une rougeur.

– Vous ne serez jamais que mon mari de nom. Nos vies resteront complètement distinctes et séparées. Vous abandonnerez tous vos droits sur moi, et je n'aurai aucun devoir envers vous.

note

1. mise de fonds: investissement de capitaux.

À chaque phrase, Nantas acceptait d'un signe de tête. C'était bien là ce qu'il désirait. Il ajouta:

– Si je croyais devoir être galant, je vous dirais que des conditions si dures me désespèrent. Mais nous sommes au-dessus de compliments aussi fades. Je suis très heureux de vous voir le courage de nos situations respectives. Nous entrons dans la vie par un sentier où l'on ne cueille pas de fleurs… Je ne vous demande qu'une chose, madame, c'est de ne point user de la liberté que je vous laisse, de façon à rendre mon intervention nécessaire.

– Monsieur! dit violemment Flavie, dont l'orgueil se révolta.

Mais il s'inclina respectueusement, en la suppliant de ne point se blesser. Leur position était délicate, ils devaient tous deux tolérer certaines allusions, sans quoi la bonne entente devenait impossible. Il évita d'insister davantage. Mademoiselle Chuin, dans une seconde entrevue, lui avait conté la faute de Flavie. Son séducteur était un certain M. des Fondettes, le mari d'une de ses amies de couvent. Comme elle passait un mois chez eux, à la campagne, elle s'était trouvée un soir entre les bras de cet homme, sans savoir au juste comment cela avait pu se faire et jusqu'à quel point elle était consentante. Mademoiselle Chuin parlait presque d'un viol.

Brusquement, Nantas eut un mouvement amical. Ainsi que tous les gens qui ont conscience de leur force, il aimait à être bonhomme.

– Tenez! madame, s'écria-t-il, nous ne nous connaissons pas; mais nous aurions vraiment tort de nous détester ainsi à première vue. Peut-être sommes-nous faits pour nous entendre… Je vois bien que vous me méprisez; c'est que vous ignorez mon histoire.

Et il parla avec fièvre, se passionnant, disant sa vie dévorée d'ambition, à Marseille, expliquant la rage de ses deux mois de démarches inutiles dans Paris. Puis, il montra son dédain de ce qu'il nommait les conventions sociales, où patauge le commun des hommes. Qu'importait le jugement de la foule, quand on posait le pied sur elle ! Il s'agissait d'être supérieur. La toute-puissance[1] excusait tout. Et, à grands traits, il peignit la vie souveraine qu'il saurait se faire. Il ne craignait plus aucun obstacle, rien ne prévalait contre la force, il serait fort, il serait heureux.

– Ne me croyez pas platement intéressé, ajouta-t-il. Je ne me vends pas pour votre fortune. Je ne prends votre argent que comme un moyen de monter très haut… Oh ! si vous saviez tout ce qui gronde en moi, si vous saviez les nuits ardentes que j'ai passées à refaire toujours le même rêve, sans cesse emporté par la réalité du lendemain, vous me comprendriez, vous seriez peut-être fière de vous appuyer à mon bras, en vous disant que vous me fournissez enfin les moyens d'être quelqu'un !

Elle l'écoutait toute droite, pas un trait de son visage ne remuait. Et lui se posait une question qu'il retournait depuis trois jours, sans pouvoir trouver la réponse : l'avait-elle remarqué à sa fenêtre, pour avoir accepté si vite le projet de mademoiselle Chuin, lorsque celle-ci l'avait nommé ? Il lui vint la pensée singulière qu'elle se serait peut-être mise à l'aimer d'un amour romanesque, s'il avait refusé avec indignation le marché que la gouvernante était venue lui offrir.

Il se tut, et Flavie resta glacée. Puis, comme s'il ne lui avait pas fait sa confession, elle répéta sèchement :

– Ainsi, mon mari de nom seulement, nos vies complètement distinctes, une liberté absolue.

Nantas reprit aussitôt son air cérémonieux, sa voix brève d'homme qui discute un traité.

– C'est signé, madame.

Et il se retira, mécontent de lui. Comment avait-il pu céder à l'envie bête de convaincre cette femme ? Elle était très belle, il valait mieux qu'il n'y eût rien de commun entre eux, car elle pouvait le gêner dans la vie.

note

1. **toute-puissance** : autorité absolue.

III

Dix années s'étaient écoulées. Un matin, Nantas se trouvait dans le cabinet où le baron Danvilliers l'avait autrefois si rudement accueilli, lors de leur première entrevue. Maintenant, ce cabinet était le sien; le baron, après s'être réconcilié avec sa fille et son gendre, leur avait abandonné l'hôtel, en ne se réservant qu'un pavillon situé à l'autre bout du jardin, sur la rue de Beaune. En dix ans, Nantas venait de conquérir une des plus hautes situations financières et industrielles. Mêlé à toutes les grandes entreprises de chemins de fer, lancé dans toutes les spéculations[1] sur les terrains qui signalèrent les premières années de l'empire, il avait réalisé rapidement une fortune immense. Mais son ambition ne se bornait pas là, il voulait jouer un rôle politique, et il avait réussi à se faire nommer député, dans un département où il possédait plusieurs fermes. Dès son arrivée au Corps législatif[2], il s'était posé en futur ministre des finances. Par ses connaissances spéciales et sa facilité de parole, il y prenait de jour en jour une place plus importante. Du reste, il montrait adroitement un dévouement absolu à l'empire, tout en ayant en matière de finances des théories personnelles, qui faisaient grand bruit et qu'il savait préoccuper beaucoup l'empereur.

Ce matin-là, Nantas était accablé d'affaires. Dans les vastes bureaux qu'il avait installés au rez-de-chaussée de l'hôtel, régnait une activité prodigieuse. C'était un monde d'employés, les uns immobiles derrière des guichets, les autres allant et venant sans cesse, faisant battre les portes; c'était un bruit d'or continu, des sacs ouverts et coulant sur les tables, la musique toujours sonnante d'une caisse dont le flot semblait devoir noyer les rues. Puis, dans

notes

1. **spéculations:** opérations financières ou commerciales qui consistent à profiter des fluctuations du marché pour réaliser un bénéfice.

2. **Corps législatif:** assemblée qui a le pouvoir de légiférer.

l'antichambre, une cohue se pressait, des solliciteurs, des hommes d'affaires, des hommes politiques, tout Paris à genoux devant la puissance. Souvent, de grands personnages attendaient là patiemment pendant une heure. Et lui, assis à son bureau, en correspondance avec la province et l'étranger, pouvant de ses bras étendus étreindre le monde, réalisait enfin son ancien rêve de force, se sentait le moteur intelligent d'une colossale machine qui remuait les royaumes et les empires.

Nantas sonna l'huissier qui gardait sa porte. Il paraissait soucieux.

– Germain, demanda-t-il, savez-vous si madame est rentrée ?

Et, comme l'huissier[1] répondait qu'il l'ignorait, il lui commanda de faire descendre la femme de chambre de madame. Mais Germain ne se retirait pas.

– Pardon, monsieur, murmura-t-il, il y a là monsieur le président du Corps législatif qui insiste pour entrer.

Alors, il eut un geste d'humeur, en disant :

– Eh bien ! introduisez-le, et faites ce que je vous ai ordonné.

La veille, sur une question capitale du budget, un discours de Nantas avait produit une impression telle, que l'article en discussion avait été renvoyé à la commission, pour être amendé dans le sens indiqué par lui. Après la séance, le bruit s'était répandu que le ministre des finances allait se retirer, et l'on désignait déjà dans les groupes le jeune député comme son successeur. Lui, haussait les épaules : rien n'était fait, il n'avait eu avec l'empereur qu'un entretien sur des points spéciaux. Pourtant, la visite du président du Corps législatif pouvait être grosse de signification. Il parut secouer la préoccupation qui l'assombrissait, il se leva et alla serrer les mains du président.

note

1. **huissier :** portier.

– Ah ! monsieur le duc[1], dit-il, je vous demande pardon. J'ignorais que vous fussiez là... Croyez que je suis bien touché de l'honneur que vous me faites.

Un instant, ils causèrent à bâtons rompus, sur un ton de cordialité. Puis, le président, sans rien lâcher de net, lui fit entendre qu'il était envoyé par l'empereur, pour le sonder. Accepterait-il le portefeuille des finances, et avec quel programme ? Alors, lui, superbe de sang-froid, posa ses conditions. Mais, sous l'impassibilité de son visage, un grondement de triomphe montait. Enfin, il gravissait le dernier échelon, il était au sommet. Encore un pas, il allait avoir toutes les têtes au-dessous de lui. Comme le président concluait, en disant qu'il se rendait à l'instant même chez l'empereur, pour lui communiquer le programme débattu, une petite porte donnant sur les appartements s'ouvrit, et la femme de chambre de madame parut.

Nantas, tout d'un coup redevenu blême, n'acheva pas la phrase qu'il prononçait. Il courut à cette femme, en murmurant :

– Excusez-moi, monsieur le duc...

Et, tout bas, il l'interrogea. Madame était donc sortie de bonne heure ? Avait-elle dit où elle allait ? Quand devait-elle rentrer ? La femme de chambre répondait par des paroles vagues, en fille intelligente qui ne veut pas se compromettre. Ayant compris la naïveté de cet interrogatoire, il finit par dire simplement :

– Dès que madame rentrera, prévenez-la que je désire lui parler.

Le duc, surpris, s'était approché d'une fenêtre et regardait dans la cour. Nantas revint à lui, en s'excusant de nouveau. Mais il avait perdu son sang-froid, il balbutia, il l'étonna par des paroles peu adroites.

– Allons, j'ai gâté mon affaire, laissa-t-il échapper tout haut, lorsque le président ne fut plus là. Voilà un portefeuille qui va m'échapper.

note

1. **monsieur le duc** : duc de Morny, demi-frère de Napoléon III et président du corps législatif de 1854 à 1865.

Et il resta dans un état de malaise, coupé d'accès de colère. Plusieurs personnes furent introduites. Un ingénieur avait à lui présenter un rapport qui annonçait des bénéfices énormes dans une exploitation de mine. Un diplomate l'entretint d'un emprunt qu'une puissance voisine voulait ouvrir à Paris. Des créatures défilèrent, lui rendirent des comptes sur vingt affaires considérables. Enfin, il reçut un grand nombre de ses collègues de la Chambre[1] ; tous se répandaient en éloges outrés sur son discours de la veille. Lui, renversé au fond de son fauteuil, acceptait cet encens, sans un sourire. Le bruit de l'or continuait dans les bureaux voisins, une trépidation d'usine faisait trembler les murs, comme si on eût fabriqué là tout cet or qui sonnait. Il n'avait qu'à prendre une plume pour expédier des dépêches dont l'arrivée aurait réjoui ou consterné les marchés de l'Europe ; il pouvait empêcher ou précipiter la guerre, en appuyant ou en combattant l'emprunt dont on lui avait parlé ; même il tenait le budget de la France dans sa main, il saurait bientôt s'il serait pour ou contre l'empire. C'était le triomphe, sa personnalité développée outre mesure devenait le centre autour duquel tournait un monde. Et il ne goûtait point ce triomphe, ainsi qu'il se l'était promis. Il éprouvait une lassitude, l'esprit autre part, tressaillant au moindre bruit. Lorsqu'une flamme, une fièvre d'ambition satisfaite montait à ses joues, il se sentait tout de suite pâlir, comme si par derrière, brusquement, une main froide l'eût touché à la nuque.

Deux heures s'étaient passées, et Flavie n'avait pas encore paru. Nantas appela Germain pour le charger d'aller chercher M. Danvilliers, si le baron se trouvait chez lui. Resté seul, il marcha dans son cabinet, en refusant de recevoir davantage ce jour-là. Peu à peu, son agitation avait grandi. Évidemment, sa femme était à quelque rendez-vous. Elle devait avoir renoué avec M. des Fondettes, qui était veuf depuis six mois. Certes, Nantas se

note

1. **Chambre** : assemblée s'occupant des intérêts d'un corps.

défendait d'être jaloux; pendant dix années, il avait strictement observé le traité conclu; seulement, il entendait, disait-il, ne pas être ridicule. Jamais il ne permettrait à sa femme de compromettre sa situation, en le rendant la moquerie de tous. Et sa force l'abandonnait, ce sentiment de mari qui veut simplement être respecté l'envahissait d'un tel trouble, qu'il n'en avait pas éprouvé de pareil, même lorsqu'il jouait les coups de cartes les plus hasardés, dans les commencements de sa fortune.

Flavie entra, encore en toilette de ville; elle n'avait retiré que son chapeau et ses gants. Nantas, dont la voix tremblait, lui dit qu'il serait monté chez elle, si elle lui avait fait savoir qu'elle était rentrée. Mais elle, sans s'asseoir, de l'air pressé d'une cliente, eut un geste pour l'inviter à se hâter.

– Madame, commença-t-il, une explication est devenue nécessaire entre nous… Où êtes-vous allée ce matin?

La voix frémissante de son mari, la brutalité de sa question, la surprirent extrêmement.

– Mais, répondit-elle d'un ton froid, où il m'a plu d'aller.

– Justement, c'est ce qui ne saurait me convenir désormais, reprit-il en devenant très pâle. Vous devez vous souvenir de ce que je vous ai dit, je ne tolérerai pas que vous usiez de la liberté que je vous laisse, de façon à déshonorer mon nom.

Flavie eut un sourire de souverain mépris.

– Déshonorer votre nom, monsieur, mais cela vous regarde, c'est une besogne qui n'est plus à faire.

Alors, Nantas, dans un emportement fou, s'avança comme s'il voulait la battre, bégayant:

– Malheureuse, vous sortez des bras de monsieur des Fondettes… Vous avez un amant, je le sais.

– Vous vous trompez, dit-elle sans reculer devant sa menace, je n'ai jamais revu monsieur des Fondettes… Mais j'aurais un amant que vous n'auriez pas à me le reprocher. Qu'est-ce que cela pourrait vous faire? Vous oubliez donc nos conventions.

Il la regarda un instant de ses yeux hagards ; puis, secoué de sanglots, mettant dans son cri une passion longtemps contenue, il s'abattit à ses pieds.

– Oh ! Flavie, je vous aime !

Elle, toute droite, s'écarta, parce qu'il avait touché le coin de sa robe. Mais le malheureux la suivait en se traînant sur les genoux, les mains tendues.

– Je vous aime, Flavie, je vous aime comme un fou… Cela est venu je ne sais comment. Il y a des années déjà. Et peu à peu cela m'a pris tout entier. Oh ! j'ai lutté, je trouvais cette passion indigne de moi, je me rappelais notre premier entretien… Mais, aujourd'hui, je souffre trop, il faut que je vous parle…

Longtemps, il continua. C'était l'effondrement de toutes ses croyances. Cet homme qui avait mis sa foi dans la force, qui soutenait que la volonté est le seul levier capable de soulever le monde, tombait anéanti, faible comme un enfant, désarmé devant une femme. Et son rêve de fortune réalisé, sa haute situation conquise, il eût tout donné, pour que cette femme le relevât d'un baiser au front. Elle lui gâtait son triomphe. Il n'entendait plus l'or qui sonnait dans ses bureaux, il ne songeait plus au défilé des courtisans qui venaient de le saluer, il oubliait que l'empereur, en ce moment, l'appelait peut-être au pouvoir. Ces choses n'existaient pas. Il avait tout, et il ne voulait que Flavie. Si Flavie se refusait, il n'avait rien.

– Écoutez, continua-t-il, ce que j'ai fait, je l'ai fait pour vous… D'abord, c'est vrai, vous ne comptiez pas, je travaillais pour la satisfaction de mon orgueil. Puis, vous êtes devenue l'unique but de toutes mes pensées, de tous mes efforts. Je me disais que je devais monter le plus haut possible, afin de vous mériter. J'espérais vous fléchir, le jour où je mettrais à vos pieds ma puissance. Voyez où je suis aujourd'hui. N'ai-je pas gagné votre pardon ? Ne me méprisez plus, je vous en conjure !

Elle n'avait pas encore parlé. Elle dit tranquillement :

– Relevez-vous, monsieur, on pourrait entrer.

Il refusa, il la supplia encore. Peut-être aurait-il attendu, s'il n'avait pas été jaloux de M. des Fondettes. C'était un tourment qui l'affolait. Puis, il se fit très humble.

– Je vois bien que vous me méprisez toujours. Eh bien ! attendez, ne donnez votre amour à personne. Je vous promets de si grandes choses, que je saurai bien vous fléchir. Il faut me pardonner, si j'ai été brutal tout à l'heure. Je n'ai plus la tête à moi… Oh ! laissez-moi espérer que vous m'aimerez un jour !

– Jamais ! prononça-t-elle avec énergie.

Et, comme il restait par terre, écrasé, elle voulut sortir. Mais, lui, la tête perdue, pris d'un accès de rage, se leva et la saisit aux poignets. Une femme le braverait ainsi, lorsque le monde était à ses pieds ! Il pouvait tout, bouleverser les États, conduire la France à son gré, et il ne pourrait obtenir l'amour de sa femme ! Lui, si fort, si puissant, lui dont les moindres désirs étaient des ordres, il n'avait plus qu'un désir, et ce désir ne serait jamais contenté, parce qu'une créature, d'une faiblesse d'enfant, refusait ! Il lui serrait les bras, répétait d'une voix rauque :

– Je veux… je veux…

– Et moi je ne veux pas, disait Flavie toute blanche et raidie dans sa volonté.

La lutte continuait, lorsque le baron Danvilliers ouvrit la porte. À sa vue, Nantas lâcha Flavie et s'écria :

– Monsieur, voici votre fille qui revient de chez son amant… Dites-lui donc qu'une femme doit respecter le nom de son mari, même lorsqu'elle ne l'aime pas et que la pensée de son propre honneur ne l'arrête plus.

Le baron, très vieilli, restait debout sur le seuil, devant cette scène de violence. C'était pour lui une surprise douloureuse. Il croyait le ménage uni, il approuvait les rapports cérémonieux des deux époux, pensant qu'il n'y avait là qu'une tenue de convenance. Son gendre et lui étaient de deux générations différentes ; mais, s'il était blessé par l'activité peu scrupuleuse du financier, s'il

passage analysé

condamnait certaines entreprises qu'il traitait de casse-cou, il avait dû reconnaître la force de sa volonté et sa vive intelligence. Et, brusquement, il tombait dans ce drame, qu'il ne soupçonnait pas.

Lorsque Nantas accusa Flavie d'avoir un amant, le baron, qui traitait encore sa fille mariée avec la sévérité qu'il avait pour elle à dix ans, s'avança de son pas de vieillard solennel.

– Je vous jure qu'elle sort de chez son amant, répétait Nantas, et vous la voyez ! elle est là qui me brave.

Flavie, dédaigneuse, avait tourné la tête. Elle arrangeait ses manchettes, que la brutalité de son mari avait froissées. Pas une rougeur n'était montée à son visage. Cependant, son père lui parlait.

– Ma fille, pourquoi ne vous défendez-vous pas ? Votre mari, dirait-il la vérité ? Auriez-vous réservé cette dernière douleur à ma vieillesse ?... L'affront serait aussi pour moi ; car, dans une famille, la faute d'un seul membre suffit à salir tous les autres.

Alors, elle eut un mouvement d'impatience. Son père prenait bien son temps pour l'accuser ! Un instant encore, elle supporta son interrogatoire, voulant épargner la honte d'une explication. Mais, comme il s'emportait à son tour, en la voyant muette et provocante, elle finit par dire :

– Eh ! mon père, laissez cet homme jouer son rôle… Vous ne le connaissez pas. Ne me forcez point à parler par respect pour vous.

– Il est votre mari, reprit le vieillard. Il est le père de votre enfant.

Flavie s'était redressée, frémissante.

– Non, non, il n'est pas le père de mon enfant… À la fin, je vous dirai tout. Cet homme n'est pas même un séducteur, car ce serait une excuse au moins, s'il m'avait aimée. Cet homme s'est simplement vendu et a consenti à couvrir la faute d'un autre.

Le baron se tourna vers Nantas, qui, livide, reculait.

– Entendez-vous, mon père ! reprenait Flavie avec plus de force, il s'est vendu, vendu pour de l'argent… Je ne l'ai jamais aimé, il ne m'a jamais touché du bout de ses doigts… J'ai voulu vous épargner une grande douleur, je l'ai acheté afin qu'il vous mentît… Regardez-le, voyez si je dis la vérité.

Nantas se cachait la face entre les mains.

– Et, aujourd'hui, continua la jeune femme, voilà qu'il veut que je l'aime… Il s'est mis à genoux et il a pleuré. Quelque comédie sans doute. Pardonnez-moi de vous avoir trompé, mon père ; mais, vraiment, est-ce que j'appartiens à cet homme ?... Maintenant que vous savez tout, emmenez-moi. Il m'a violentée tout à l'heure, je ne resterai pas ici une minute de plus.

Le baron redressa sa taille courbée. Et, silencieux, il alla donner le bras à sa fille. Tous deux traversèrent la pièce, sans que Nantas fit un geste pour les retenir. Puis, à la porte, le vieillard ne laissa tomber que cette parole :

– Adieu, monsieur.

La porte s'était refermée. Nantas restait seul, écrasé, regardant follement le vide autour de lui. Comme Germain venait d'entrer et de poser une lettre sur le bureau, il l'ouvrit machinalement et la parcourut des yeux. Cette lettre, entièrement écrite de la main de l'empereur, l'appelait au ministère des finances, en termes très obligeants[1]. Il comprit à peine. La réalisation de toutes ses ambitions ne le touchait plus. Dans les caisses voisines, le bruit de l'or avait augmenté ; c'était l'heure où la maison Nantas ronflait, donnant le branle à tout un monde. Et lui, au milieu de ce labeur colossal qui était son œuvre, dans l'apogée de sa puissance, les yeux stupidement fixés sur l'écriture de l'empereur, poussa cette plainte d'enfant, qui était la négation de sa vie entière :

– Je ne suis pas heureux… Je ne suis pas heureux…

Il pleurait, la tête tombée sur son bureau, et ses larmes chaudes effaçaient la lettre qui le nommait ministre.

passage analysé

note

1. **obligeants :** affables, aimables.

IV

Depuis dix-huit mois que Nantas était ministre des finances, il semblait s'étourdir par un travail surhumain. Au lendemain de la scène de violence qui s'était passée dans son cabinet, il avait eu avec la baron Danvilliers une entrevue ; et, sur les conseils de son père, Flavie avait consenti à rentrer au domicile conjugal. Mais les époux ne s'adressaient plus la parole, en dehors de la comédie qu'ils devaient jouer devant le monde. Nantas avait décidé qu'il ne quitterait pas son hôtel. Le soir, il amenait ses secrétaires et expédiait chez lui la besogne.

Ce fut l'époque de son existence où il fit les plus grandes choses. Une voix lui soufflait des inspirations hautes et fécondes. Sur son passage, un murmure de sympathie et d'admiration s'élevait. Mais lui restait insensible aux éloges. On eût dit qu'il travaillait sans espoir de récompense, avec la pensée d'entasser les œuvres dans le but unique de tenter l'impossible. Chaque fois qu'il montait plus haut, il consultait le visage de Flavie. Est-ce qu'elle était touchée enfin ? Est-ce qu'elle lui pardonnait son ancienne infamie, pour ne plus voir que le développement de son intelligence ? Et il ne surprenait toujours aucune émotion sur le visage muet de cette femme, et il se disait, en se remettant au travail : « Allons ! je ne suis point assez haut pour elle, il faut monter encore, monter sans cesse. » Il entendait forcer le bonheur, comme il avait forcé la fortune. Toute sa croyance en sa force lui revenait, il n'admettait pas d'autre levier en ce monde, car c'est la volonté de la vie qui a fait l'humanité. Quand le découragement le prenait parfois, il s'enfermait pour que personne ne pût se douter des faiblesses de sa chair. On ne devinait ses luttes qu'à ses yeux plus profonds, cerclés de noir, et où brûlait une flamme intense.

La jalousie le dévorait maintenant. Ne pas réussir à se faire aimer de Flavie, était un supplice ; mais une rage l'affolait, lorsqu'il songeait qu'elle pouvait se donner à un autre. Pour affirmer sa liberté, elle était capable de s'afficher avec M. des Fondettes. Il affectait donc de ne point s'occuper d'elle, tout en agonisant d'angoisse à ses moindres absences. S'il n'avait pas craint le ridicule, il l'aurait suivie lui-même dans les rues. Ce fut alors qu'il voulut avoir près d'elle une personne dont il achèterait le dévouement.

On avait conservé mademoiselle Chuin dans la maison. Le baron était habitué à elle. D'autre part, elle savait trop de choses pour qu'on pût s'en débarrasser. Un moment, la vieille fille avait eu le projet de se retirer avec les vingt mille francs que Nantas lui avait comptés, au lendemain de son mariage. Mais sans doute elle s'était dit que la maison devenait bonne pour y pêcher en eau trouble. Elle attendait donc une nouvelle occasion, ayant fait le calcul qu'il lui fallait encore une vingtaine de mille francs, si elle voulait acheter à Roinville, son pays, la maison du notaire, qui avait fait l'admiration de sa jeunesse.

Nantas n'avait pas à se gêner avec cette vieille fille, dont les mines confites en dévotion ne pouvaient plus le tromper. Pourtant, le matin où il la fit venir dans son cabinet et où il lui proposa nettement de le tenir au courant des moindres actions de sa femme, elle feignit de se révolter, en lui demandant pour qui il la prenait.

–Voyons, mademoiselle, dit-il impatienté, je suis très pressé, on m'attend. Abrégeons, je vous prie.

Mais elle ne voulait rien entendre, s'il n'y mettait des formes. Ses principes étaient que les choses ne sont pas laides en elles-mêmes, qu'elles le deviennent ou cessent de l'être, selon la façon dont on les présente.

– Eh bien ! reprit-il, il s'agit, mademoiselle, d'une bonne action… Je crains que ma femme ne me cache certains chagrins. Je la vois triste depuis quelques semaines, et j'ai songé à vous, pour obtenir des renseignements.

–Vous pouvez compter sur moi, dit-elle alors avec une effusion maternelle. Je suis dévouée à madame, je ferai tout pour son bonheur et le vôtre… Dès demain, nous veillerons sur elle.

Il lui promit de la récompenser de ses services. Elle se fâcha d'abord. Puis, elle eut l'habileté de le forcer à fixer une somme : il lui donnerait dix mille francs, si elle lui fournissait une preuve formelle de la bonne ou de la mauvaise conduite de madame. Peu à peu, ils en étaient venus à préciser les choses.

Dès lors, Nantas se tourmenta moins. Trois mois s'écoulèrent, il se trouvait engagé dans une grosse besogne, la préparation du budget. D'accord avec l'empereur, il avait apporté au système financier d'importantes modifications. Il savait qu'il serait vivement attaqué à la Chambre, et il lui fallait préparer une quantité considérable de documents. Souvent, il veillait des nuits entières. Cela l'étourdissait et le rendait patient. Quand il voyait mademoiselle Chuin, il l'interrogeait d'une voix brève. Savait-elle quelque chose ? madame avait-elle fait beaucoup de visites ? s'était-elle particulièrement arrêtée dans certaines maisons ? Mademoiselle Chuin tenait un journal détaillé. Mais elle n'avait encore recueilli que des faits sans importance. Nantas se rassurait, tandis que la vieille clignait les yeux parfois, en répétant que, bientôt peut-être, elle aurait du nouveau.

La vérité était que mademoiselle Chuin avait fortement réfléchi. Dix mille francs ne faisaient pas son compte, il lui en fallait vingt mille, pour acheter la maison du notaire. Elle eut d'abord l'idée de se vendre à la femme, après s'être vendue au mari. Mais elle connaissait madame, elle craignit d'être chassée au premier mot. Depuis longtemps, avant même qu'on la chargeât de cette besogne, elle l'avait espionnée pour son compte, en se disant que les vices des maîtres sont la fortune des valets ; et elle s'était heurtée à une de ces honnêtetés d'autant plus solides, qu'elles s'appuient sur l'orgueil. Flavie gardait de sa faute une rancune à tous les hommes. Aussi mademoiselle Chuin se désespérait-elle, lorsqu'un jour elle rencontra M. des Fondettes. Il la questionna si vivement sur sa maîtresse, qu'elle comprit tout d'un coup qu'il la désirait follement, brûlé par le souvenir de la minute où il l'avait tenue dans ses bras. Et son plan fut arrêté: servir à la fois le mari et l'amant, là était la combinaison de génie.

Justement, tout venait à point. M. des Fondettes, repoussé, désormais sans espoir, aurait donné sa fortune pour posséder encore cette femme qui lui avait appartenu. Ce fut lui qui, le premier, tâta mademoiselle Chuin. Il la revit, joua le sentiment, en jurant qu'il se tuerait, si elle ne l'aidait pas. Au bout de huit jours, après une grande dépense de sensibilité et de scrupules, l'affaire était faite: il donnerait dix mille francs, et elle, un soir, le cacherait dans la chambre de Flavie.

Le matin, mademoiselle Chuin alla trouver Nantas.

– Qu'avez-vous appris? demanda-t-il en pâlissant.

Mais elle ne précisa rien d'abord. Madame avait pour sûr une liaison. Même elle donnait des rendez-vous.

– Au fait, au fait, répétait-il, furieux d'impatience.

Enfin, elle nomma M. des Fondettes.

– Ce soir, il sera dans la chambre de madame.

– C'est bien, merci, balbutia Nantas.

Il la congédia du geste, il avait peur de défaillir devant elle. Ce brusque renvoi l'étonnait et l'enchantait, car elle s'était attendue à un long interrogatoire, et elle avait même préparé ses réponses, pour ne pas s'embrouiller. Elle fit une révérence, elle se retira, en prenant une figure dolente.

Nantas s'était levé. Dès qu'il fut seul, il parla tout haut.

– Ce soir… dans sa chambre…

Et il portait les mains à son crâne, comme s'il l'avait entendu craquer. Ce rendez-vous, donné au domicile conjugal, lui semblait monstrueux d'impudence[1]. Il ne pouvait se laisser outrager ainsi. Ses poings de lutteur se serraient, une rage le faisait rêver d'assassinat. Pourtant, il avait à finir un travail. Trois fois, il se rassit devant son bureau, et trois fois un soulèvement de tout son corps le remit

note

1. **impudence**: effronterie audacieuse.

debout ; tandis que, derrière lui, quelque chose le poussait, un besoin de monter sur-le-champ chez sa femme, pour la traiter de catin[1]. Enfin, il se vainquit, il se remit à la besogne, en jurant qu'il les étranglerait, le soir. Ce fut la plus grande victoire qu'il remporta jamais sur lui-même.

L'après-midi, Nantas alla soumettre à l'empereur le projet définitif du budget. Celui-ci lui ayant fait quelques objections, il les discuta avec une lucidité parfaite. Mais il lui fallut promettre de modifier toute une partie de son travail. Le projet devait être déposé le lendemain.

– Sire, je passerai la nuit, dit-il.

Et, en revenant, il pensait : « Je les tuerai à minuit, et j'aurai ensuite jusqu'au jour pour terminer ce travail. »

Le soir, au dîner, le baron Danvilliers causa précisément de ce projet de budget, qui faisait grand bruit. Lui, n'approuvait pas toutes les idées de son gendre en matière de finances. Mais il les trouvait très larges, très remarquables. Pendant qu'il répondait au baron, Nantas, à plusieurs reprises, crut surprendre les yeux de sa femme fixés sur les siens. Souvent, maintenant, elle le regardait ainsi. Son regard ne s'attendrissait pas, elle l'écoutait simplement et semblait chercher à lire au-delà de son visage. Nantas pensa qu'elle craignait d'avoir été trahie. Aussi fit-il un effort pour paraître d'esprit dégagé : il causa beaucoup, s'éleva très haut, finit par convaincre son beau-père, qui céda devant sa grande intelligence. Flavie le regardait toujours ; et une mollesse à peine sensible avait un instant passé sur sa face.

Jusqu'à minuit, Nantas travailla dans son cabinet. Il s'était passionné peu à peu, plus rien n'existait que cette création, ce mécanisme financier qu'il avait lentement construit, rouage à rouage, au travers d'obstacles sans nombre. Quand la pendule

note

1. **catin** : femme de mauvaises mœurs.

sonna minuit, il leva instinctivement la tête. Un grand silence régnait dans l'hôtel. Tout d'un coup, il se souvint, l'adultère était là, au fond de cette ombre et de ce silence. Mais ce fut pour lui une peine que de quitter son fauteuil : il posa la plume à regret, fit quelques pas comme pour obéir à une volonté ancienne, qu'il ne retrouvait plus. Puis, une chaleur lui empourpra la face, une flamme alluma ses yeux. Et il monta à l'appartement de sa femme.

Ce soir-là, Flavie avait congédié de bonne heure sa femme de chambre. Elle voulait être seule. Jusqu'à minuit, elle resta dans le petit salon qui précédait sa chambre à coucher. Allongée sur une causeuse, elle avait pris un livre, mais, à chaque instant, le livre tombait de ses mains, et elle songeait, les yeux perdus. Son visage s'était encore adouci, un sourire pâle y passait par moments.

Elle se leva en sursaut. On avait frappé.

– Qui est là ?

– Ouvrez, répondit Nantas.

Ce fut pour elle une si grande surprise, qu'elle ouvrit machinalement. Jamais son mari ne s'était ainsi présenté chez elle. Il entra, bouleversé ; la colère l'avait repris, en montant. Mademoiselle Chuin, qui le guettait sur le palier, venait de lui murmurer à l'oreille que M. des Fondettes était là depuis deux heures. Aussi ne montra-t-il aucun ménagement.

– Madame, dit-il, un homme est caché dans votre chambre.

Flavie ne répondit pas tout de suite, tellement sa pensée était loin. Enfin, elle comprit.

– Vous êtes fou, monsieur, murmura-t-elle.

Mais, sans s'arrêter à discuter, il marchait déjà vers la chambre. Alors, d'un bond, elle se mit devant la porte, en criant :

– Vous n'entrerez pas… Je suis ici chez moi, et je vous défends d'entrer !

Frémissante, grandie, elle gardait la porte. Un instant, ils restèrent immobiles, sans une parole, les yeux dans les yeux. Lui, le cou tendu, les mains en avant, allait se jeter sur elle, pour passer.

– Ôtez-vous de là, murmura-t-il d'une voix rauque. Je suis plus fort que vous, j'entrerai quand même.

– Non, vous n'entrerez pas, je ne veux pas.

Follement, il répétait :

– Il y a un homme, il y a un homme…

Elle, ne daignant même pas lui donner un démenti, haussait les épaules. Puis, comme il faisait encore un pas.

– Eh bien ! mettons qu'il y ait un homme, qu'est-ce que cela peut vous faire ? Ne suis-je pas libre ?

Il recula devant ce mot qui le cinglait comme un soufflet. En effet, elle était libre. Un grand froid le prit aux épaules, il sentit nettement qu'elle avait le rôle supérieur, et que lui jouait là une scène d'enfant malade et illogique. Il n'observait pas le traité, sa stupide passion le rendait odieux. Pourquoi n'était-il pas resté à travailler dans son cabinet ? Le sang se retirait de ses joues, une ombre d'indicible souffrance blêmit son visage. Lorsque Flavie remarqua le bouleversement qui se faisait en lui, elle s'écarta de la porte, tandis qu'une douceur attendrissait ses yeux.

– Voyez, dit-elle simplement.

Et elle-même entra dans la chambre, une lampe à la main tandis que Nantas demeurait sur le seuil. D'un geste, il lui avait dit que c'était inutile, qu'il ne voulait pas voir. Mais elle, maintenant, insistait. Comme elle arrivait devant le lit, elle souleva les rideaux, et M. des Fondettes apparut, caché derrière. Ce fut pour elle une telle stupeur, qu'elle eut un cri d'épouvante.

– C'est vrai, balbutia-t-elle éperdue, c'est vrai, cet homme était là… Je l'ignorais, oh ! sur ma vie, je vous le jure !

Puis, par un effort de volonté, elle se calma, elle parut même regretter ce premier mouvement qui venait de la pousser à se défendre.

– Vous aviez raison, monsieur, et je vous demande pardon, dit-elle à Nantas, en tâchant de retrouver sa voix froide.

Cependant, M. des Fondettes se sentait ridicule. Il faisait une mine sotte, il aurait donné beaucoup pour que le mari se fâchât. Mais Nantas se taisait. Il était simplement devenu très pâle. Quand il eut reporté ses regards de M. des Fondettes à Flavie, il s'inclina devant cette dernière, en prononçant cette seule phrase :

– Madame, excusez-moi, vous êtes libre.

Et il tourna le dos, il s'en alla. En lui, quelque chose venait de se casser ; seul, le mécanisme des muscles et des os fonctionnait encore. Lorsqu'il se retrouva dans son cabinet, il marcha droit à un tiroir où il cachait un revolver. Après avoir examiné cette arme, il dit tout haut, comme pour prendre un engagement formel vis-à-vis de lui-même :

– Allons, c'est assez, je me tuerai tout à l'heure.

Il remonta la lampe qui baissait, il s'assit devant son bureau et se remit tranquillement à la besogne. Sans une hésitation, au milieu du grand silence, il continua la phrase commencée. Un à un, méthodiquement, les feuillets s'entassaient. Deux heures plus tard, lorsque Flavie, qui avait chassé M. des Fondettes, descendit pieds nus pour écouter à la porte du cabinet, elle n'entendit que le petit bruit de la plume craquant sur le papier. Alors, elle se pencha, elle mit un œil au trou de la serrure. Nantas écrivait toujours avec le même calme, son visage exprimait la paix et la satisfaction du travail, tandis qu'un rayon de la lampe allumait le canon du revolver, près de lui.

V

La maison attenante au jardin de l'hôtel était maintenant la propriété de Nantas, qui l'avait achetée à son beau-père. Par un caprice, il défendait d'y louer l'étroite mansarde, où, pendant deux mois, il s'était débattu contre la misère, lors de son arrivée à Paris.

Depuis sa grande fortune, il avait éprouvé, à diverses reprises, le besoin de monter s'y enfermer pour quelques heures. C'était là qu'il avait souffert, c'était là qu'il voulait triompher. Lorsqu'un obstacle se présentait, il aimait aussi à y réfléchir, à y prendre les grandes déterminations de sa vie. Il y redevenait ce qu'il était autrefois. Aussi, devant la nécessité du suicide, était-ce dans cette mansarde qu'il avait résolu de mourir.

Le matin, Nantas n'eut fini son travail que vers huit heures. Craignant que la fatigue ne l'assoupît, il se lava à grande eau. Puis, il appela successivement plusieurs employés, pour leur donner des ordres. Lorsque son secrétaire fut arrivé, il eut avec lui un entretien : le secrétaire devait porter sur-le-champ le projet du budget aux Tuileries, et fournir certaines explications, si l'empereur soulevait des objections nouvelles. Dès lors, Nantas crut avoir assez fait. Il laissait tout en ordre, il ne partirait pas comme un banqueroutier frappé de démence. Enfin, il s'appartenait, il pouvait disposer de lui, sans qu'on l'accusât d'égoïsme et de lâcheté.

Neuf heures sonnèrent. Il était temps. Mais, comme il allait quitter son cabinet, en emportant le revolver, il eut une dernière amertume à boire. Mademoiselle Chuin se présenta pour toucher les dix mille francs promis. Il la paya, et dut subir sa familiarité. Elle se montrait maternelle, elle le traitait un peu comme un élève qui a réussi. S'il avait encore hésité, cette complicité honteuse l'aurait décidé au suicide. Il monta vivement et, dans sa hâte, laissa la clef sur la porte.

Rien n'était changé. Le papier avait les mêmes déchirures, le lit, la table et la chaise se trouvaient toujours là, avec leur odeur de pauvreté ancienne. Il respira un moment cet air qui lui rappelait les luttes d'autrefois. Puis, il s'approcha de la fenêtre et il aperçut la même échappée de Paris, les arbres de l'hôtel, la Seine, les quais, tout un coin de la rive droite, où le flot des maisons roulait, se haussait, se confondait, jusqu'aux lointains du Père-Lachaise.

Le revolver était sur la table boiteuse, à portée de sa main. Maintenant, il n'avait plus de hâte, il était certain que personne ne viendrait et qu'il se tuerait à sa guise. Il songeait et se disait qu'il se retrouvait au même point que jadis, ramené au même lieu, dans la même volonté du suicide. Un soir déjà, à cette place, il avait voulu se casser la tête ; il était trop pauvre pour aller acheter un pistolet, il n'avait que le pavé de la rue, mais la mort était quand même au bout. Ainsi, dans l'existence, il n'y avait donc que la mort qui ne trompât pas, qui se montrât toujours sûre et toujours prête. Il ne connaissait qu'elle de solide, il avait beau chercher, tout s'était continuellement effondré sous lui, la mort seule restait une certitude. Et il éprouva le regret d'avoir vécu dix ans de trop. L'expérience qu'il avait faite de la vie, en montant à la fortune et au pouvoir, lui paraissait puérile. À quoi bon cette dépense de volonté, à quoi bon tant de force produite, puisque, décidément, la volonté et la force n'étaient pas tout ? Il avait suffi d'une passion pour le détruire, il s'était pris sottement à aimer Flavie, et le monument qu'il bâtissait, craquait, s'écroulait comme un château de cartes, emporté par l'haleine d'un enfant. C'était misérable, cela ressemblait à la punition d'un écolier maraudeur, sous lequel la branche casse, et qui périt par où il a péché. La vie était bête, les hommes supérieurs y finissaient aussi platement que les imbéciles.

Nantas avait pris le revolver sur la table et l'armait lentement. Un dernier regret le fit mollir une seconde, à ce moment suprême. Que de grandes choses il aurait réalisées, si Flavie l'avait compris ! Le jour où elle se serait jetée à son cou, en lui disant : « Je t'aime ! » ce jour-là, il aurait trouvé un levier pour soulever le monde. Et sa dernière pensée était un grand dédain de la force, qui, devant tout lui donner, n'avait pu lui donner Flavie.

Il leva son arme. La matinée était superbe. Par la fenêtre grande ouverte, le soleil entrait, mettant un éveil de jeunesse dans la mansarde. Au loin, Paris commençait son labeur de ville géante. Nantas appuya le canon sur sa tempe.

Mais la porte s'était violemment ouverte, et Flavie entra. D'un geste, elle détourna le coup, la balle alla s'enfoncer dans le plafond. Tous deux se regardaient. Elle était si essoufflée, si étranglée, qu'elle ne pouvait parler. Enfin, tutoyant Nantas pour la première fois, elle trouva le mot qu'il attendait, le seul mot qui pût le décider à vivre :

– Je t'aime ! cria-t-elle à son cou, sanglotante, arrachant cet aveu à son orgueil, à tout son être dompté, je t'aime parce que tu es fort !

Test de première lecture

L'attaque du moulin

1. Dans quel village Zola situe-t-il l'intrigue ?
2. D'où vient Dominique ? Comment les voisins et certaines jeunes filles le perçoivent-ils ?
3. Quelles sont ses relations avec Françoise et avec le père Merlier ?
4. Par quelle armée la petite ville de Rocreuse est-elle envahie ? De quelle guerre s'agit-il ?
5. Quels sont les motifs qui amènent Dominique à prendre les armes ?
6. Après la fuite de Dominique, à quel dilemme Françoise est-elle confrontée ?
7. Quelle influence le père Bontemps exerce-t-il sur le cours des événements ?
8. Comment Dominique et le père Bontemps trouvent-ils la mort ?
9. Qu'arrive-t-il à Françoise à la fin du récit ?
10. Que crie le capitaine français en saluant Françoise de son épée ?

Boule de suif

1. « L'angoisse de l'attente faisait désirer la venue de l'ennemi » (p. 83, l. 50). De quel ennemi s'agit-il ? Dans quelle ville se trouve-t-on au début du récit ?
2. Quel est le moyen de transport que vont emprunter les personnages au début du récit ? Dans quelle direction ? Dans quelle intention ?
3. À quel personnage s'applique la description suivante : « L'une était vieille avec une face défoncée par la petite vérole comme si elle eût reçu à bout portant une bordée de mitraille en pleine figure » (p. 91, l. 283 à 287) ?
4. Pour quelle raison les personnages de la diligence acceptent-ils de converser avec Boule de suif ?
5. Quel est le surnom de Cornudet ? Pourquoi lui a-t-on donné ce surnom ?

6. Qui est monsieur Follenvie ?
7. Pourquoi l'officier prussien retient-il les voyageurs à l'auberge ?
8. « La grosse fille avait un enfant élevé chez des paysans d'Yvetot. Elle ne le voyait pas une fois l'an, et n'y songeait jamais » (p. 115, l. 1018 à 1020). De qui parle-t-on ici ?
9. Pour quelles raisons les voyageurs rejettent-ils Boule de suif à la fin de la nouvelle ?
10. Quel hymne, entonné par Cornudet, a pour effet de rembrunir tous les bourgeois ?

La maison Tellier

1. Quelle activité pratiquent les femmes qui se trouvent à la maison Tellier ?
2. Quel type de « patronne » semble être Mme Tellier, la propriétaire de la maison ? Comment est-elle, en général, perçue par l'entourage ?
3. À quels clients est réservé chacun des étages de la maison ?
4. Quelle est la cause de la fermeture temporaire de la maison Tellier ?
5. Quelle est la réaction des clients de la maison en constatant cette fermeture ?
6. Qu'espère M. Rivet, le menuisier, en invitant chez lui sa sœur, Mme Tellier ?
7. Que vendait, dans le train, le monsieur à favoris blonds ?
8. Avec qui a dormi la fille de M. Rivet la nuit précédant sa communion ?
9. Qu'est-ce qui était considéré comme une gloire pour une famille, lors de tels événements à caractère religieux ?
10. Qui commence à pleurer à l'église et pourquoi ? Quel effet cela crée-t-il sur les paroissiens ? Comment ces pleurs sont-ils perçus par le curé ?
11. Une fois revenus à la maison, comment les paysans soulignent-ils l'événement de la première communion ?
12. Quand Mme Tellier s'apprête à partir, avec qui a-t-elle une longue conversation ? Au sujet de qui ?

13. Dans quel état se trouve Rivet avant d'aller reconduire les femmes à la gare ? Quelle réaction son état provoque-t-il chez sa sœur ?
14. Comment souligne-t-on le retour des six femmes à la maison Tellier ?
15. De quelle boisson réduit-on le prix de la bouteille à la fin de la nouvelle ?

Nantas

1. Où demeurait Nantas avant son arrivée à Paris ? Que faisait son père ?
2. Retracez la description de sa chambre à Paris.
3. Quel trait de caractère Nantas hérite-t-il de sa mère ?
4. Pourquoi Nantas envisage-t-il de se suicider au début du récit ?
5. Quel marché Mlle Chuin lui propose-t-elle ?
6. Quel lien unit Mlle Chuin au baron Danvilliers et à sa fille ?
7. Pourquoi le baron considère-t-il l'union de sa fille avec Nantas comme honteuse ?
8. Nantas se laisse humilier par le baron ; quelle attitude adopte-t-il par rapport à Flavie, la fille du baron ?
9. Après dix ans de mariage avec Flavie, où en sont les projets initiaux de Nantas ?
10. Pour quelle raison considère-t-il son bonheur comme incomplet ?
11. Quel reproche Nantas fait-il à Flavie devant son père, le baron Danvilliers ? Comment Flavie réagit-elle ?
12. Vers la fin du récit, quel poste très enviable Nantas réussit-il à obtenir ?
13. Pourquoi Nantas a-t-il de nouveau recours à Mlle Chuin ?
14. À quelle combinaison Mlle Chuin pense-t-elle pour mieux tirer parti monétairement de la jalousie de Nantas envers Flavie ?
15. Pourquoi Nantas ne se suicide-t-il pas finalement ?

L'étude des œuvres

Quelques notions de base

En préliminaire : description du genre

La nouvelle

Née en Italie au XIVe siècle, l'appellation *nouvelle* vient du latin *novella* : renseignement sur une chose arrivée depuis peu, dans un récit bref et concentré. La nouvelle se répand en France et devient très populaire à la Renaissance. La nouvelle vise généralement la vraisemblance alors que le conte se nourrit de merveilleux. Le conte connaît un regain de popularité au XIXe siècle, sous forme de conte fantastique.

La nouvelle s'attache, comme son nom l'indique, à raconter ce qui est nouveau. La nouvelle parle donc d'événements et de personnages contemporains. Mais en fait le terme peut être utilisé pour tout récit qui a les caractéristiques d'un roman, mais en peu de pages. Le tableau qui suit présente de façon synthétique les caractéristiques de la nouvelle, pratiquée par les écrivains réalistes et naturalistes.

Principales composantes et caractéristiques de la nouvelle

La nouvelle (conception naturaliste)	Ce qui différencie le roman de la nouvelle tient à peu de choses : le roman est généralement plus long que la nouvelle, qui, elle, est brève et concentrée. Par ailleurs, la nouvelle tend à se distinguer du conte par son ancrage dans la réalité ; le conte, quant à lui, explore volontiers le surnaturel et l'invraisemblable.

Composantes principales	Caractéristiques
Histoire	Les personnages, êtres imaginaires faits de mots, font avancer le récit. Ils sont peu nombreux et souvent décrits en fonction des caractéristiques de la classe sociale dont l'auteur veut les rendre représentatifs. Ils participent à une intrigue rudimentaire, soit une suite d'événements fictifs qui transforment le héros et sa relation avec les autres personnages. Dans les nouvelles naturalistes, les événements s'enchaînent généralement selon une disposition chronologique et logique. Atmosphère, paysages et décor sont rapidement dépeints, généralement en début de récit.
Narration	Choix des voix narratives : qui raconte ? Dans les nouvelles naturalistes, le narrateur est non représenté et adopte un point de vue omniscient (focalisation zéro), ce qui signifie que la narration sera faite à la troisième personne. Effet visé : augmenter l'impression de vraisemblance, la réalité étant observée avec neutralité. Le rythme narratif est généralement rapide, et, pour renforcer la tension dramatique, les événements se déroulent en un court laps de temps et débouchent sur un retournement de situation décisif, qui en sera le dénouement, le plus souvent très court.
Thématique	Réseau d'idées, illustrées par l'intermédiaire des personnages et de l'action. Dans les nouvelles naturalistes, l'orientation de la thématique est sociale : l'argent, le pouvoir, le savoir, la guerre ; l'amour est objet de négociation.
Style et procédés d'écriture	Usage modéré de procédés stylistiques. Niveau de langue soutenu, mais qui peut être familier dans les dialogues. Tonalité générale plutôt pessimiste, mise au service d'un regard critique et satirique sur l'époque.

L'étude des nouvelles par extrait

L'Attaque du moulin

Boule de suif

La Maison Tellier

Nantas

Étape préparatoire à l'analyse ou à la dissertation : compréhension du passage en tenant compte du contexte

Questionnaire sur le texte de Zola, *L'Attaque du moulin*

❶ Situez l'extrait par rapport à ce qui le précède, tout en résumant brièvement l'intrigue.

❷ Par rapport au drame qui se joue dans cette scène, résumez le rôle ou la situation de chacun des participants.

a) Dominique;

b) l'officier prussien;

c) le père Merlier;

d) Françoise.

❸ Analysez le fonctionnement du récit à l'aide des sous-questions qui suivent.

a) En combien de parties divisez-vous cet extrait?

b) Donnez un titre à chaque partie.

c) De quelle façon la description de la nature prépare-t-elle le dénouement?

❹ En quoi l'attitude du père Merlier et de Dominique illustre-t-elle leur patriotisme?

❺ Relevez les répétitions dans les lignes 1076 à 1090 et expliquez comment ce procédé stylistique contribue à la signification du passage.

❻ Montrez que le lexique utilisé par Zola aux lignes 1076 à 1098 cherche à traduire le mouvement, l'agitation, et que la réaction de Françoise crée un effet de contraste inattendu.

❼ Expliquez en quoi il est paradoxal que les Prussiens défendent le moulin, alors que les Français l'attaquent et contribuent à sa destruction.

❽ Aux lignes 1110 à 1120, relevez tous les termes qui permettent au lecteur de saisir l'ampleur de cette destruction. Dans ce contexte, en quoi l'image de la chambre de Françoise paraît-elle particulièrement pathétique* ?

❾ Zola termine les deux paragraphes de la destruction du moulin par l'emploi du procédé de la personnification. Relevez-en deux et expliquez leur efficacité dans le contexte.

❿ Montrez que la réaction du capitaine français traduit son incompréhension du drame.

⓫ Montrez que la narration de Zola n'est pas parfaitement neutre dans ce passage, en faisant ressortir le caractère ironique des phrases suivantes :

a) « Ce fut un beau combat. » (l. 1099)

b) « Depuis le commencement de la campagne, c'était l'unique succès qu'il remportait. » (l. 1134 et 1135)

c) « [...] au milieu des ruines fumantes du moulin, il la salua galamment de son épée, en criant : – Victoire ! victoire ! » (l. 1138 à 1140)

⓬ Montrez que la narration de Zola n'est pas parfaitement neutre dans ce passage, en faisant ressortir le caractère pathétique du personnage de Françoise.

* : *Cf.* Glossaire

Vers la rédaction

❶ **Sujet de dissertation** : « Montrez que la scène est à la fois pathétique et empreinte d'ironie. »

a) Parmi les formulations suivantes, choisissez celle qui pourrait le mieux convenir au « sujet amené ».

a. Les paysages paradisiaques de la France créent un effet de contraste avec l'enfer engendré par la guerre.

b. Un paysage champêtre et paisible se transforme en scène de combats violents et infernaux.

c. En France sous Napoléon III, la guerre de 1870 a d'abord éveillé des idéaux de grandeur que la défaite face aux Prussiens est venue assombrir.

d. Les écrivains naturalistes, qui ont tous pratiqué le journalisme, puisent les sujets de leurs récits dans l'actualité brûlante de la fin du XIXe siècle.

e. Si l'on tient compte des pertes encourues, le succès remporté par l'armée française est peu glorieux, somme toute.

b) Parmi les suivants, lequel de ces énoncés vous semble le mieux reformuler le sujet d'analyse ?

a. Le développement de l'analyse littéraire tentera de montrer à quel point cette scène de guerre dépasse les protagonistes et à quel point la victoire est dérisoire.

b. Ce texte décrira comment le destin est transformé par l'absurdité de la guerre tout autant que par la victoire.

c. La présente analyse littéraire se penchera sur les deux aspects de la guerre tels que présentés dans cette nouvelle, à savoir sa cruauté et son non-sens.

d. L'analyse littéraire tentera de montrer que cette scène de guerre émeut tout autant qu'elle oblige à une distanciation, sous forme d'ironie.

c) Parmi les suivantes, choisissez les idées principales vous permettant d'articuler le développement du sujet.

a. Le cadre champêtre se métamorphose.
b. Les descriptions qui traversent le récit visent à faire saisir au lecteur le caractère dramatique de la scène.
c. Les composantes de l'intrigue (personnages et événements fictifs) traduisent les implacables conséquences d'une guerre et le lot d'injustices qu'elle entraîne.
d. Le moulin peut être un endroit dangereux.
e. Les êtres humains peuvent devenir dangereux.
f. Le style, et notamment les figures de style qui ponctuent le récit, permettent de saisir toute l'ironie qui imprègne la narration.

d) Rédigez l'introduction en utilisant vos réponses précédentes de façon pertinente. Veillez à compléter le tout de telle sorte que les phrases soient bien reliées entre elles et que votre texte soit à la fois logique et cohérent.

Victor Hugo, *L'année terrible*

À titre de chef de file des opposants à Napoléon III, Victor Hugo est exilé, puis rentre à Paris en 1870, après la défaite de Sedan. Publiée en 1872, *L'année terrible* est un long poème qui évoque, au fil des mois (d'août 1870 à juillet 1871), la chute du Second Empire, l'avènement de la IIIe République, le siège de Paris et la Commune. Sans remettre en cause l'amour de la patrie et le courage des combattants, le poète condamne la vaine cruauté des conflits, engagés par un pouvoir politique aussi abusif qu'omnipotent. Il plaide pour l'amnistie des communards, mais aussi pour la fraternité des peuples.

Plaine ! affreux rendez-vous ! Ils y sont, nous y sommes.
Deux vivantes forêts, faites de têtes d'hommes,
De bras, de pieds, de voix, de glaives[1], de fureur,
Marchent l'une sur l'autre et se mêlent. Horreur !

1. **glaives** : épées à deux tranchants.

Cris ! Est-ce le canon ? sont-ce des catapultes[2] ?
Le sépulcre[3] sur terre a parfois des tumultes,
Nous appelons cela hauts faits, exploits ; tout fuit,
Tout s'écroule, et le ver dresse la tête au bruit.
Des condamnations sont par les rois jetées
Et sont par l'homme, hélas ! sur l'homme exécutées ;
Avoir tué son frère est le laurier qu'on a.
Après Pharsale[4], après Hastings[5], après Iéna[6],
Tout est chez l'un triomphe et chez l'autre décombre.
Ô Guerre ! le hasard passe sur un char d'ombre
Par d'effrayants chevaux invisibles traîné.

La lutte était farouche. Un carnage effréné
Donnait aux combattants des prunelles de braise ;
Le fusil Chassepot bravait le fusil Dreyse[7] ;
À l'horizon hurlaient des méduses[8], grinçant
Dans un obscur nuage éclaboussé de sang,
Couleuvrines[9] d'acier, bombardes[10], mitrailleuses ;
Les corbeaux se montraient de loin ces travailleuses ;
Tout festin est charnier, tout massacre est banquet.
La rage emplissait l'ombre, et se communiquait,
Comme si la nature entrait dans la bataille,
De l'homme qui frémit à l'arbre qui tressaille ;
Le champ fatal semblait lui-même forcené[11].
L'un était repoussé, l'autre était ramené ;
Là c'était l'Allemagne et là c'était la France.
Tous avaient de mourir la tragique espérance
Ou le hideux bonheur de tuer, et pas un

---

2. **catapultes** : machines de guerre servant à lancer des projectiles lourds. 3. **sépulcre** : tombeau. 4. **Pharsale** : ville de Grèce dans laquelle César l'emporta sur Pompée lors de la guerre civile qui les opposa (48 av. J.-C.). 5. **Hastings** : ville d'Angleterre où Guillaume le Conquérant remporta une éclatante victoire qui lui assura la couronne en 1066.
6. **Iéna** : ville d'Allemagne où Napoléon Ier remporta une victoire décisive sur les Prussiens en 1806. 7. **le fusil Chassepot [...] le fusil Dreyse** : premiers fusils à se charger par la culasse, permettant au soldat de recharger couché et augmentant ainsi la cadence de tir. La portée supérieure du Chassepot (utilisé depuis 1866 par l'armée française) lui conférait un avantage sur son rival prussien. 8. **méduses** : les canons sont assimilés à ces animaux marins gélatineux pourvus de tentacules. Leur nom provient d'un monstre de la mythologie grecque, dont la tête hérissée de serpents changeait en pierre quiconque la regardait. 9. **couleuvrines** : canons dont le tube était long et mince. 10. **bombardes** : canons servant à lancer des boulets de fonte. 11. **forcené** : furieux, enragé.

Extrait, pages 75 à 79

Que le sang n'enivrât de son âcre parfum,
Pas un qui lâchât pied, car l'heure était suprême.
Cette graine qu'un bras épouvantable sème,
La mitraille, pleuvait sur le champ ténébreux;
Et les blessés râlaient, et l'on marchait sur eux,
Et les canons grondants soufflaient sur la mêlée
Une fumée immense aux vents échevelée.
On sentait le devoir, l'honneur, le dévouement,
Et la patrie, au fond de l'âpre acharnement.
Soudain, dans cette brume, au milieu du tonnerre,
Dans l'ombre énorme où rit la mort visionnaire,
Dans le chaos des chocs épiques, dans l'enfer
Du cuivre et de l'airain[12] heurtés contre le fer,
Et de ce qui renverse écrasant ce qui tombe,
Dans le rugissement de la fauve hécatombe,
Parmi les durs clairons[13] chantant leur sombre chant,
Tandis que nos soldats luttaient, fiers et tâchant
D'égaler leurs aïeux que les peuples vénèrent,
Tout à coup, les drapeaux hagards[14] en frissonnèrent,
Tandis que, du destin subissant le décret,
Tout saignait, combattait, résistait ou mourait,
On entendit ce cri monstrueux : Je veux vivre !

Le canon stupéfait se tut, la mêlée ivre
S'interrompit... – le mot de l'abîme était dit.

Et l'aigle noir ouvrant ses griffes attendit.

Victor Hugo, *L'année terrible*, « Août » (V), 1872.

Questionnaire sur le texte de Victor Hugo, *L'année terrible*

❶ Relevez quelques vers qui font référence à la nature et expliquez dans quelle mesure le paysage participe de l'action.

❷ Relevez quelques énumérations et expliquez comment elles contribuent à la signification du texte.

---

12. airain: bronze. **13. clairons:** instruments à vent en cuivre. **14. hagards:** égarés, effarés.

❸ Dans la première strophe, dites comment la ponctuation contribue à amplifier l'intensité du récit.
❹ Relevez des vers qui illustrent le caractère épique du poème.
❺ Repérez quelques figures de style (métaphores, antithèses, personnifications, etc.) et expliquez leur contribution à la signification du récit.
❻ Quel champ lexical* peut-on relever dans les vers 34 à 38 ?
❼ Dans les vers 30 à 38, à partir de quel sens (ouïe, vue, odorat, toucher, goût) Victor Hugo nous fait-il imaginer la scène ?
❽ En quoi les deux adversaires se ressemblent-ils ?
❾ Quelle impression produit la succession des verbes d'action dans le vers 52 ?
❿ Analysez l'effet percutant de la phrase « Je veux vivre ! » à la fin du vers 53.

Vers la rédaction – Analyse croisée

❶ **Sujet de dissertation :** « Dans ce poème, Victor Hugo ne cache pas les horreurs de la guerre. Comparez sa vision avec celle de Zola dans *L'attaque du moulin*. »

Voici quelques idées susceptibles de vous aider à traiter le sujet :

- Les deux textes mettent en relief la violence de la guerre.
- Les deux textes montrent les conséquences de la guerre, notamment sur la destinée des êtres humains.
- La forme différente des textes en influence la tonalité générale : la poésie de Victor Hugo donne un caractère mythique* (plus grand que nature) à la guerre, tandis que la prose de Zola met davantage en évidence son caractère anecdotique*.

Appliquez-vous à rédiger votre texte en suivant les règles de la dissertation.

En outre, tenez compte des conseils suivants :

a) En introduction, n'oubliez pas de présenter le résumé des extraits et de faire connaître les parties de votre développement.

* : *Cf.* Glossaire

b) Pour le développement, vous pouvez tenir compte des aspects suivants :

a. Zola exploite un cadre champêtre et romanesque.

b. Zola élimine tout ce qui est héroïque dans *L'attaque du moulin*.

c. Zola représente la guerre de façon ironique et absurde.

d. Par contre, chez Hugo, l'exploration de la guerre se fait avec des images très suggestives. Hugo cherche moins à reproduire la réalité qu'à exalter les sentiments.

e. Chez Hugo, ce n'est ni la science ni l'observation du réel qui prédominent, mais l'intuition, une intuition presque primitive, qui donne à son poème un cachet épique.

f. Chez ce poète, la puissance et l'angoisse de l'être humain sont exprimées par la description des ruines, des misères et des deuils.

Arthur Rimbaud, *Le mal*

Arthur Rimbaud est né à Charleville en 1854 dans une famille paysanne pauvre. Génie précoce, Rimbaud manifeste sa révolte contre la guerre ; on retrouve cette violence dans *Le bateau ivre*, expression d'un voyage intérieur. À Paris, il fait la connaissance du poète Paul Verlaine avec qui il entretient une liaison orageuse qui s'achève par un drame à Bruxelles : Verlaine blesse Rimbaud d'un coup de feu au poignet le 10 juillet 1873. Rimbaud compose alors *Une saison en enfer* et *Illuminations* qui l'inscrivent dans la modernité. Il rompt ensuite avec la poésie et se tourne vers une vie d'aventures et de voyages. Atteint d'une tumeur cancéreuse à un genou, il est finalement rapatrié en France et meurt à Marseille en 1891, après avoir été amputé de la jambe droite. L'œuvre de Rimbaud a influencé les symbolistes* avant d'être saluée par les surréalistes*.

* : *Cf.* Glossaire

Le mal

Tandis que les crachats rouges de la mitraille
Sifflent tout le jour par l'infini du ciel bleu;
Qu'écarlates ou verts[1], près du Roi qui les raille,
Croulent les bataillons en masse dans le feu;

Tandis qu'une folie épouvantable, broie
Et fait de cent milliers d'hommes un tas fumant;
– Pauvres morts! dans l'été, dans l'herbe, dans ta joie,
Nature! ô toi qui fis ces hommes saintement!... –

– Il est un Dieu, qui rit aux nappes damassées[2]
Des autels, à l'encens, aux grands calices[3] d'or;
Qui dans le bercement des hosannah[4] s'endort,

Et se réveille, quand des mères, ramassées
Dans l'angoisse, et pleurant sous leur vieux bonnet noir,
Lui donnent un gros sou lié dans leur mouchoir!

Arthur Rimbaud, *Le mal*, 1870.

Questionnaire sur le texte d'Arthur Rimbaud, *Le mal*

❶ Le sonnet est formé de deux quatrains qui sont les subordonnées de la phrase syntaxique principale « Il est un Dieu ». Qu'a voulu exprimer le poète par cette construction ?

❷ Quelle impression se dégage de l'allitération en [R] dans les vers 3 et 4 ?

❸ Pourquoi les verbes sont-ils rejetés au début du vers dans la première strophe ?

---

1. **écarlates ou verts**: ces couleurs évoquent respectivement le pantalon de l'uniforme français et une pièce de l'uniforme prussien. 2. **damassées**: dont les dessins tissés apparaissent brillants sur fond mat à l'endroit et mats sur fond brillant à l'envers. 3. **calices**: vases sacrés où se fait la consécration du vin dans le sacrifice de la messe. 4. **hosannah**: acclamations religieuses utilisées dans les cérémonies hébraïques, passées dans la liturgie chrétienne; chants ou cris de joie, de triomphe.

Extrait, pages 75 à 79

4 Quel rapport y a-t-il entre le titre et le sixième vers ?

5 Comment est représentée la nature et quel rôle jouent les exclamations dans les vers 7 et 8 ?

6 Relevez le champ lexical de la guerre dans les six premiers vers.

7 Quel est le champ lexical du premier tercet ?

8 Quels sens (ouïe, odorat, etc.) sont évoqués dans ce poème ?

9 Pourquoi le dernier vers a-t-il ici un sens très ironique si ce n'est cynique ?

Vers la rédaction – Analyse croisée

Sujets de dissertation

1 À travers les trois textes, montrez comment est représentée la violence de la guerre.

2 Expliquez, à travers les trois textes, que la guerre peut prendre un caractère héroïque, pitoyable ou ironique tout à la fois.

Guy de Maupassant, *Boule de suif*

Extraits, pages 89 à 92, lignes 219 à 320 et pages 126 à 129, lignes 1312 à 1425

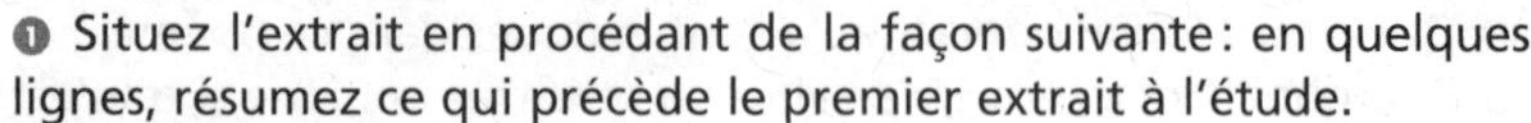

❶ Situez l'extrait en procédant de la façon suivante : en quelques lignes, résumez ce qui précède le premier extrait à l'étude.

❷ Résumez l'extrait lui-même.

❸ En vous reportant aux lignes 219 à 320 de la nouvelle, complétez le tableau suivant en situant les personnages par rapport à leur classe sociale.

Classe sociale	**Personnages représentant ces classes dans le récit**	**Informations significatives sur les personnages**
Noblesse (avec titre de noblesse)		Source de revenus ? Point de vue politique ?
Clergé		Aspects descriptifs ? Passage ironique ?
Grande bourgeoisie industrielle		Source de revenus ?
Petite bourgeoisie commerçante		Traits descriptifs ?
Représentants du peuple, gens de métiers (la prostitution étant considérée comme un métier par Maupassant) ou petits fonctionnaires		Surnom du personnage et motif de ce surnom ? Point de vue politique ? Montrez qu'au départ Boule de suif est décrite pour être mangée. Situation sociale de Cornudet ? Quel est le sens de ce surnom ?

Extraits, pages 89 à 92 et 126 à 129

a) Relevez toutes les phrases dans le deuxième passage qui témoignent du rejet de Boule de suif par les autres passagers (l. 1312 à 1334).

b) Relevez dans ces mêmes lignes une figure de style dont le caractère est nettement outrageant.

c) Relevez les expressions ou les phrases qui soulignent à la fois l'humilité et le sentiment d'humiliation de Boule de suif.

d) Expliquez les causes du rejet par les passagers, dont Boule de suif est l'objet, et décrivez l'indignation de cette dernière.

❹ Pour quels motifs le narrateur rapporte-t-il la conversation de la comtesse avec Mme Carré-Lamadon ?

❺ Montrez le caractère ironique de la description des deux religieuses.

❻ Analysez la signification que prend la nourriture dans ce contexte particulier, en tenant compte également de la première partie du récit.

❼ Relevez les passages qui traduisent la montée de l'émotion chez Boule de suif.

❽ Quelle est la réaction de la comtesse en voyant pleurer Boule de suif ?

❾ Quel jugement porteriez-vous sur le comportement des deux religieuses ?

❿ Avant d'être l'hymne national français, *La Marseillaise* était le chant de la révolution de 1789. En tenant compte de cette information, expliquez la réaction des passagers en entendant Cornudet chanter cet hymne révolutionnaire. Selon vous, ce geste témoigne-t-il de sa solidarité envers Boule de suif ? Justifiez votre réponse.

Vers la rédaction

⓫ **Sujet de dissertation** : faites le plan puis le développement du sujet suivant : « La vision du monde de Maupassant est pessimiste. Montrez-le en vous appuyant sur le comportement des personnages dans cette scène, et sur leurs interrelations. »

Pour élaborer le développement, choisissez parmi les énoncés ci-après trois idées principales qui orienteront votre développement.

a) Le surnom de Boule de suif, donné à la prostituée, illustre tout d'abord la vision que l'on entretient sur elle et, ensuite, le fait qu'elle est à part des autres.

b) Les hommes cherchent à l'isoler des autres femmes de la diligence.

c) Les femmes en présence ne témoignent d'aucune forme de solidarité envers Boule de suif.

d) Boule de suif, qui s'est sacrifiée pour ses compagnons, vit très difficilement l'ostracisme dont elle est victime.

e) La nourriture est nettement porteuse de signification dans cet extrait.

⓬ À partir des passages à l'étude, analysez d'une part le comportement des hommes et, d'autre part, celui des femmes à l'égard de Boule de suif.

⓭ Dans ces extraits, montrez que l'absence de solidarité entre les personnages que Maupassant décrit est liée aux différences d'origine sociale.

Guy de Maupassant, *La Maison Tellier*

Extrait, pages 153 à 158, lignes 620 à 787

❶ Situez l'extrait en procédant de la façon suivante :

a) En quelques lignes, résumez ce qui précède l'extrait.

b) Résumez l'extrait lui-même.

c) Repérez les différentes étapes du récit en donnant un titre à chaque étape.

❷ Quels sont les personnages en présence et quelle est leur contribution à l'action en cours ?

❸ Décrivez l'ampleur de l'émotion provoquée par le « Kyrie Eleison ».

❹ a) Quels sont les éléments qui traduisent le mystère célébré par le prêtre ?

b) Pourquoi Rosa commence-t-elle à pleurer ?

c) Comparez l'attitude de Rosa à l'église avec celle qu'elle adopte à la fin de l'extrait.

❺ a) Que provoquent les larmes de Rosa et de ses compagnes ?

b) Montrez que les émotions ne peuvent plus être contrôlées par ceux qui les ressentent.

c) À quoi le narrateur compare-t-il l'expansion de ces émotions ?

❻ Comment les enfants sont-ils décrits quand ils marchent vers la communion ?

❼ a) Dans le passage suivant : « Soudain dans l'église [...] vers le ciel », relevez le champ lexical (l. 674 à 681).

b) Que dénote-t-il ?

c) Comment la gradation de l'émotion est-elle exprimée ?

❽ En quoi le sermon du prêtre, dans ce contexte, traduit-il le point de vue ironique de Maupassant ou du narrateur sur la religion ?

❾ Dites en quoi est burlesque l'image de Constance « au milieu de cette escorte d'honneur » (l. 726 à 733).

❿ Dans le passage suivant : « La porte ouverte [...] étalée » (l. 736 à 746), relevez le champ lexical de la joie.

⓫ Que pouvons-nous déduire de la conversation entre les deux belles-sœurs ?

⓬ Aux lignes 772 à 782, en quoi l'attitude du frère de Mme Tellier contraste-t-elle avec celle adoptée le matin même ?

Vers la rédaction

⓭ **Sujet de dissertation** : « Montrez que Maupassant a voulu, par le grotesque de la scène, se moquer de la religion. »

a) Dans un tableau, dressez un relevé des citations qui se rapportent à la cérémonie religieuse et de celles qui dénotent le grotesque de la scène.

b) Relevez les figures de style, s'il y a lieu.

c) Faites le plan du développement.

Adoptez la démarche suivante pour chacun des paragraphes.

a) Formulez en ouverture la phrase-clé qui présente l'idée principale du paragraphe.

b) Présentez deux ou trois idées secondaires.

c) Illustrez-les par des citations ou des exemples.

d) Terminez le paragraphe par une phrase de clôture ou une phrase de transition, au choix.

Vous pouvez vous inspirer des idées énumérées ci-après.

- L'ironie préside à la description des gestes et des paroles du prêtre.
- Le cadre spatial participe au mystère religieux, mais l'effet de contraste créé par la présence des prostituées suscite la moquerie.

Extrait, pages 153 à 158

- Pendant la cérémonie religieuse, les enfants ont une réaction démesurée.
- L'exagération qui entoure la participation du public à la cérémonie relève du comique.
- Une manifestation de folie emporte le prêtre et le public.
- Il y a un écart entre l'éloge du prêtre et le statut des invitées.

Prévoyez faire la révision en étapes successives :

a) une première révision qui concerne le sens ;

b) une deuxième révision d'ordre orthographique et grammatical ;

c) et, si possible, une dernière révision qui part de la fin du texte pour remonter vers le début.

Émile Zola, *Nantas*

Extrait, pages 188 à 191, lignes 628 à 753

1. Situez l'extrait en procédant de la façon suivante.
   a) Résumez ce que le lecteur apprend du récit avant l'extrait présenté.
   b) Résumez l'extrait lui-même et montrez l'intérêt de ce passage dans la compréhension de la nouvelle.

2. Devant Flavie, Nantas est déchiré entre sa force et sa faiblesse. Dans les lignes 628 à 647, dressez le champ lexical de chacun de ces termes.

3. Montrez comment se traduit l'effondrement de Nantas, tant dans son comportement que dans son attitude physique.

4. a) Relevez les termes traduisant toute la gamme des émotions que vit Nantas à propos de Flavie.
   b) Peut-on dire que Nantas se laisse emporter par la violence ? Servez-vous du texte pour étayer votre argumentation.

5. a) Comment se comporte Flavie devant Nantas ?
   b) Comment se comporte-t-elle devant son père ?
   c) En procédant par déduction, quel portrait (traits de caractère) peut-on faire de Flavie ?

6. Dans les passages relatifs à Nantas, relevez trois phrases où Zola utilise les points de suspension. Que cherche à traduire l'auteur en utilisant cette ponctuation ?

7. En vous appuyant sur les passages relatifs au baron, faites le portrait du personnage tant sur le plan des aspects physiques et psychologiques que sur celui des valeurs et, notamment, de ce que peut traduire le type de relations qu'il entretient avec son gendre et sa fille. Rédigez votre portrait sous forme de paragraphe bien articulé en y intégrant des citations.

Extrait, pages 188 à 191

8 Montrez l'importance du thème de l'argent, à l'aide des sous-questions qui suivent.

a) Relevez trois passages reliés à ce thème.

b) Expliquez en quoi les relations entre les personnages sont en quelque sorte biaisées par l'importance accordée à l'argent.

c) Montrez que ce passage illustre ce qu'on pourrait appeler la vengeance de la noblesse envers ces nouveaux bourgeois que Nantas personnifie.

d) En lien avec le dénouement, montrez l'évolution des relations entre les personnages.

9 Par certains côtés, cet extrait est très romantique. Démontrez-le.

10 Par d'autres aspects, cet extrait traduit la vision du monde des écrivains d'allégeance réaliste (ou naturaliste). Faites-en la démonstration.

Vers la rédaction

Sujets de dissertation

11 Analysez les interrelations des trois personnages.

12 Montrez que l'extrait est dominé par trois thèmes : amour, argent et pouvoir.

13 Sous des apparences romantiques, montrez que l'extrait traduit en fait une vision du monde influencée par les valeurs du courant naturaliste, dont Zola est le théoricien.

Pour élaborer le développement, vous devez tenir compte de vos réponses aux questions précédentes.

L'étude des œuvres dans une démarche plus globale

La démarche proposée ici peut précéder ou suivre l'analyse par extrait. Elle apporte une connaissance plus synthétique des œuvres, et met l'accent sur la compréhension des récits en entier. Les deux démarches peuvent être exclusives ou complémentaires.

Pour chaque nouvelle, adoptez une démarche qui tienne compte des composantes d'un bref récit, soit :

a) l'intrigue ;

b) les personnages ;

c) la thématique ;

d) l'organisation, le style et la tonalité du récit.

Intrigue

❶ Faites le résumé de chaque récit à l'aide des questions qui suivent.

a) **Qui ?** Quels sont les personnages en présence ?

b) **Quoi ?** Qu'apprend-on sur eux ? Que font-ils ? Quel est l'état de leurs relations ?

c) **Quand ? Et où ?** Quelle est la situation exposée et dans quel contexte ? Quels sont le temps et le lieu ?

d) **Comment ?** Quelles relations s'établissent entre les personnages ? Quels événements vivent-ils ?

e) **Pourquoi ?** Quel est l'objet de leur quête ? Quels moyens prennent-ils pour y arriver ?

Personnages

Les personnages principaux

❶ Au fil de chacun des récits, comment sont présentés les personnages principaux ? Quel portrait peut-on faire d'eux ?

Quelle est l'information fournie implicitement ou explicitement à propos de leur :

a) aspect physique ;

b) aspect psychologique ;

c) aspect social (milieu et classe sociale, profession) ;

d) aspect idéologique (valeurs et croyances).

❷ Observez leur comportement dans chaque récit, à l'aide des questions qui suivent.

a) Que pensent-ils ?

b) Que disent-ils ?

c) Comment évoluent-ils ?

Les personnages secondaires

❶ Quels sont les personnages secondaires dans chaque récit ?

❷ Quelles sont leurs relations avec les personnages principaux ?

Thématique

❶ Dégagez les réseaux thématiques (ou le thème) qui prédominent dans chaque récit en justifiant vos réponses.

Organisation du récit, style et tonalité

❶ Quel est le déroulement du récit ?

❷ Quel est le mode de narration adopté ?

❸ S'agit-il, dans tous les cas, d'une focalisation zéro (focalisation variable, aussi appelée omnisciente) ?

Sujets d'analyse et de dissertation

Plusieurs pistes d'analyse portant sur l'œuvre complète sont maintenant accessibles, et certaines plus faciles à emprunter que d'autres. Pour favoriser votre progression vers le plan, les premiers sujets ont été partiellement planifiés (comme suggestion d'exercices : complétez ou détaillez ces plans) ; en revanche, les derniers sujets laissent toute la place à l'initiative personnelle.

❶ Dans *L'attaque du moulin*, montrez comment Zola dénonce la violence de la guerre et l'horreur qu'elle engendre.

❷ Dans *L'attaque du moulin*, la guerre transforme le paysage et même les personnages. Démontrez-le.

❸ Au contraire des écrivains romantiques, expliquez que Zola n'idéalise pas la guerre en décrivant le cadre où se déroule l'intrigue de *L'attaque du moulin*.

❹ Analysez les liens entre les deux thèmes de la guerre et de l'amour dans *L'attaque du moulin*.

❺ Montrez que les cadres historique et géographique de *Boule de suif* attestent du caractère réaliste de la nouvelle.

❻ Analysez le rôle que joue la nourriture dans *Boule de suif*.

❼ Examinez le thème de la cruauté humaine dans *Boule de suif*.

❽ Penchez-vous sur la représentation sociale dans *Boule de suif*.

❾ Démontrez que la nouvelle *Boule de suif* marque la fin des idéaux de la Révolution : liberté, égalité, fraternité.

❿ Explorez l'argumentation utilisée pour faire plier Boule de suif (le recours à la religion et à l'héroïsme, etc.).

⓫ Parmi les thèmes de l'hypocrisie, de la solidarité, de la prostitution et de la religion dans les récits de Maupassant, analysez-en un au choix.

⓬ Dans *La maison Tellier*, faites voir que Maupassant adopte un point de vue provocateur par rapport au thème de la prostitution.

⓭ Étudiez comment, dans *La maison Tellier*, la vision de la société de Maupassant est ironique et pessimiste à la fois.

⓮ Analysez la représentation sociale dans *La maison Tellier* de Maupassant: les bourgeois, le milieu ouvrier et paysan, les prostituées, etc.

⓯ Dans la nouvelle *La maison Tellier*, prouvez que Maupassant, en peignant la France de son époque, adopte un point de vue caricatural.

⓰ Montrez que le personnage Nantas incarne les valeurs généralement associées à la bourgeoisie: l'ambition, le travail, le goût du pouvoir.

⓱ Prouvez que l'argent est au cœur de la réussite de Nantas.

⓲ Commentez le rapport entre l'amour et l'argent dans la nouvelle *Nantas*.

⓳ Explorez le pessimisme de Zola dans ses deux nouvelles.

⓴ Analysez la représentation de la femme dans les deux nouvelles de Maupassant.

㉑ Disséquez la représentation de la femme dans les deux nouvelles de Zola.

㉒ Comparez les représentations de la femme que font les deux auteurs.

㉓ Décrivez comment la guerre est mise en scène dans *L'attaque du moulin* et dans *Boule de suif*.

㉔ Comparez la façon de représenter la bourgeoisie (Nantas dans sa progression sociale) et la noblesse (le baron Danvilliers et sa fille) dans la nouvelle *Nantas*.

㉕ Dans deux nouvelles de votre choix, faites la comparaison entre les représentations sociales mises de l'avant par chacun des auteurs.

Glossaire

Pour étudier la nouvelle : lexique de base et autres termes

Académie française : fondée par Richelieu en 1634, elle compte quarante membres, chargés de rédiger et de mettre à jour un dictionnaire de la langue française et de décerner des prix littéraires.

Anecdotique : qui s'en tient à l'anecdote, c'est-à-dire à une particularité historique ou à un fait curieux dont le récit peut éclairer le dessous des choses ou la psychologie des hommes.

Bucolique : qui évoque la poésie pastorale ou qui représente les mœurs champêtres, la vie des bergers.

Capitalisme : système économique et social fondé sur la propriété privée des moyens de production et d'échange. Il se caractérise par la recherche du profit, l'initiative individuelle et la concurrence entre les entreprises.

Champ lexical : ensemble de mots qui désignent une même réalité.

Cubisme : école d'art de 1910 à 1930, qui se propose de représenter les objets décomposés en éléments géométriques simples, sans restituer leur perspective.

Didactique : vise à enseigner quelque chose à quelqu'un, à lui transmettre des connaissances.

Épique : se dit du registre caractéristique de l'épopée, long poème narratif, qui célèbre les exploits et les valeurs d'un héros ou d'un grand fait.

Fantastique : se caractérise par une intrusion brutale du mystère dans le cadre réaliste. Le lecteur hésite entre l'explication rationnelle ou surnaturelle.

Ironie : manière de se moquer de quelqu'un ou de quelque chose en disant le contraire de ce qu'on veut faire entendre.

Mythique : qui a le caractère d'un mythe, c'est-à-dire une représentation de faits ou de personnages amplifiés par l'imagination collective.

Narration : exposé d'une suite de faits par un narrateur, dans une forme littéraire donnée ; il ne faut pas confondre le narrateur avec l'auteur, celui qui écrit l'histoire.

Naturalisme : mouvement littéraire du XIXe siècle, dans la lignée du réalisme, visant à reproduire la réalité des comportements avec une objectivité scientifique. Cette doctrine a été élaborée par Émile Zola en 1880.

Pathétique : qui vise à émouvoir, à susciter une émotion intense, souvent pénible.

Peintres impressionnistes : qui appartiennent au courant artistique créé en 1874, d'après le titre d'un tableau de Monet, *Impression, soleil levant*. À la fin du XIXe siècle, ils s'efforcent d'exprimer dans leurs œuvres les impressions que les objets et la lumière suscitent.

Peinture académique : qui suit étroitement les règles traditionnelles, avec froideur ou prétention.

Polémique : qui cherche à discréditer l'adversaire dans un débat d'idées.

Positivisme : théorie d'Auguste Comte et, par extension, toute doctrine qui se réclame de la seule connaissance des faits et de l'expérience scientifique.

Prolétariat : classe des prolétaires, ceux qui ne possèdent pour vivre que les revenus de leur travail, qui exercent un métier manuel ou mécanique et ont un niveau de vie relativement plus bas que celui des capitalistes ou des bourgeois.

Réalisme : courant artistique et littéraire de la seconde moitié du XIXe siècle, en réaction contre l'idéalisme romantique, qui cherche à représenter le monde contemporain, sans détours, à reproduire une réalité ordinaire, grossière ou horrible.

Révolution française : de 1789 à 1799, ensemble des mouvements révolutionnaires qui mettent fin, en France, à l'Ancien Régime.

Romantisme : courant artistique et littéraire important du début du XIXe siècle, qui s'est développé tant en Europe qu'en France, en réaction contre le classicisme. Il est marqué par un sentiment de désenchantement et par son opposition au rationalisme des philosophes du XVIIIe siècle.

Second Empire : régime politique de la France de novembre 1852 à septembre 1870, établi par Napoléon III. La défaite de la France lors de la guerre franco-allemande entraîne son effondrement.

Surréalisme : mouvement artistique de l'après-Grande Guerre, expression d'une forme de révolte contre le rationalisme et les valeurs reçues.

Symbolisme : mouvement littéraire et poétique de la deuxième moitié du XIXe siècle. Les symbolistes s'efforcent de fonder leur art sur une vision symbolique et spirituelle du monde, traduite par des moyens d'expression nouveaux.

Vraisemblance : qualité de ce qui peut sembler vrai pour la raison du spectateur, même quand cela ne l'est pas réellement, en donnant aux faits une apparence de vérité.

Vulgariser : adapter un ensemble de connaissances techniques ou scientifiques, de manière à les rendre accessibles à un lecteur non spécialiste.

Bibliographie

– Stéphane Audoin-Rouzeau, 1870, *La France dans la guerre*, Armand Colin, 1989.
– David Baguley, *Le naturalisme et ses genres*, coll. « Le texte à l'œuvre », Nathan, 1995.
– Colette Becker, *Lire le réalisme et le naturalisme*, Nathan, 2000 (éd. revue et augmentée, Nathan, 2005).
– Cosimo Campa, *Maupassant*, Studyrama, 2004.
– Jean-Pierre Chabrol, *Le canon Fraternité*, Gallimard, 1970.
– Alain Pagès, *Le naturalisme*, coll. « Que sais-je ? », n° 604, PUF, 1989.
– Dominique Rincé et Bernard Lecherbonnier, *Littérature - XIX*[e] *siècle*, coll. « Henri-Mitterrand », Éditions Nathan, 1986.
– François Roth, *La guerre de 70*, Fayard, 1990.
– Céline Thérien, *Anthologie de la littérature d'expression française, du réalisme à la période contemporaine*, Les Éditions CEC, 2005.

Crédits photographiques

p. 4 : © photo Photothèque Hachette Livre. **p. 6 :** Musée des Beaux-Arts, Nantes © photo akg-images. **p. 8 :** © photos Photothèque Hachette Livre. **p. 23 :** Metropolitan Museum of Art, New York © photo akg-images. **p. 40 :** Kunstmuseum, Bale © photo akg-images. **p. 42 :** © photo Photothèque Hachette Livre. **pp. 43, 212 :** Maison d'Émile Zola à Médan © photo Photothèque Hachette Livre. **p. 79 :** © photo Photothèque Hachette Livre. **p. 80 :** © photo akg-images / RIA Nowosti. **pp. 81, 122, 222 :** Scènes du film western *Stagecoach* de John Ford en 1939, une adaptation cinématographique de « Boule de suif » © John Springer Collection / Corbis. **p. 93 :** © photo Photothèque Hachette Livre. **p. 130 :** Musée Toulouse-Lautrec, Albi © photo akg-images. **pp. 131, 167, 225, 228 :** *Gardanne l'après-midi*, tableau de Paul Cézanne, 1886, The Brooklyn Museum © akg-images. **p. 140 :** © photo Stapleton Collection / Corbis. **p. 166 :** © photo akg-images.

Dans la même collection

Tristan et Iseut

BALZAC
La Peau de chagrin

BAUDELAIRE
Les Fleurs du mal

CORNEILLE
Le Cid

GAUTIER
Contes fantastiques

HUGO
Les Misérables

MARIVAUX
Le Jeu de l'amour et du hasard

MOLIÈRE
Dom Juan
Les Femmes savantes
Le Misanthrope

RACINE
Phèdre

VOLTAIRE
Candide
Zadig